LES ANNALES

DE

SAINT-CERNIN-DE-LARCHE

EN BAS-LIMOUSIN

PAR

Le Docteur Raoul LAFFON

Ancien interne des hôpitaux de Toulouse
Lauréat (médaille d'argent) de la Société d'anatomie et de physiologie de Bordeaux
Membre correspondant (médaille de bronze) de la Société de médecine de Toulouse
Lauréat (médaille d'argent) de la Société d'hygiène de l'Enfance de Paris
Officier d'Académie
Maire de Saint-Cernin-de-Larche (Corrèze)

LIMOGES

IMPRIMERIE — LIBRAIRIE — PAPETERIE — RELIURE

DUCOURTIEUX & GOUT

7, RUE DES ARÈNES, 7

1909

LES ANNALES

DE

SAINT-CERNIN-DE-LARCHE

EN BAS-LIMOUSIN

LES ANNALES

DE

SAINT-CERNIN-DE-LARCHE

EN BAS-LIMOUSIN

PAR

Le Docteur Raoul LAFFON

Ancien interne des hôpitaux de Toulouse

Lauréat (médaille d'argent) de la Société d'anatomie et de physiologie de Bordeaux

Membre correspondant (médaille de bronze) de la Société de médecine de Toulouse

Lauréat (médaille d'argent) de la Société d'hygiène de l'Enfance de Paris

Officier d'Académie

Maire de Saint-Cernin-de-Larche (Corrèze)

LIMOGES

IMPRIMERIE — LIBRAIRIE — PAPETERIE — RELIURE

DUCOURTIEUX & GOUT

7, RUE DES ARÈNES, 7

1909

INTRODUCTION

Pourquoi publier une étude aussi détaillée d'une si petite commune du département de la Corrèze ?

Ce n'est pas assurément dans l'espoir de faire une brillante opération de librairie, d'avoir des lecteurs assez nombreux pour assurer un véritable succès d'édition.

Trop peu de gens sont intéressés à connaître l'histoire de ce coin limousin, peu de personnes aiment à lire des monographies, qui ne sont attirantes ni par l'éclat du style ni par l'intérêt palpitant du sujet.

Mon but est plus immédiat, beaucoup moins prétentieux et, par conséquent, bien plus facile à atteindre.

Ce n'est pas au grand public que s'adresse ce livre; il n'en aurait que faire. C'est dans le cercle beaucoup plus restreint où il est né, qu'il prétend se développer tout doucement et vivre bien paisiblement. C'est aux habitants de cette chère commune de St-Cernin, auxquels je le dédie de tout cœur, qu'il s'adresse plus particulièrement; c'est à leur bienveillante sollicitude que je le confie; c'est sur leur concours toujours dévoué que je compte pour assurer sa longue existence.

Les localités ignorent leur propre histoire, dit en quelque part George Sand. Paroles toujours vraies, que l'observation vient chaque jour démontrer et dont notre enseignement public ne tient pas assez compte. On charge l'esprit des enfants d'une foule de connaissances qu'ils ne tarderont pas à oublier peu après leur sortie de l'école; on leur apprend l'histoire générale de la France, en développant dans leurs cœurs l'amour sublime de la Patrie, ce qui est fort bien assurément; mais on semble oublier le petit coin de terre où ils sont nés, où ils doivent vivre et dont ils connaissent à peine quelques évènements plus ou moins déformés par la légende.

Cependant l'histoire de nos villages est loin de mériter un pareil dédain et, selon l'expression de Victor Hugo, n'est-elle pas elle-même « de l'histoire de France en petits morceaux » ?

La connaissance plus complète de la vie et des actes de nos ancêtres ne peut que nous rattacher davantage aux lieux qui en furent témoins et nous faire encore plus aimer le sol natal. C'est aussi la meilleure façon de développer le patriotisme; car celui qui est fortement attaché à son village, cette petite patrie, ne peut qu'en mieux chérir la grande et sent naturellement et invinciblement naître en lui l'amour de la belle France.

Le gouvernement de la République a bien compris cette importance de l'histoire locale et M. Le Ministre de l'Instruction publique en a recommandé l'étude et la publication en ce qui concerne en particulier la grande époque révolutionnaire.

Mais cette période, quelque glorieuse qu'elle ait été dans son ensemble, quelque importance qu'elle ait eue au point de vue politique et social, ne constitue pas cependant toute l'histoire de France. Je lui ai donné moi-même tous les développements possibles avec les documents que j'ai pu découvrir; mais j'ai cru devoir pousser plus loin mes recherches et j'ai mis à contribution les écrits de toutes sortes se rapportant à tous les points de vue au territoire de St-Cernin.

C'est aussi le plan indiqué par l'Association de l'histoire générale des communes de France, fondée récemment à Paris pour la publication d'une histoire de chaque commune de France qui « aura pour but, dit l'article 2 de ses statuts, de faire connaître le pays natal, de glorifier et de faire aimer la Patrie ».

Tels sont les sentiments qui ont présidé à la naissance de ce travail, qui m'ont soutenu dans mes recherches nombreuses et parfois laborieuses.

Je sais bien que le résultat en reste toujours incomplet et qu'on n'arrive jamais à déchirer les voiles d'un passé un peu lointain. J'ose espérer cependant que mes efforts n'auront pas été inutiles et que, tel qu'il se présente, malgré ses imperfections et ses lacunes inévitables, ce livre sera lu avec quelque intérêt par mes concitoyens.

Ils n'ont pas hésité à me confier tous leurs vieux papiers de famille, parmi lesquels j'ai souvent découvert de précieux documents pour cette étude.

Je les en remercie bien cordialement et les félicite en même temps de leur esprit d'ordre et de conservation des choses anciennes, qui est aussi une manière de respect et de vénération pour les ancêtres.

Ils m'excuseront de ne pas les citer tous ici ; mais ils sont trop et je pourrais peut-être commettre quelque oubli. Qu'ils n'en soient pas moins assurés de toute ma reconnaissance et, à l'occasion, de tout mon dévouement.

CHAPITRE I

La commune de St-Cernin-de-Larche. — Constitution géologique. —
Pierres et terrains. — Fossiles. — Exploitation agricole.

La commune de St-Cernin-de-Larche, d'une superficie
de 916 hectares, située sur les limites sud-ouest du département de la Corrèze, est bornée au nord par la commune
de Larche, au midi par celle de Chartriers, à l'est par celles
de Chasteaux et de Lissac et à l'ouest par celle de Chavagnac
(Dordogne).

Le bourg est à 2 kilomètres, 200 du chef-lieu de canton
(Larche), 13 kil. de l'arrondissement (Brive) et 41 kil.
du département (Tulle).

Son territoire actuel, plus réduit que celui de la paroisse,
compris autrefois dans les dépendances de la Vicomté de
Turenne, fut désigné à l'époque de la formation du département de la Corrèze créé par la loi du 15 janvier 1790. Dès
lors il fit partie du canton de Larche et du district de Brive,
devenu arrondissement par la loi du 28 pluviose an VIII
(17 février 1800).

La configuration du sol, en général très accidenté et
d'un aspect très pittoresque, est bien différente suivant
qu'on admire sa partie basse, si fertile et si riche, ou qu'on
monte sur ses plateaux calcaires, commencement de la
région des causses s'étendant vers le Sarladais et le Quercy.

Dans l'une, ce sont des vallons frais et verdoyants, où
les sources jaillissent pures et abondantes, tandis que l'autre,
sèche et rocailleuse, est couverte de bois entremêlés de
clairières, d'où la vue s'étend au loin vers le Limousin et
la haute Corrèze, jusqu'aux sommets des Monédières.

Il ne faudrait cependant pas juger de la richesse de ces
deux parties si différentes par leur seul aspect extérieur et
croire que les habitants de l'une sont entièrement favorisés

aux dépens de l'autre ; car si les premiers possèdent les prairies et les terres à céréales les plus fécondes, les seconds ont aussi l'avantage d'avoir les bois et la truffe, qui donnent des revenus importants et assurent leur bien-être et leur prospérité.

Quant à sa constitution géologique, la commune de St-Cernin doit être rattachée à la formation jurassique, dont la couche inférieure est composée de *lias* ou mélange d'argiles et de calcaires argileux, tandis que la couche supérieure comprend les *calcaires oolithiques.*

D'après M. Mouret (1), le *lias* occupe le fond et les parois de la vallée de la Couze. Sa limite sud est aux Michaux, dans la commune de Chasteaux ; au nord, il s'étend jusqu'à Lissac et à partir de là, vers Larche, limité de Lissac à Fournet par le relèvement du Puy de Grammont, et de Cousages à Laroche par les escarpements oolithiques. Sa limite ouest est formée par une faille, passant par la Bouquerie et se dirigeant vers la Fauconnie, dans la commune de Chavagnac. Il se compose de bancs de calcaires durs, jaunâtres, alternant avec des couches de marnes schisteuses de même couleur.

Dans la vallée de la Couze, l'*infralias* n'apparaît pas, mais à partir de la Bouquerie, on peut le suivre sans interruption vers la base des collines qui bordent la vallée, jusqu'à un kilomètre au delà de Terrasson, où il disparaît sous les alluvions.

Quand aux couches de *terrain jurassique*, supérieures au lias, composées d'une assez grande épaisseur de calcaires plus ou moins purs et compacts, surtout à structure oolithique, elles sont très perméables, mais bouleversées suivant de nombreuses directions et forment de vastes plateaux pierreux, tantôt absolument dénudés, tantôt

(1) *Esquisse géologique des environs de Brive, in Bulletin de la Société scientifique, historique et archéologique de Brive,* 1879.

recouverts de chênes rabougris. C'est un mélange assez confus de collines peu élevées et de dépressions plus ou moins profondes, plus ou moins larges, en forme d'entonnoirs ou de cuvettes, possédant une couche de terre arable assez épaisse, dont s'est emparée la culture de ces régions. Bien que sujettes à la sécheresse, en raison de la grande perméabilité du terrain, ces parcelles sont assez fertiles et fournissent des céréales et des fourrages artificiels en assez grande abondance.

On suppose que ces cuvettes des Causses doivent leur formation à l'affaissement de la voûte de quelques cavités souterraines, minées par l'action des eaux qu'elles renferment. Lorsque ces cavités atteignent une grande profondeur, les débris de la voûte iraient s'entasser dans le fond et il se formerait alors un puits naturel, dont celui de Padirac, dans le Lot, offre un spécimen des plus remarquables.

En tout cas, ces entonnoirs absorbent avec rapidité les eaux pluviales, qui gagnent les régions inférieures, où se trouvent certainement des rivières souterraines plus ou moins importantes, des réservoirs plus ou moins volumineux qui donnent naissance aux nombreuses sources sortant auprès de la falaise, dans certains points privilégiés de son étendue, de Cousages à Dautrement.

Celles de la Doux et du Soulié sont les plus abondantes et ne tarissent jamais. Chargées de sels calcaires, dus à la nature des terrains traversés, elles les laissent se déposer au contact de l'air, sous forme de carbonate de chaux et il s'établit alors de véritables pétrifications, englobant les végétaux environnants, qui ont fini par former ces bancs énormes de travertin que l'on rencontre au Soulié, à Laroche et à La Grèze.

Le *travertin*, que l'on désigne vulgairement dans le pays sous le nom de tuf, est donc une espèce de roche calcaire, formée par l'évaporation des eaux et dans laquelle sont fossilisés les végétaux d'alentour. La matière végétale finit par disparaître et il reste une masse poreuse, assez résistante, que la scie attaque facilement pour en faire des matériaux de construction. Des maisons entières en sont bâties dans le pays ; mais le travertin est surtout précieux à cause de sa légèreté pour l'édification des cloisons et des voûtes. Celles de l'église de St-Cernin de Brive proviennent d'une carrière du Soulié aujourd'hui comblée.

Mais ces masses de travertin sont parfois infiltrées de matière siliceuse, très dure, qui permet d'employer certains bancs comme *pierre meulière*. C'est ce qui a été fait dans le voisinage du village de Laroche, au-dessus du moulin de La Grèze, où se trouvent d'anciennes carrières, qui étaient exploitées, il n'y a pas très longtemps, pour la fabrication des meules de moulin, dites « las Saint-Cerniquas ». Comme elles s'usaient assez rapidement, on les a abandonnées pour les meules beaucoup plus dures, qui se fabriquent à Domme, dans la Dordogne.

Il se rencontre aussi dans le travertin des grottes plus ou moins étendues, dont les parois sont tapissées par places d'un dépôt de carbonate de chaux, en même temps que partent de la voûte et du sol ces formations si variées et si bizarres, connues sous les noms de stalactites et de stalagmites. Ce sont encore les eaux suintantes de la voûte qui, après avoir traversé les crevasses et les fissures souvent imperceptibles des roches calcaires, en dissolvant le carbonate de chaux, donnent naissance par leur évaporation à ces dépôts brillants, aux formes si capricieuses, dont la grotte de La Grèze a fourni des échantillons si remarquables.

La pierre à chaux est aussi très abondante dans la région du Causse, en particulier au lieu dit « les Grèzes », où existe une carrière sur le bord du chemin d'intérêt commun n° 59, aujourd'hui abandonnée, elle a, pendant plusieurs années, alimenté le four à chaux de la Nadalie, près St-Pantaléon et serait susceptible d'une exploitation industrielle très importante pour satisfaire aux besoins de l'agriculture et de la construction.

On rencontre du côté de Lachassagne des *grès ferrugineux*, d'un brun rougeâtre, assez répandus à la surface du sol ; on exploitait autrefois du minerai de fer dans cette région, d'où l'appellation de « les mines », donnée à l'endroit d'où il était extrait.

Quant à la *pierre à bâtir*, elle se trouve partout dans la commune ; composée de calcaire grossier, elle fournit des matériaux assez durs et sert à l'édification de toutes les maisons et de toutes les murailles, sans compter l'emploi journalier de ses débris pour l'empierrement des voies de communication.

Fossiles

La nature même du terrain fait prévoir les espèces de fossiles que l'on doit y rencontrer C'est d'abord l'*ostrea Beaumonti* que certains auteurs, entre autres Dufrénoy dans son explication de la carte géologique de la France, ont confondue avec la *gryphée arquée (gryphea arcuala)* qui tire son nom de la forme de sa coquille, dont la plus grande valve ressemble à une barque à crochet recourbé, Il existe un banc important de cette ostrea, de plusieurs mètres d'épaisseur, au lieu de Laqueuille, entre les villages de Laroche et du Soulié, sur le chemin d'intérêt commun n° 59.

On remarque aussi dans certains blocs de pierre une petite coquille très caractéristique, l'*avicule inéquivalve*, dans laquelle M. Guillemare (1) a constaté la présence d'un grand nombre de « disques microscopiques parfaitement réguliers, tous percés exactement en leur centre d'un trou cylindrique d'une absolue régularité », qu'il considérait comme le squelette des plus rudimentaires soutenant le

(1) *Revue scientifique du Limousin*, n° 149, 15 mai 1905.

corps globuleux et gélatineux d'un infusoire, un proto-
zoaire, le *foraminifère*.

D'après cet auteur, l'animal dont la dépouille suffit à
constituer toutes ces roches, vivait à une époque si éloignée
de nous qu'il est absolument impossible de s'en faire une
idée, et cependant on peut affirmer qu'il pullulait dans
les eaux calmes d'une mer qui recouvrait notre région ;
l'on peut même affirmer que les deux moitiés de son corps,
mises en communication par le trou central du disque,
portaient antérieurement des fibres remplissant le rôle
d'appareils moteurs.

Ce ne seraient pas là de simples suppositions, car la
sonde ramène souvent des profondeurs de l'Océan aussi
bien que du canal de Suez, des foraminifères parfaitement
vivants et le fait, en ce qui concerne le canal de Suez,
lui aurait été affirmé sur place, au moment d'une traversée
en 1883 et, plus tard, au retour, en 1886.

J'ai recueilli encore diverses espèces d'huitres dans la
région comprise entre les villages de Fournet et d'Acher,
en particulier, le *cardium porulosum*, dont la coquille
subcordiforme est régulière et symétrique, le *cardita
planiscola* à coquille inéquilatérale, épaisse et ornée de
côtes rayonnantes, le *pecten aquivalvis* à coquille régulière,
bombée, auriculée, à bord cardinal droit, avec des côtes
rayonnantes.

Exploitation agricole

Si nous examinons maintenant le sol arable, nous cons-
taterons qu'il est principalement argileux dans la vallée
de la Couze, surtout en s'éloignant un peu de ce cours
d'eau, vers les villages d'Acher et de Fournet sur la rive
droite, vers Pommier et La Bouquerie, sur la rive gauche,
où il devient argilo-calcaire. Partout ailleurs, le calcaire
domine et arrive même à lui seul à constituer toute la

surface du sol, mélangé avec une plus ou moins grande proportion d'humus.

D'après la matrice des propriétés foncières, établie en 1824, la superficie de la commune de St-Cernin se décompose ainsi qu'il suit au point de vue de leur nature et du revenu imposable :

Propriétés non bâties :

NATURE DES PROPRIÉTÉS	CONTENANCES			REVENU IMPOSABLE	
	hect.	ares	cent.	fr.	
Terres labourables..........	299	40	83	7713	09
Vignes......................	96	85	03	2544	13
Jardins	5	01	40	410	87
Prés	49	06	31	3822	91
Patures	7	11	48	250	29
Bois taillis................	304	38	12	2145	46
Bois futaies................	12	38	68	106	80
Châtaigneraies	26	80	97	826	45
Bruyères....................	75	83	45	90	17
Réservoirs..................	0	71	74	53	81
Superficie des bâtiments.....	5	85	94	439	46
Chemins et places publiques.	32	84	37	non imposables	
TOTAL............	916	28	32	18403	46

Depuis cette époque, il ne serait peut-être pas survenu de grands changements dans cette répartition des cultures, si l'invasion du phylloxéra n'était venue détruire les vignobles, que les propriétaires ont été obligés de transformer et d'adapter à un autre genre de culture, et, comme les terrains plantés se trouvaient être en général dans les parties les plus maigres et les moins aptes à la production des céréales, on eut l'heureuse idée d'y placer des chênes truffiers, qui donnent aujourd'hui un revenu très rémunérateur.

Quant aux terrains qui ne se prêtaient pas à cette culture, après leur avoir fait produire diverses récoltes de céréales ou de fourrages artificiels, on les a courageusement défoncés, et si l'ancien vignoble n'est pas encore entièrement reconstitué comme étendue, il n'est pas téméraire d'affirmer que la production du vin est bien près d'égaler l'ancienne quantité, grâce aux nouveaux modes de culture assurant un rendement bien plus considérable.

Les vignes étaient autrefois cultivées sur souches, espacées d'un mètre et de 30 à 50 centimètres de hauteur, portant plusieurs bras, auxquels on laissait deux ou trois coursons taillés à deux yeux. Elles sont aujourd'hui beaucoup moins resserrées, plantées à une distance variant de 1^m,30 à 2 mètres et sont conduites sur fil de fer, taillées sur cordon ou d'après le système Guyot. Quelques-uns ont employé des producteurs directs ou des hybrides pour la reconstitution de leurs vignobles; mais, après les hésitations inévitables du début et la constatation certaine que ces plants ne résistent pas mieux que les autres à la chlorose et aux maladies cryptogamiques, on ne plante guère plus en ce moment que les vignes greffées sur un porte-greffe adapté à la nature du terrain.

En vertu de l'article premier de la loi du 29 juin 1907, il a été fait, pour la première année, 81 déclarations de récolte de vin, accusant une superficie de 28 hectares de vignes en plein rapport, ayant produit 669 hectolitres de vin, sans compter la vente des raisins frais, qui s'est élevée au chiffre de 25,900 kilos.

Le territoire de la commune de St-Cernin se trouve compris dans la zone de l'arrondissement de Brive, autorisée à cultiver le tabac par l'arrêté du Ministre des finances du 5 novembre 1879, et, à ce propos, l'on peut remarquer que la culture de cette plante dans le pays n'est pas une innovation et qu'elle était déjà une source de prospérité au temps de la Vicomté de Turenne. Il paraîtrait même que la qualité produite avait une supériorité telle qu'elle était très recherchée par les Espagnols qui venaient chaque année l'échanger pour leurs piastres. Mais « la liberté de faire du tabac » avait été retirée en 1734 (1).

Après une certaine période d'engouement, les cultivateurs se détachent de la culture du tabac, soit à cause des pertes fréquentes subies par la sécheresse, la gelée ou la grêle, soit par le fait des travaux assidus qui sont nécessaires. Mais le principal motif de son abandon réside dans la diminution continuelle du prix d'achat du tabac, qui n'est plus assez rémunérateur du temps employé et des engrais utilisés au dépens des autres récoltes.

Après avoir compté dans la commune jusqu'à 51 planteurs ayant produit 1,998,581 feuilles en 1886 et 48 planteurs l'année suivante, avec 1,503,161 feuilles, ce chiffre s'est tellement abaissé qu'il n'y eut en 1907 que huit planteurs, avec une production de 265,943 feuilles, qui furent payées 1,082 francs; et pour l'année 1908, il n'y aplus que cinq déclarants pour 76 ares.

Les céréales sont certainement celles des productions agricoles que nos paysans prisent le plus et, parmi elles, le froment tient le premier rang et entre à peu près seul aujourd'hui dans la fabrication du pain. Le blé rouge de Bordeaux est la variété la plus productive et la plus répandue. On ne sème du seigle que pour avoir la paille nécessaire pour lier les gerbes de blé; l'orge et l'avoine sont aussi cultivés en quantité très restreinte dans certaines parcelles qui n'ont pu être ensemencées avant l'hiver; le sarrasin ou blé noir est plutôt rare et peut être considéré comme une culture de fantaisie; par contre, le maïs est très répandu et semé en lignes, entre lesquelles on place des haricots, auxquels ses tiges servent de supports. L'espèce la plus

(1) Requeste présentée au Roy par MM. les députés de la Vicomté de Turenne, *in Bulletin de la Soc. scient., hist. et arch. de Brive*, 1908, t. XXX, p. 446.

employée est le maïs jaune des Landes ; cependant quelques-uns sèment aussi le maïs blanc pour la culture fourragère.

Mais celle-ci met surtout à contribution en dehors des prairies naturelles, la luzerne, le trèfle, le sainfoin et la vesce ou jarousse. Parmi les tubercules, la pomme de terre et le topinambour donnent d'excellentes récoltes et, parmi les racines, les betteraves, les raves et les carottes sont d'une grande ressource pour la nourriture des animaux de ferme.

La culture fruitière fournit aussi un revenu assez important, qui augmente certainement le bien-être des habitants. L'abricotier, bien que moins abondant et moins prospère qu'il y a quelques années, est encore cultivé dans la région de Fournet et d'Acher ; le poirier, le pommier, le pêcher, le prunier viennent très bien dans la partie basse de la commune ; le cerisier et le noyer poussent partout vigoureusement, mais une mention spéciale doit être accordée au noyer, dont la culture a pris depuis longtemps un grand développement sur le territoire de St-Cernin et dont les fruits abondants donnent lieu, chaque année, à des transactions assez importantes. Deux espèces surtout, la corne et les landes sont ici en honneur ; mais on y trouve quelques autres variétés, en particulier le marbot, qui fournit une noix très grosse et manque rarement.

Les noix sont aujourd'hui rapidement enlevées par le commerce ; mais il n'en était pas ainsi autrefois et l'on devait les transformer en huile pour les écouler plus facilement. Ce fut l'origine des nombreux pressoirs à huile qui se créèrent sur nos cours d'eau et ont disparu avec les progrès de l'industrie et les facilités données au commerce par les nombreuses voies de communication. Un seul, celui de La Grèze, s'est maintenu dans la commune pour la fabrication de l'huile consommée dans les ménages.

Le châtaignier se rencontre dans les dépendances des villages du Causse, principalement sur les limites de la commune de Chavagnac; mais la zone qu'il occupe n'est pas très étendue et sa production ne peut suffire à la consommation locale, qui se pourvoie sur les marchés voisins. Il est à craindre que cette récolte diminue encore: car, cette année même, des représentants des usines à matières tannantes et colorantes ont parcouru le pays, faisant miroiter aux yeux des propriétaires une certaine somme d'argent à toucher immédiatement pour des arbres déjà vieux et peu productifs et une véritable hécatombe de châtaigniers a marqué la trace de leur passage.

Quant aux bâtiments d'exploitation, qui, avec la maison d'habitation, comprennent toujours une grange, des étables et souvent un four, je ne rapporterai pas ici les observations générales qu'ils m'ont déjà suggérées et que j'ai déjà publiées il y a quelques années, dans mon livre « Hygiène rurale » (1). Je me contenterai de dire qu'un certain progrès s'accomplit à notre époque, en même temps que les idées de bien-être et même de luxe pénètrent dans nos campagnes. On rencontre sans doute encore quelques habitations négligées, insuffisantes au point de vue du confort et de l'hygiène; mais on peut remarquer aussi que les maisons construites récemment sont mieux disposées et plus propres, en même temps que des réparations plus ou moins importantes sont faites aux plus anciennes.

Je puis donc affirmer encore que la question du logement de nos campagnards paraît entrer dans une phase nouvelle, dans une période de progrès, dont il faut favoriser le développement en déracinant les vieux préjugés, en faisant disparaître la routine et en répandant, en vulgarisant les découvertes modernes.

Relativement aux annexes de l'habitation, aux granges, étables, écuries, de toutes sortes, qui servent au logement

(1) *Hygiène rurale*, par le Dr Raoul Laffon, vol. in-16, 2 fr., à la librairie Baillière et fils, 19, rue Hautefeuille, Paris.

et à l'élevage des divers animaux, on peut dire qu'une grande amélioration s'est produite dans la commune, où l'on ne voit guère plus de ces anciennes masures, couvertes en paille ou en pierres plates. La grange limousine, avec une aire transversale, dont le sol est pavé ou en terre battue et placée entre les deux étables, est le type le plus employé dans la région. Bâtie en pierres calcaires et mortier de chaux et sable, couverte en tuiles ou plus souvent en ardoises, elle est assez commode et se prête bien aux diverses exigences. Malheureusement, la question d'économie intervient trop souvent dans la construction de ces bâtiments d'exploitation, qui ne sont pas toujours assez spacieux, d'où encombrement, désordre et défaut d'hygiène.

CHAPITRE II

La Révolution, a dit Tocqueville, a libéré la propriété,
mais ne l'a pas morcelée. En effet, ce morcellement s'était
déjà produit bien avant cette époque; il existait dès la
fin du moyen-âge et la cause première en réside dans les
besoins nombreux et toujours renouvelés de la noblesse,
qui vivait souvent loin de ses terres, où elle n'apparaissait
que pour encaisser ses revenus insuffisants. Pour les augmenter et les rendre plus fixes, elle se décide à en concéder
des parcelles aux paysans d'alentour moyennant des
redevances perpétuelles en argent ou en nature, qui portent
le nom de cens.

Dès l'origine, ceux qui les avaient obtenues étaient donc
de véritables fermiers perpétuels qui pouvaient les trans-
mettre par héritage à leurs descendants, mais non les céder
à d'autres sans le consentement du seigneur et, pour avoir
ce consentement, celui-ci exigeait encore une nouvelle
redevance. Ce fut là l'origine de ces droits du Seigneur
qu'on appelait droits d'investiture, lods et ventes, dont la
quotité était variable suivant les coutumes, mais qui étaient
perçus sur le prix de toute terre vendue et de tout bail
excédant neuf ans. Les contrats font mention de la perception de ces droits, dont le seigneur donne quittance à
la suite de l'acte, en spécifiant toujours qu'il investit pour
cette fois seulement, sans préjudice des arrérages pouvant
être dus et des droits et devoirs seigneuriaux.

C'est ainsi que, dans la paroisse de St-Cernin, ces redevances étaient perçues dans les dépendances de Laroche et d'Acher et d'une partie du causse et du Soulié par le seigneur de Cousages, dans une autre partie de ces derniers quartiers et dans les environs de Maslegrèze et de La Bouquerie par le seigneur de Pommier, et du côté de Fournet par le seigneur de Chabrignac.

Le 23 décembre 1750, les tenanciers du quartier d'Acher, par contrat passé devant le notaire Dufour, « reconnaissent du seigneur de Larochefoucauld, marquis de Cousages, etc. le tènement d'Aschier situé dans la paroisse de St-Sernin, consistant en maisons, granges, jardins, terres, prés, vignes et fraux confrontant du levant et nord avec le peucharlé et tènement de Lissat, du midi avec ruisseau de Couze, dud. levant avec la fontaine de Rautassat et du couchant avec la vigne de Leymarie de la draperie et autre fief de contenance de 338 quartonnées, pour le cens et rentes de 12 quartons froment, trois setiers avoine mesure de Brive, poules deux, argent 7 sols et deux journaux à focher pré, acceptent taille lad. rente solidaire et portable au château et greniers de monseigneur à chaque fête de St-Michel ».

Aussi, en vertu de ce dernier article de solidarité, qui les obligeait tous pour chacun d'eux et assurait ainsi le seigneur contre toute perte, celui-ci leur fit-il donner, le 6 octobre 1769, « assignation à comparoir dans les délais de l'ordonnance pardevant monsieur le juge ordinaire de Cousages pour procéder sur la demande dud. seigneur requérant », qui réclamait la portion de rente que deux d'entre eux avaient négligée de payer.

Le 8 juin 1702, les habitants du village de La Bouquerie avaient fait une reconnaissance semblable au seigneur messire Louis du Fraysse, écuyer, seigneur de Beausoleil et de Pommier, par contrat reçu par de Laroche, notaire en vicomté. Cet énement de La Bouquerie avait une contenance de 138 quartonnées et les tenanciers devaient payer de « rente annuelle perpétuelle la quantité de froment quatre sestiers, seigle trois sestiers, avoine deux sestiers, le sestier composé de six quartons ras à la mesure de Brive, argent dix sols monaye courante, gélines deux, journées d'hommes deux et achapt droit d'investir et d'investir la taille aux quatre cas généraux que de droit réglés à dix sols et l'achapt comme il est de coutume ,lesquels cens et rente les dits emphytéotes ont promis de payer aud. seigneur de Beausoleil annuellement et porter dans le grenier du présent château ayant de coutume ainsi qu'ils ont dits, lesd. bled savoir le jour et faite de St-Julien, l'argent, la géline de chaque faite de Noel les journées à la volonté dud. seigneur, sa seigneurie et achapt de la taille aux quatre cas quant ils arriveront ».

De même que le seigneur de Cousages, la demoiselle Marie-Aymé du Fraysse, en qualité d'héritière sous bénéfice d'inventaire de messire Louis du Fraysse, poursuivit un de ses tenanciers et lui fit envoyer, le 3 août 1753, une « assignation à comparoir dans la huitaine pardevant monsieur le sénéchal du Limosin ou M. le lieutenant général au siège de Brive aux fins de s'y voir condamner en qualité de solidaire principal et plus aparant tenancier du tènement de La Bouquerie », à payer à ladite demoiselle requérante plusieurs annuités de la redevance ci-dessus.

Certains autres détenaient des biens au titres de métayers perpétuels et en partageaient les revenus avec le seigneur, qui restait toujours propriétaire du fond. Ces biens pouvaient être transmis par héritage aux descendants dudit métayer, bien qu'il ne les tienne « que précairement et au profit et utilité dudit Seigneur conformément aux reconnaissances », et dans le cas où « ledit métayer ou les siens malverseraient et ne cultiveraient lesdits biens en père de famille, ledit seigneur et les siens pouront l'expulser et prendre iceux comme leur appartenant ».

L'agronome anglais .Arthur Young, avait bien remarqué

cette situation précaire des paysans de notre région et il n'a pas manqué de la décrire dans ses *Voyages en France* pendant les années 1787 à 1790 (1). « Dans le Limousin, dit-il, les métayers ne sont guère considérés que comme des domestiques, que l'on renvoie à volonté et qui sont obligés de se conformer en tout aux caprices de leurs seigneurs. »

Voici d'ailleurs, à titre documentaire, la copie d'un contrat réglant tous ces détails de métayage et fixant les redevances et conditions du métayer vis-à-vis de son seigneur. Passé le 31 août 1779, il n'est que la reproduction et la confirmation d'un acte semblable du 14 mai 1514, dont un extrait relatant les principales clauses est joint audit contrat :

Pardevant le no^re Royal des sénéchaussées de Brive et Sarlat soussigné, présens les témoins bas nommés, dans le lieu de La Fauconnie, paroisse de Chavagnac en Périgord, l'an mil sept cent soixante dix neuf et le trente unième jour du mois d'aout après midy Régnant Louis 16e fut présent Pierre Captus journailler hab^t du village d'Aschier paroisse de St-Sernin de Larche en Limousin, lequel de gré et volonté a reconnu et confessé tenir et posséder maiterie perpetuelle à moitié fruits quelconque, ses auteurs avoir tenu de tout temps et ancienneté de haut et puissant seig^r messire Henry François de Larochefoucault Cousages seig^r Comte de Cousages Chavagnac Lacassaignac Clavilier et autres places, Lieutenant général des armées navales, Commandeur de l'ordre royal et militaire de St-Louis hab^t ordinairement à Paris Rue Cassete faux bourg St-Germain, d'ici absent mais haute et puissante Dame Louise Françoise de Rochechoir Comtesse de Larochefoucauld Cousages son épouse étant à présent aud. lieu de la Fauconnie ici présente et pour led. seig^r Comte de Larochefoucauld Cousages acceptante en vertu de sa procuration du trente

(1) T. III, p. 7.

un juillet dernier passée devant M^es Le Couturier et Pernet no^res à Evreux, que lad. Dame nous a remis annexée au contrat qu'elle a passé cejourd'huy devant le no^re soussigné avec Antoine Deschier et autres, qui néanmoins sera expédiée avec ces présentes Savoir en les fonds qui s'ensuivent. Premièrement une maison, grange, jardin, étables, sol, eysines, entrées, issues, prés, terres labourables, vignes, borgnes, paturages et autres héritages situés aud. village d'Aschier ou appc^es dicelui confrontant avec led. village, celui de Rantassac, Ruisseau de Couze et appartenances du village de Fournet et ses autres confrontations, plus une autre vigne située aud. village d'Aschier contenant trois journaux ou environ qui confronte avec vigne du nommé Franchesou et dud. seig^r de Cousages, laquelle maiterie avec ses appc^es et déppc^es led .Captus reconnait suivant les qualités, conditions et Reservations qui sensuivent, le tout sans déroger aux causes portées par les anciennes bailletes et reconnaissances : 1° que led. Captus et les siens seront tenus de bailler annuellement la moitié des fruits et revenus qui pouront provenir dans lad. maiterie excepté les noix qui demeurent entièrement réservées aud. Captus et aux siens ; 2° quant aux semences elles seront fournies par moitié par lesd. parties comme aussi payeront la rente par moitié aux seig^rs fonciers desd. biens — la paille sarment seront et appartiendront aud. métayer pour engraisser les terres et nourir les bestiaux tant que led. Captus et les siens demeureront dans lad. maiterie, et ou led. Captus et les siens malverseraient et ne cultiveraient lesd. biens en père de famille led. seig^r et les siens pouront l'expulser et prendre iceux comme leur appartenant ; 3° Reconnait led. Captus tenir la moitié d'un pré appellé à la Bouyge situé en la rivière de Lissac confrontant avec le ruisseau de Couze et autres prés dud. seig^r ayant été baillé à ses auteurs ou devanciers pour leur tenir lieu d'une charetée de foin qui lui était donnée annuellement pour l'entretenement du bétail led. pré contenant environ deux journaux; 4° sera tenu led. Captus et les siens de porter la portion des blés, vendanges et autres danrées dud. seig^r dans son chateau annuellement; 5° Led. metayer sera tenu d'avoir Bœufs, Bétail et Bouvier nécessaires et suffisants pour le labourage et travaux de lad. metairie et de tenir à moitié toutes sortes de bétail qu'il lui plaira metre dans lad. metairie le croit et profit diceux sera partagé par moitié sans qu'il puisse les vendre troquer ni tenir d'autres personnes que du consentement dud. seig^r, mais tout régir et gouverner en bon père de famille, demeurant néanmoins expliqué et convenu que led. Captus et les siens pouront nourir chacune année dans lad. métairie un cochon pour en faire leur lart qui lui appartiendra et aux siens entièrement comme aussi que lui et les siens pouront mener et conduire leur gros bétail paitre et manger dans la forêt de Cousages, de même que les cochons qui seront dans lad. métairie lorsqu'il y aura du gland pour les engraisser et qu'il pourra prendre du bois mort dans lad. forêt, afin que led. Captus et les siens ne gatent les arbres qui sont dans lad. maiterie; 6° Led. Captus et les siens seront tenus d'aler charier et voiturer avec les bœufs et charete de lad. métairie pour les affaires que led. seig^r et les siens auront pour le service de la chatellenie de Cousages, lorsqu'ils en seront requis, si quelque bétail se perd par cas fortuit, chacun contribuera par moitié pour en acheter d'autres et seront lesd. métayers tenus de rendre bon et fidèle compte diceux; 8° Enfin led. métayer s'engage d'aller moudre leur grain et faire leur huile aux moulins dud. seig^r de Cousages; 9° led. Captus et les siens à lavenir seront tenus de faire continuelle Résidence dans la maison de lad. métairie et de faire semblable Reconnaissance aud. seig^r de neuf ans en neuf ans à perpétuité conformément aux anciennes Reconnaissances qu'ils approuvent, allouent et Ratifient par ces présentes. Et au moyen de l'exécution des clauses, conditions, qualités et Réservations contenues en ces présentes lad. Dame comtesse de Cousages au nom qu'elle agit a promis faire jouir led. Captus et les siens de lad. métairie et dépendances d'icelle à perpétuité et led. Captus a déclaré ne les tenir que précairement et au profit et utilité dud. seigr Comte de Cousages, Letout conformément aux précédentes Reconnaissances. Tout ce dessus a été ainsi mutuellement accordé stipulé et accepté par toutes parties qui ont promis l'entretenir et l'exécuter aux peines de tous dépens, domages et intérêts, nous en ont requis acte que nous leur avons concédé en présence de M. Henry Marchant avocat en parlement habt de la ville de Larche et de M. François Mayaudon officier au Régiment de Périgueux habt aud. lieu de la Fauconnie d. psse de Chavagnac témoins qui ont signé avec lad. Dame Comtesse et nous et non led. Captus pour ne savoir de ce enquis. Ainsi signé à la minute Rochechoir Larochefoucauld Cousages, Marchant, Mayaudon et nous Lamaze, nore royal.

Contlle à Terrasson le 2e 7bre. 1779. R. comp. le 8 sols p. livre. signé Marsillac.

Les dépendances du village d'Acher étaient presque toutes soumises à ce régime et comme elles appartenaient au seigneur de Cousages, compris sur la liste générale des émigrés, arrêtée le 16 pluviose an II (4 février 1794), elles furent confisquées comme biens nationaux et partagées en de nombreux lots, que les habitants achetèrent au moment des adjudications.

Les métayers perpétuels ne furent cependant pas évincés sans indemnité. Ils adressèrent des pétitions au directoire du district de Brive, qui en référa lui-même à l'administration du département. Celle-ci, « considérant que le métayer à titre perpétuel qui gère bien les objets qui lui ont été donnés ne peut être dépossédé qu'avec une indemnité réglée au tiers ou au quart suivant le plus ou le moins d'avantages que le métayer retire de l'objet, arrête qu'il lui en sera délaissé le quart sans préjudice au pétitionnaire de se rendre commissionnaire ou enchérisseur pour les autres trois quarts » (1).

Telle fut la procédure généralement adoptée. De telle sorte que les métayers perpétuels devinrent ainsi propriétaires du quart des biens qu'ils travaillaient. Ils se rendirent ensuite adjudicataires d'un ou de plusieurs lots mis en vente et se constituèrent de cette façon des domaines plus ou moins étendus à cause des facilités accordées pour les paiements.

L'adjudication la plus importante des biens nationaux, situés dans la commune de St-Cernin, eut lieu à Tulle le 27 germinal an III (16 avril 1795). Quarante-quatre lots furent attribués à trente habitants et s'élevèrent à la somme de 127,750 livres payables en assignats, ce qui ne représente pas 20,000 francs en numéraire, suivant la valeur du papier monnaie à cette époque.

Voici d'ailleurs la copie d'un document intéressant qui nous renseigne complètement sur le cours exact desassignats et leur dépréciation progressive :

Tableau des valeurs successives du papier monnaie, arrêté par l'administration centrale du département de la Corrèze dans sa séance du 20 thermidor an V (7 août 1797), d'après les renseignements qui lui ont été fournis par les quinze citoyens qu'elle s'était adjoints, en conformité de l'article 5 de la loi du 5 messidor dernier (23 juin 1797) (2).

Pour cent livres assignats

Année 1791 : janvier 98 livres 10 sols numéraire. — février et mars 98 l. — avril, mai, juin 96 l. — juillet et août 95 l. — septembre et octobre 92 l. — novembre 90 l. — décembre 88 l.

(1) Registre des délibérations de l'administration centrale du département de la Corrèze, séance du 24 prairial an 2. (12 juin 1795) Archives départementales.

(2) Archives départementales. Publié aussi par M. Victor Forot dans « *Les thermidoriens tullois* ».

Année 1792 : Janvier 80 livres en numéraire. — Février 78 l. — mars 76 l. — Avril 75 l. — Mai 72 l. — de juin à décembre inclus 70 l.

Année 1793 : Janvier 65 livres numéraire. — Février 64 l. Mars 62 l. — Avril et mai 59 l. — Juin 50 l. — Juillet 40 l. — Août et septembre 38 l. — Octobre 39 l. — Novembre 48 l. — Décembre 55 l.

Année 1794 : Janvier et février 48 livres en numéraire. — Mars et avril 45 l. — Mai 42 l. — Juin et juillet 40 l. — Août 38 l. — Septembre et octobre 35 l. — Novembre 30 l. — Décembre 28 l.

Année 1795 : Janvier 25 livres en numéraire. — Février 24 l. — Mars, les 20 premiers jours 18 l.

Pour vingt-quatre livres numéraire

An III (1795) : Germinal, 1ere décade (du 21 au 30 mars) 150 livres assignats. — 2e décade (31 mars -9 avril) 155 l. - 3e décade (10 -19 avril) 160 l. — Floréal, 1ere décade (20-29 avril) 185 l. — 2e décade (30 avril-9 mai) 245 l. — 3e décade (10-19 mai) 295 l. — Prairial, 1ere décade (20-29 mai) 300 l. — 2e décade (30 mai-8 juin) 375 l. — 3e décade (9-18 juin) 545 l. — Messidor, 1ere, 2e et 3e décade (19 juin-18 juillet) 620 l. — Thermidor, 1ere, 2e et 3e décade (19 juillet-17 août) 635 l. - Fructidor, 1ere décade (18-27 août) 695 l. — 2e décade (28 août-6 septembre) 860 l. — 3e décade (7-16 septembre) 940 l.

Les six jours complémentaires (17-22 septembre) 940 l.

An IV : Vendémiaire, 1re décade (23 septembre-2 octobre) 940 l. — 2e décade 3-12 octobre) 1,000 l. — 3e décade (13-22 octobre) 1,245 l. - Brumaire, 1ere décade 23 octobre-1er novembre) 2,020 l. — 2e décade (2-11 novembre) 2,365 l. — 3e décade (12-21 novembre) 2450 l. — Frimaire, 1ere décade 22 novembre-1er décembre) 2,630 l, 2e et 3e décade (2-21 décembre) 3,450 l. Nivose, 1ere décade 22-31 décembre) 4,200 l. 2e décade (1-10 janvier 1796) 4,045 l. — 3e décade (10-20 janvier) 3,600 l. — Pluviose,

1ere décade (21-30 janvier) 4,270 l. — 2e décade (31 janvier-
9 février) 4,450 l. — 3e décade (10-19 février) 5,515 l. —
Ventose, 1ere décade (20-29 février) 6,000 l. — 2e décade
(1-10 mars) 7,000 l. — 3e décade (11-20 mars) 8,000 l.

Cette dépréciation du papier monnaie jeta le trouble
non seulement dans les finances de l'Etat, mais aussi dans
celles des particuliers, qui ne recevaient plus qu'une valeur
fictive pour le prix des objets vendus, d'où récriminations
et procès.

C'est ainsi qu'un habitant du Peyroulet et un autre de
La Bouquerie, qui avaient acheté une terre pour le prix de
3,500 francs en assignats, reçurent une citation à comparaître
devant le juge de paix de Larche de la part de leur vendeur,
« attendu qu'il souffre de la dite vente une lésion énorme
à cause de l'extrême vilité des assignats ». Aussi celui-ci
déclare-t-il qu'« il est dans l'intention d'intenter contre les
acquéreurs l'action en restitution pour cause de lésion et
de demander la cassation de lad. vente et la remise deschoses
dans l'ancien état ». (1)

Il ne s'est pourtant pas créé dans la commune de ces vastes
propriétés que l'on rencontre dans certaines régions.
La possession du sol est répartie entre un grand nombre
de propriétaires, dont quelques-uns sont arrivés à se constituer des lots d'un seul tenant, relativement étendus ;
mais le plus grand nombre d'entre eux ont leurs domaines
formés par des parcelles séparées, quelquefois assez éloi-
gnées les unes des autres, ce qui est une cause d'incommodité
et de perte de temps pour la culture.

Le morcellement des terres est donc la caractéristique
des propriétés de la commune de St-Cernin, et, si l'on
examine leurs contenances respectives, d'après la matrice
cadastrale, on trouve la répartition suivante :

(1) Archives personnelles.

19 propriétés de 3 à 5 hectares
31   —   de 5 à 10   —
12   —   de 10 à 15 —
5   —   de 15 à 20 —
1   —   de 20   30 —
2   —   de 30 à 40 —

Quant à la propriété bâtie, elle se composait en 1824, époque de la confection du cadastre, de 143 habitations dont 135 maisons et 8 moulins, d'un revenu total imposable de 2,453 francs. Après s'être élevé, en 1884, à 2,645 francs, ce chiffre était retombé ,en 1891, à 2,093 fr. 50.

Mais, à cette époque, une nouvelle évaluation de la propriété bâtie eut lieu, en vertu de la loi du 8 août 1890, dont l'article 5 dispose que « la contribution foncière des propriétés bâties sera, à partir du 1er janvier 1891, réglée en raison de la valeur locative de ces propriétés, telle qu'elle a été établie conformément à l'article 34 de la loi du 8 août 1885, sous déduction d'un quart pour les maisons et d'un tiers pour les usines, en considération du dépérissement et des frais d'entretien et de réparation ».

Cette valeur locative, après avoir été l'objet des déductions prescrites, s'est trouvée transformée ainsi en revenu net imposable et a été dès lors substituée aux anciensrevenus cadastraux. Elle s'est élevée pour l'année 1892 à 5,180 fr. 35, montrant une augmentation du double sur les chiffres antérieurs.

En exécution de l'article 8 de la même loi du 8 août 1890, portant que « les évaluations servant de base à la contribution foncière des propriétés bâties seront révisées tous les dix ans », il a été procédé en 1899-1900 à une révision générale du revenu net des propriétés bâties, dont les résultats ont été appliqués à partir du 1er janvier 1901. Une augmentation nouvelle en est survenue et ce revenu net imposable s'est élevé alors à 5,818 fr. 25. Il est fixé pour 1908 au chiffre de 5,868 fr. 75 pour les 139 maisons existant lors du recensement de 1906.

CHAPITRE III

**Biens communaux de section — Leur origine — Leur nature —
Leur désignation et leur étendue.**

Les biens communaux existent depuis la plus haute
antiquité et l'on ne saurait dire exactement comment
ils se sont établis. D'après le Dr Longy (1), leur origine
remonte aux Celtes et aux Gaulois, les plus anciens agriculteurs de notre pays. Chaque famille importante, chaque
clan, chaque tribu possédait en commun un territoire
délimité. Au centre étaient les huttes des laboureurs,
les hangars des bestiaux et les terres cultivées; tout autour
s'étendaient des forêts et de vastes terrains incultes destinés
au pâturage des animaux. La culture était surtout faite
par des hommes libres, qui s'étaient donnés un chef, dont
ils se considéraient comme les parents, auquel ils obéissaient
et qu'ils accompagnaient à la guerre. Dans le principe tout
était en commun; mais, peu à peu le chef se considéra
comme le propriétaire du territoire et s'en attribua la
majeure partie des revenus; néanmoins la communauté
était toujours censée exister.

Après la conquête de la Gaule, Rome y introduisit son
administration. Dès César et Auguste, elle fit commencer
le cadastre et tendit à supprimer la propriété collective;
elle ne considéra comme propriétaires que ceux qui faisaient
exploiter la terre à leur profit. Ceux au contraire qui la
cultivaient perdirent leurs droits à la propriété commune;
les lois romaines les attachèrent au sol sous le nom de colons.
Ils jouissaient des prérogatives de l'homme libre; mais ni
eux, ni leur famille ne pouvaient abandonner la terre

(1) *Monographie du canton d'Eygurande.*

qu'ils cultivaient et pour laquelle ils payaient des impôts à l'état et des redevances au propriétaire.

Au-dessous des gouverneurs de province, Rome établit dans les villes et dans les agglomérations importantes, sous le nom de sénat ou curie, un conseil électif chargé d'administrer le pays et les biens communs, de rendre la justice et surtout de percevoir l'impôt, dont il était responsable. Aux IIIe et IVe siècles, l'impôt fut tellement élevé, car il augmente en proportion de la civilisation, que les colons ne purent plus le payer. Leur misère alla même si loin que Constantin leur permit, pour subvenir à leurs charges, de vendre leurs enfants, ce que Dioclétien leur avait interdit. Poursuivis, torturés même par les agents du fisc, plusieurs fuyaient dans les forêts, abandonnant leurs terres qui devenaient ainsi biens communs.

A la chûte de l'empire romain, dont l'une des causes fut l'impôt excessif, les barbares qui s'emparèrent de la Gaule se substituèrent aux anciens propriétaires. Le colon changea de maître, mais avec des charges moindres. Cependant, surtout dans le Midi, la cité gallo-romaine résista au vainqueur et la propriété communale continua d'exister. Il est probable, du reste, que les Francs, doués d'un caractère farouche et guerrier, ne purent pas se plier au calme de la vie pastorale et laissèrent aux colons le soin de cultiver la terre, n'exigeant d'eux qu'un tribut comme signe d'assujettissement et continuèrent à se livrer à la chasse et aux combats. (Loi des Visigoths, loi Gombette, loi des Burgondes).

Pendant le IXe et le Xe siècle, les campagnes sont parcourues par de nombreuses bandes armées qui tuent, pillent et incendient. A cette époque, la féodalité commence à s'organiser. Les châteaux forts et les monastères s'élèvent de tous côtés. Seigneurs et moines tâchent de s'emparer des biens communaux. Dans le midi de la France, les municipes résistent de nouveau avec énergie; aussi les communes actuelles de cette région possèdent-elles encore des terrains leur appartenant en propre, bien cultivés, qu'elles afferment et exploitent, et dont le revenu est considérable. Il n'en est pas de même dans le centre et surtout dans le Limousin. La féodalité marque la terre de son dominium; le monastère, par suite de nombreuses donations, étend chaque jour ses possessions et les biens communaux deviennent leur propriété. Mais la terre est inculte et inhabitée; il faut des bras pour la travailler. Moines et seigneurs attirent, autour de leurs monastères et de leurs châteaux, des agriculteurs auxquels ils concèdent moyennant redevances, des terrains particuliers qui forment le domaine de la famille et, tout autour, des terrains indivis qui appartiennent à l'agglomération et servent de pacage aux bestiaux. Les ruines se relèvent, le mas ou village se reconstruit; une église bâtie par le seigneur, par l'abbé ou par les colons, souvent par tous ensemble, réunit au point de vue politique et religieux un certain nombre de villages et constitue la paroisse, que la commune est venue remplacer au point de vue administratif. Telle est la véritable origine de nos biens communaux de section.

Sous l'ancienne législation, suivant l'ordonnance de 1667, les biens communaux étaient considérés comme le patrimoine des pauvres et ne pouvaient être aliénés sous aucun prétexte. Mais la Révolution changea complètement ce régime et l'article 3 de la loi du 10 juin 1793 édicta que « tous les biens appartenant aux communes, de quelque nature qu'ils puissent être, pourront être partagés, s'ils sont susceptibles de partage ».

Les communes ne profitèrent guère de cette faculté, trouvant la jouissance indivise plus avantageuse et la plupart de leurs biens restèrent dans leur situation antérieure.

Depuis lors, un grand nombre de lois et de règlements ont été établis au sujet de leur mode de jouissance et d'aliénation ; mais rien n'a été changé à St-Cernin ; ils sont restés dans la communauté et les habitants continuent d'en profiter paisiblement. Il est vrai qu'en général ils ne sont pas d'une grande valeur productive et n'occupent que des terrains rocailleux et impropres à la culture.

Ils n'en fournissent pas moins un précieux pacage pour les moutons et rendent journellement des services aux habitants des villages voisins.

Leur superficie totale de 22 hectares, 72 ares, 50 centiares ne représente qu'un revenu imposable de 38 fr, 43. Ils sont répartis dans les diverses sections de la façon suivante :

Section A — DAUTREMENT

Nᵒˢ 399.	Le Tourandel, pâture.........		5 a.	19
400.	— —		10	12
542.	Puy-Lacour, bruyère.........	1 h.	19	70
		1 h.	35 a.	01

Revenu imposable 9 fr. 28.

Section B — ACHER

Nᵒ 1.000.	D'Acher, four et cour........	0 a.	81

Revenu imposable 0 fr. 61.

Section B. — FOURNET

Nᵒˢ 192.	P.. de Fournet, bruyère.....	3 h.	85 a.	87
221.	— —	3	94	61
1.212.	— —	2	86	20
		10 h.	66 a.	68

Revenu imposable 10 fr. 69.

Section C. — LACHASSAGNE

Nᵒˢ 614.	La Laca, pâture		3 a.	10
683.	Les mines, pâture...........		5	»
754.	Le lac, mare................		1	50
766.	Lachassagne, mare		»	74
456.	Le communal, bruyère.......	1 h.	35 a.	50
457.	—		38	66
458.	—	2	28	50
		4 h.	13	»

Revenu imposable 9 fr. 05.

Section D. — Barbelat

Nᵒˢ 357. Au lac, réservoir.............	4 a.	»
58. La Fon du Breuil, futaie	1	44
	5 a.	44

Revenu imposable 3 fr. 20.

Section D. — Barbelat et Peyroulet

Nᵒˢ 354. Chastan Negro, bruyère.......	11 a.	98
356. — — —	19	30
	31 a.	28

Revenu imposable 0 fr. 63.

Section D. — Peyroulet

Nᵒˢ 287. La fontaine, fontaine.........	0 a.	80
351. A Pissevin, bruyère..........	9	14
836. A Peyroulet, —	1	10
845. Au lac, bruyère.............	6	58
846. — —	3	24
	20 a.	86

Revenu imposable 0 fr. 70

Section D. — Lapalain

Nᵒˢ 462. Puy de Lapalain, bruyère.....		4 a.	86
532. — —	3 h. 31		05
533. — —	1 h. 76		62
558. Chemin Moulinier, —		5	56
574. Puy de Lapalain, —		42	04
604. A Lapalain, pâture		0	60
634. La Combe, mare		1	26
635. — bruyère..........		21	99
723. Lapalain, —		1	12
762. Pas de la merle, bruyère....		8	82
763. — —		5	50
	5 h. 99 a.		42

Revenu imposable 4 fr. 27.

CHAPITRE IV

Ruisseaux : La Couze et la Doux. — Moulins et usines. — Le braconnage de la Couze. — Analyse des eaux de la Doux, leur adduction à Brive.

La vallée de St-Cernin, dont la végétation et la fertilité sont si agréables à l'œil, est arrosée par un ruisseau assez important, la *Couze*, dont les bords plantés d'aulnes et de peupliers élancés, dessinent le parcours capricieux à travers les prairies d'alentour. Son nom même, qui vient du latin *culx*, *chaux*, indique la nature et la composition de ses eaux.

Sa source est située dans la montagne de Montplaisir ; mais, après un parcours de quelques kilomètres, cette rivière s'engouffre dans une véritable caverne, fissure de roches oolithiques, devient souterraine à travers les terrains calcaires de la région, se dirigeant de l'est à l'ouest, et reparait au pied de la montagne de Crochet, près du village du Soulié de Chasteaux, au goufre du Blagour.

Presque aussitôt grossie des eaux du *Sorpl*, elle se dirige du sud au nord, séparant les deux communes de Chasteaux et de Lissac. Elle pénètre ensuite dans celle de St-Cernin, entre Rotassac et la Draperie, et la parcourt en obliquant un peu vers l'ouest, pour reprendre bientôt la direction du nord, vers Larche, qu'elle laisse à sa droite, pour se jeter dans la Vézère, sur sa rive gauche, immédiatement au-dessous de Larche, formant la limite naturelle des départements de la Corrèze et de la Dordogne.

C'est dans la Couze qu'on pêche les meilleurs poissons de nos rivières, la truite, le goujon, le chabot ou cabot et l'anguille, sans oublier l'écrevisse, crustacé autrefois très abondant, mais devenu assez rare à St-Cernin. Il en est, du reste, ainsi de tous les poissons auxquels les braconniers ne cessent de faire une guerre sans merci, malgré toutes les défenses de la loi et les arrêtés préfectoraux.

La chose n'est d'ailleurs pas nouvelle et l'on trouve dans les réglements de police de la Vicomté de Turenne en 1722, à l'article XVI, que « les règlements tant pour la chasse que pour la pesche seront exécutés et par exprès contre ceux qui jetteront la coque du levant ou la chaux, les contrevenans poursuivis suivant la rigueur des ordonnances » (1).

On s'en plaignait aussi à la fin du XVIIIe siècle et, le 11 septembre 1776, Jacques Pomarel, procureur d'office de la châtellenie de Larche, déclare au juge de cette juridiction, Henry Marchant, que plusieurs personnes « s'avisent de pêcher de nuit et de jour dans la rivière de Vézère et dans le ruisseau de Couze avec filets, mouches, vergeat, au feu, lignes et autre engins, y jetant la coque et autres poisons, ce qui dégrade, dépeuple et empoisonne lad. rivière, quoyque la pêche y soit défendue dans l'étendue de la justice ».

« C'est pourquoy pour obvier aux susd. contraventions, il requiert qu'il soit fait inhibition et défense à toutes sortes de personnes, excepté ceux qui en auraient le droit du seigneur, de pêcher, etc. » (2).

Le juge rendit donc une ordonnance en conséquence et conforme à la réquisition du procureur d'office.

Mais il faut croire que les braconniers ne s'en portèrent pas plus mal et continuèrent d'exercer leur industrie avec le même entrain, puisque, le 20 mars 1783, le procureur d'office renouvelle ses remontrances sur l'empoisonnement des rivières et cours d'eau par la coque du levant et que le juge fait encore défense de jeter ce poison (3).

(1) *Bulletin de la Société scient. hist. archéol. de Brive*, t. III, p. 352, 1881).

(2) Archives départementales de la Corrèze, B, 1432.

(3) Arch. départ. B. 1472.

Le principal, ou, pour mieux dire, l'unique affluent de la Couze dans la commune de St-Cernin, est le ruisseau de la *Doux*, sur sa rive gauche. Après avoir pris naissance, à 182 mètres d'altitude, au pied des énormes roches calcaires formant le magnifique cirque géologique, qui porte son nom, il traverse dans son entier le village de Laroche et rejoint bientôt la Couze à quelques centaines de mètres plus bas, au pont de la Draperie. Son débit minimum est de 43 litres par seconde.

Quant à l'origine de son nom, que portent d'autres sources des départements voisins, je crois devoir rappeler ici ce qu'en dit Léon Dessales, dans son histoire du Périgord. On entend parler tous les jours de la « source de la Doux », de la « fontaine de la Doux », ce qui est un véritable pléonasme qui tient à ce qu'on ne connaît plus depuis longtemps le sens propre du mot « Doux » qu'on écrivait primitivement « Dotz ».

En effet, si l'on avait toujours su qu'au moyen-âge on écrivait « Dotz » et que ce mot voulait dire « source, fontaine », on se serait bien gardé d'en altérer l'orthographe et d'introduire dans la langue les deux locutions signalées tout à l'heure et qui, par le fait, ne veulent pas dire autre chose, sinon la « fontaine de la fontaine », la « source de la source ».

D'un autre côté, le sens primitif du mot « Dotz » étant reconnu, on n'a pas de peine à voir qu'il dut être tiré du latin « Ductus » et qu'il dut produire le mot « Dozil » (?) prononcé « Douzil », que nous retrouvons dans notre patois. La conservation de l'orthographe aurait donc un double avantage.

Suivant d'autres auteurs ,le mot « Dou » signifie ravin sillonné par un petit ruisseau.

Dans quelques documents anciens, le ruisseau de la Doux est quelquefois désigné sous le nom de Lentigor. Cette appellation provient du nom d'une autre source, moins abondante que celle de la Doux, située à une petite distance au-dessous, au milieu des prés, et qui se réunit à elle pour former le ruisseau.

Jusqu'à lafin du XVIIIe siècle, on lui donne indifféremment l'un ou l'autre nom dans les actes publics; mais celui de la Doux a définitivement prévalu et se trouve seul employé depuis longtemps pour dénommer non-seulement le ruisseau, mais aussi les terrains d'alentour et les moulins qu'il actionnait.

Il s'était, en effet, créé sur son parcours une véritable industrie meunière, qui utilisait ses chûtes naturelles dans quatre moulins principaux et deux autres intermédiaires, moins importants et d'une date plus récente.

Le plus rapproché de la source, celui qui était plus spécialement appelé le « moulin de la Doux » se trouvait, avant la Révolution, arrenté par le seigneur de Cousages moyennant 18 charges de blé, 39 livres d'argent et quatre chapons. Il comprenait deux meules à méture et une à huile. Porté à l'article 82 du rôle des tailles de 1740 pour un revenu de 240 livres, il était taxé à 12 livres, mais avec une réduction d'un quart à cause du dit arrentement (1).

On le trouve à l'article 106 du rôle de 1753, avec une diminution de revenu, évalué seulement à 160 livres; mais son impôt est doublé et fixé à 24 livres 4 sols, sur laquelle somme il est déduit 5 livres, toujours en considération de la rente payée au seigneur de Cousages (1).

En 1771, les conditions d'arrentement sont changées; son revenu est toujours évalué à 160 livres et taxé 24 livres à l'article 107 du rôle; mais on déduit 7 livres de cet impôt à cause d'une redevance de 180 quartons de gros blé, estimés 140 livres (1).

Ledit moulin, qui appartenait à la famille de Larochefoucauld-Cousages, fut confisqué au profit de la nation

(1) Archives personnelles.

par la loi du 28 mars 1793 sur les émigrés et vendu à l'adjudication par acte enregistré à Tulle, le 20 messidor an IV (8 juillet 1796), moyennant la somme de 5,850 livres, « plus demeure compris dans la vente le pressoir à huile avec la poille estimée par les experts 150 livres », soit au total 6,000 livres. Son revenu net était alors évalué à 325 livres, conformément à l'article 6 de la loi du 28 nivose an IV (18 mars 1796) (1).

Les autres moulins portent plus particulièrement le nom du village de Laroche.

L'un d'eux, figurant sur le rôle de 1740 aux articles 60 et 61, comme appartenant pour les deux tiers et demi à la veuve de Jean Leymarie et un demi tiers à Jean Laroche, époux d'Anne Gary, était composé de trois meules, une à froment et deux à méture, avec un revenu de 96 livres et 4 livres 16 sols d'impôt (2).

En 1753, article 79, son revenu est de 138 livres avec une taxe de 13 livres, et, en 1771, article 78, son revenu n'est plus évalué qu'à 115 livres, mais il paye néanmoins 12 livres 19 sols (2).

Ce moulin fut restauré et augmenté en 1794, l'an II de la République française, ainsi que l'indique une inscription gravée dans la pierre, au-dessus de la porte d'entrée et devint le plus important de ceux de Laroche.

Un autre moulin, inscrit à l'article 72 du rôle de 1740, se composait alors de trois meules, une à froment et deux à méture et appartenait : la moitié à Pierre Leymarie, apothicaire, un quart au sieur de Laferrière, un dixième à François Roume et le surplus à Jean Mouthe de la paroisse de Chavagnac et à Etienne Puybaret de la paroisse de Chasteaux. Il était affermé moyennant cent quartons de méture. Evalué à 90 livres de revenu, il était taxé 3 livres 7 sols 6 deniers (2).

(1) Archives départementales, Q, 166.
(2) Archives personnelles.

Dans le rôle de 1753, inscrit à l'article 93, il est toujours arrenté de cent quartons de blé avec la mouture franche des part prenants. Estimé 99 livres de revenu et taxé 6 livres 12 sols (1).

En 1771, il avait changé de propriétaire. On le trouve porté à l'article 95 du rôle, comme appartenant par moitié au sieur Veyssière, trois dixièmes au sieur de Lafferrière, un dixième à Estienne Marty et un dixième à Antoine Roume. Estimé 66 livres de revenu, il est imposé de 7 livres 9 sols (1).

Enfin, beaucoup plus en aval, tout-à-fait au bas du village, se trouvait encore un moulin, dit moulin de la postille ou de la pousterle, porté comme moulin à foulon à l'article 62 du rôle de 1740, joui à sa main par Antoine Leymarie, cabaretier, dont le revenu estimé 30 livres est taxé une livre 10 sols (1).

En 1753, il est porté à l'article 81, d'un revenu de 24 livres, taxé 3 livres 12 sols (1).

Mais en 1771, il avait augmenté d'importance. Exploité par Jean Leymarie, dit Calmote, il est indiqué à l'article 82 du rôle, comme moulin à trois meules à huiles, et à foulon, estimé 225 livres de revenu, le tiers déduit, et taxé d'abord 33 livres 15 sols, puis, à une deuxième répartition, de 3 livres 7 sols supplémentaires (1).

Mais tous ces moulins ne sont déjà plus qu'à l'état de souvenir. La ville de Brive, qui cherchait depuis longtemps une source assez abondante pour alimenter ses fontaines, fixa définitivement son choix sur celle de la Doux. Des travaux importants de captation y furent entrepris sous la direction de l'ingénieur Brassaud, de Poitiers, et les eaux de la Doux cessèrent de parcourir leur trajet séculaire. Elles sont conduites à Brive à travers une canalisation de près de 14 kilomètres. Les travaux furent adjugés le 23 octobre

(1) Archives personnelles.

1899 et, moins d'un an après, le 26 août 1900, avait l eu à Brive l'inauguration des eaux de la Doux. Leur exécution n'avait donc duré que dix mois, nécessitant une dépense approximative de 800,000 francs.

L'analyse des eaux de la Doux, qui fut faite à cette occasion par le laboratoire du Conseil d'hygiène de Paris, le 19 décembre 1896, donnant une idée à peu près exacte de la nature et de la composition de celles de toutes les sources du territoire de St-Cernin, je crois devoirla rapporter ici :

Degré hydrotimétrique........	28°
Degré permanent.............	4°
Résidu fixe à 110°...........	297,8
Oxyde de calcium (C a O)......	140,6
Oxyde de magnésium (M g O)..	11,5
Chlorure de sodium (N a C l)..	9,2
Anhydride sulfurique (S O')...	traces
Acide nitrique..............	4,8
Silice (S i O')...............	6
Matières organiques..........	0,75
Nitrites.....................	0
Ammoniaque.................	0
Azote albuminoïde............	0

On a trouvé 464 aérobies, saprophytes au C.C. Son débit minimum est de 43 litres par seconde.

La houille blanche n'a pas cependant disparu toute entière avec la source de la Doux. Malgré la perte de son affluent, la Couze est restée assez puissante pour donner la force motrice nécessaire aux établissements industriels établis sur son parcours. Il y a bien quelquefois un certain ralentissement dans leur marche au moment des plus basses eaux, durant les grandes chaleurs de l'été; mais ce n'est là qu'un incident tout à fait passager, qui ne les empêche pas de subsister et de prospérer.

On trouve d'abord, à quelques centaines de mètres au-dessous de l'endroit où la Couze pénètre dans la commune de St-Cernin, au point de réunion de la Doux, le moulin du Pont, composé de quatre paires de meules. Il appartenait autrefois au seigneur de Cousages et fut confisqué comme bien d'émigré en 1793. Vendu à l'adjudication, le 17 messidor an IV (5 juillet 1796), il fut acquis pour le prix de 2,500 francs, payables en 16 mois par sixième, à compter du 12 germinal an V (1er avril 1797). Les obligations souscriptes à cet effet au receveur des domaines nationaux, établi à Tulle, portent les numéros 211 à 216 inclus avec la date du 6 germinal an V (26 mars 1797) et furent enregistrées gratis par le receveur de l'enregistrement à Tulle, le 14 du même mois (3 avril 1797).

Porté à l'article 80 du rôle de 1740, avec une meule à froment et deux à méture, il était donné à bail pour 280 livres, y compris un petit moulin annexe à une meule, situé au-dessus et démoli depuis un assez grand nombre d'années. Il était taxé 10 livres 10 sols (1).

Mais sur les rôles de 1753, article 105 et de 1771, article 104, il est mentionné comme exploité par les domestiques non mariés du seigneur de Cousages, avec un revenu de 240 livres. Indiqué seulement pour mémoire, il est dispensé de tout impôt par suite de privilège (1).

Le moulin de la Grèze, en aval de deux cents mètres, comprend aujourd'hui quatre paires de meules et un pressoir à huile, fonctionnant dans de bonnes conditions. Il avait déjà la même organisation en 1740, où nous le trouvons à l'article 79 du rôle, inscrit comme appartenant au sieur Laroche, mais exploité par Antoine Leygonie, dit l'Arabe, avec trois meules, une à froment et deux à méture, dont le bail, y compris le pressoir à huile, est de 385 livres, avec une imposition de 14 livres 8 sols 6 deniers (1).

En 1753, Pierre Laroche, fils, apothicaire, l'exploite

(1) Archives personnelles.

lui-même; son revenu, déduction faite du tiers, est évalué 260 livres et taxé 39 livres (1).

Mais son propriétaire ne le fait pas longtemps marcher lui-même et le cède à un fermier moyennant certaines redevances en nature, par un contrat du 12 février 1755, passé par le notaire Dufour, nous apprenant qu'il était alors composé de « meules tournant à moudre le bled, trois moulins moulables en pierre de Lagorsse et les autres en fromental et d'un cinquième moulin de meules de Daignac à moudre la graine de lin, avec la meule appelée le soustré qui fait un sixième moulin, avec le pressoir à huile ,le tout en bon état de travailler ».

Le moulin de Fournet est le moins ancien de tous. Il ne figure pas sur le rôle des tailles de 1740, Il n'existait donc pas à cette époque; mais on le trouve sur celui de 1753, à l'article 152, avec une meule à froment et une à méture, appartenant par moitié au seigneur de Chabrignac, un quart au sieur Michel, d'Estival, prêtre, chapelain de Landrevie, et l'autre quart à quelques particuliers du village de Fournet qui ont le droit de moudre. Son revenu de 60 livres était taxé 6 livres 3 sols (1).

Les mêmes indications figurent sur le rôle de 1771, à l'article 153.

Depuis quinze ans, ce moulin a subi des transformations importantes. D'abord il est changé en moulin à écorces, en 1895, pour la fabrication du tan, dont les matières étaient fournies par les bois abondants de la région des causses; il subit bientôt une autre destination et, depuis 1904, il est devenu une usine pour le lavage et la préparation des terres kaoliniques, extraites près du village de Lacoste, dans la commune de Chasteaux. Il appartient aujourd'hui à la Société anonyme des kaolins de la Corrèze, dont le siège est à Paris, sous la raison sociale « F. Collery et Cie ».

(1) Archives personnelles.

Quant au moulin de St-Cernin, qui portait autrefois le nom de Jacques Cœur, divers documents vont nous renseigner à son sujet. C'est d'abord un contrat passé au château de Pommier par le notaire François Leymarie, le 13 janvier 1646, entre damoizelle Gabrielle de Pommier, veuve de noble Germain du Fraisse, en son vivant escuyer, seigneur de Beausoleil, et noble Jehan du Fraysse, escuyer, seigneur de Beausoleil, fils audit feu seigneur et à lad. damoizelle d'une part et François de Juge, d'autre part, au sujet de la rente due sur le moulin de St-Sernin (1); un deuxième contrat, passé à St-Sernin par le même notaire, le 18 novembre 1654, entre noble Jehan du Fraisse, escuyer, seigneur de Beausoleil et Armand de Juge, procureur d'office de la juridiction de Cousages ,au sujet de la rente concernant le moulin de Jacques Cœur (2); un troisième contrat d'afferme, du 18 mai 1710, passé au bourg de St-Sernin par le notaire Laroche, de Maslegrèze, qui nous apprend qu'à cette époque il se composait de trois moulins à blé, savoir un fromental et deux tourtels, et appartenait à Messire Charles Louis du Fraysse, écuyer, seigneur de Beausoleil et de Pommier, qui en avait la jouissance durant huit mois et dix-huit jours annuellement, et à damoiselle Marguerite de Laval, veuve à feu François de Juge, sieur de Laferrière, qui le jouissait pendant trois mois douze jours de l'année (3).

Un quatrième contrat d'afferme du 6 avril 1723, passé à Larche par Maury, notaire au duché de Noailles et contrôlé à Brive, le 12 avril suivant, nous fournit les mêmes renseignements; mais c'est Jean de Juge, sieur de Laferrière conseiller du roy au présidial de Brive, qui comparaît à la place de sa mère.

Plus tard, le 8 mai 1769, ce dernier co-propriétaire

<hr>

(1) Archives de M. de Laferrière, de Gourdon.
(2) Archives de M. de Laferrière, de Gourdon.
(3) Archives personnelles.

achète à Melle Juliette du Fraysse de Beausoleil les deux tiers qui lui appartenaient sur ce moulin que nous voyons, pour la deuxième fois, appelé le moulin de Jacques Cœur et ledit contrat de vente est passé par Guittard, notaire royal à Brive (1).

Porté à l'article 32 du rôle de 1740, avec un bail de 104 quartons de méture, lesdits grains réduits en argent à raison de 18 sols le quarton, son revenu est évalué à 93 livres 12 sols et taxé 5 livres 16 sols.

Indiqué à l'article 44 du rôle de 1753, son revenu n'est estimé qu'à 70 livres et imposé de 7 livres 4 sols.

C'est toujours le même revenu de 70 livres, le tiers déduit, qu'on lui trouve attribué à l'article 41 du rôle de 1771, et le fermier paye une taxe de 7 livres 18 sols pour la taille et de 6 livres 10 sols pour la capitation.

Lorsque M. de Laferrière fut devenu seul propriétaire de ce moulin, alors en très mauvais état et tombant presque en ruines, d'après l'acte de vente du 8 mai 1769, il le fit réparer entièrement et y ajouta un pressoir à huile, non sans avoir cependant éprouvé quelques difficultés et subi l'opposition des seigneurs de Cousages et de Lissac, qui voyaient dans ce fait un empiètement à leurs droits. Voici à ce sujet quelques passages d'une consultation d'un avocat de Bordeaux, en date du 10 avril 1773, qui réduit à néant ces prétentions seigneuriales (2) :

« Estime que le moulin dont il s'agit, étant bâti sur un bras du ruisseau de Couse, qui est sur la justice de Lissac, le seigneur de Cosages est absolument non recevable à soulever aucune contestation contre la ferme de ce moulin, 1° parce qu'il n'est point dans sa justice, dont il est séparé par le lit ancien du ruisseau qui continue à former toujours la division des deux terres ; 2° parce que la construction

---

(1) Archives de M. de Laferrière, de Gourdon.
(2) Archives de M. de Laferrière, de Gourdon.

de ce moulin eut-elle absolument appauvri et épuisé le canal ordinaire du ruisseau le seig^r de Cosages ne peut à cet égard exercer aucune action contre celui de Lissac à cause des stipulations respectives de la transaction de 1518 et qu'il a été le maître d'en faire autant sur sa rive ainsi qu'il paraît qu'il l'a pratiqué.

« Cette transaction donne au seigneur de chaque rive la faculté indéfinie de prendre toute l'eau du ruisseau pour construire des moulins; ils ne peuvent être contraints que par les règlements qui leur défendent de retenir plus de 5 pieds et demi d'eau devant leur moulin et qui leur ordonnent d'en tenir la surface un pied au-dessous des fonds fermés et riverains.

« Il y aurait même d'autant plus d'injustice, de la part du seigneur de Cosages de se plaindre de la trop grande prise d'eau, qu'après avoir servi à l'exploitation du moulin dont il s'agit, elle est ramenée, à peu de distance, dans son ancien canal.

« Quant au droit prétendu par le seigneur de Lissac d'empêcher le propriétaire d'ajouter à son moulin, sans une nouvelle digue, une meule et un pressoir, il ne paraît pas plus fondé que le seig^r voisin dès qu'il n'a pas de moulin et de pressoir à huile banal, c'est-à-dire dès que le local du moulin dont il s'agit n'est pas d'un territoire sujet à la banalité; ce qui est fondé sur des raisons différentes de celles qui militent contre l'autre seigneur.... etc... »

Mais depuis cette époque, le moulin proprement dit a disparu pour faire place à une usine importante et très bien agencée, à laquelle on a fait reprendre l'ancien nom de Jacques Cœur, signalé plus haut et qui comprend une carderie et une filature à laine, auxquelles sont annexées une fabrique de draps du pays et une teinturerie .Ces diverses industries, réunies dans la même main, sous l'habile direction de l'actif et intelligent propriétaire actuel,

M. Auguste Vergnet, ne peuvent avoir qu'un nouvel accroissement de prospérité.

La dernière usine, actionnée par les eaux de la Couze sur le territoire de St-Cernin, était à deux cents mètres au-dessous du bourg. C'était une scierie mécanique, installée vers la fin de l'année 1867 et destinée jusqu'à ces derniers temps à la fabrication des semelles de sabots et des bois de fusils de guerre. Après avoir périclité durant quelques années, elle vient d'être supprimée par suite du grand âge de son propriétaire, qui ne pouvait plus s'occuper efficacement de son industrie.

CHAPITRE V

I

Le territoire de la commune de St-Cernin fut occupé à l'époque préhistorique, ainsi qu'en témoignent les restes trouvés à la station de la Grèze et dans la grotte du roc blanc, qui fut certainement habitée, en même temps que d'autres excavations naturelles, fournissant des abris sous roche tout préparés à nos ancêtres troglodytes. Le plus remarquable à signaler est celui situé au-dessus de la source du Soulié, à près de dix mètres au-dessus du sol et seulement accessible par un petit passage à son extrémité méridionale.

Les Celtes, fractionnés en tribus indépendantes, mais toutes soumises à leurs prêtres, les Druides, occupèrent ensuite le pays, où ils ont laissé des monuments assez nombreux dans la région du causse. Il faut même croire que la situation avait pour eux une certaine importance ; car il est rare de rencontrer dans une étendue aussi restreinte une quantité pareille de restes celtiques. Les Druides (du grec drus ou du celtique deru, qui veulent dire chêne) étaient là, en effet, dans leur milieu affectionné, au centre de sombres et immenses forêts, où ils pouvaient offrir leurs sacrifices à leurs Dieux Hésus ou Teutatès, et aller facilement recueillir sur des chênes séculaires le gui sacré ou ramasser dans les pelouses la précieuse verveine.

C'était la tribu des Lémovices, mentionnée dans les Commentaires de Jules César, qui habitait le pays avant son invasion par les Romains, 52 ans avant Jésus-Christ. La résistance fut opiniâtre, et les Lémovices, sous la conduite de leur grand chef, Sédulix, n'hésitèrent pas à se porter au nombre de dix mille au secours des Arvernes et à se ranger sous la bannière de Vercingétorix, qui luttait courageusement contre les nouveaux oppresseurs de la Gaule. Ils furent défaits dans la vallée des Laumes, sous les murs d'Alesia (1); leur chef fut tué (2) avec son second fils Cœlicomat, tandis que son fils ainé, Duratius, s'attacha à César et à Auguste, qui le comblèrent de bienfaits, lui et son peuple, en même temps qu'ils firent de Limoges, alors Augustoritum, sa capitale, la résidence des proconsuls romains.

Le pays était donc passé sous la domination des vainqueurs, qui s'y établirent solidement et y construisirent des voies de communication, des ponts, des ouvrages de défense, des villas et des thermes ou établissements de bains, dont on retrouve encore les vestiges sur divers points, en particulier au village de Laroche, où l'on a découvert les substructions d'un édifice, qui n'a pu être qu'une villa assez importante ou un établissement de bains, alimenté par la source de la Doux.

Après la conquête romaine, la Gaule fut divisée en grandes provinces et la contrée des Lémovices, le *Pagus lemovicinus*, fit partie de l'Aquitaine, qui fut elle-même divisée en deux par Dioclétien, à la fin du IIIᵉ siècle. Nous fûmes alors rattachés à la première Aquitaine avec Bourges, *(Avaricum)* pour capitale, jusqu'à l'année 419.

Incorporé à cette époque au royaume des Wisigoths, qui avait Toulouse pour capitale, le Limousin resta sous leur domination jusqu'en 507, pour devenir partie inté-

(1) Alise-Sainte-Reine, du Mont-Auxois, près de Dijon.

(2) *Sedulius, dux et princeps Lemovicum, occiditur (Commentaires de César, de Bello Gallico,* lib. VIII, cap. 88).

grante du royaume des Francs de Clovis, avec Tournai pour capitale.

Nous passons alors dans le premier royaume de Neustrie, capitale Soissons, et nous y restons jusqu'en 567, époque de la formation du second royaume de Neustrie, même capitale, dont nous nous séparons en 584 pour nous mettre pendant un an seulement sous la domination du royaume aquitain de Gondovald, fils naturel de Clotaire I, qui fut proclamé à Brive.

Mais Gontran, le roi de Soissons, fils légitime de Clotaire, fit poursuivre cet usurpateur par son armée, qui l'atteignit à Cominges (1), où il fut trahi par ses partisans et mis à mort, en 585, par ses propres soldats, qui le précipitèrent du haut d'un rocher.

Dès lors, nous sommes soumis au royaume d'Austrasie de Childebert II, avec Metz pour capitale.

Mais le bon roi Dagobert constitue le premier royaume d'Aquitaine en 631, avec Toulouse pour capitale, et nous y sommes incorporés jusqu'en 673, époque de la formation du premier duché d'Aquitaine, Toulouse restant toujours capitale.

De 744 à 778, Pépin-le-Bref et Charlemagne ont constitué leur empire avec Aix-la-Chapelle pour capitale et nous vivons durant ce temps sous leur domination. Mais le Bas-Limousin, qui avait déjà été ravagé par les Sarrazins, fut encore très éprouvé pendant la guerre de l'indépendance de l'Aquitaine, que Hunald et Waïfre, les descendants de Caribert, fils de Dagobert, soutinrent de 760 à 770 contre Pépin-le-Bref et Charlemagne; plusieurs combats furent même livrés dans les environs d'Yssandon, d'Allassac et de Turenne et nos ancêtres durent certainement y participer.

Ce fut alors que Charlemagne, vainqueur de Waïfre,

____

(1) Aujourd'hui Saint-Bertrand-de-Cominges, dans la Haute-Garonne.

établit dans le Limousin des comtes ou gouverneurs, tiges des grandes maisons féodales, des vicomtes de Ségur, de Tulle, de Comborn, de Ventadour et aussi de Turenne, sous la dépendance desquels nous nous trouvions (1).

A la mort du grand empereur, le royaume d'Aquitaine se reconstitua pour la seconde fois, avec Toulouse pour capitale, et nous en fimes partie durant près d'un siècle, jusqu'en 876, pour devenir alors sujets du comte de Toulouse, fief du comte Eudes jusqu'en 918.

Le duché d'Aquitaine ou de Guyenne se forme une seconde fois, avec Poitiers pour capitale et nous y sommes englobés pendant près de trois siècles, jusqu'en 1204.

Mais, dès 1137, ce duché d'Aquitaine fut réuni au royaume de France par le mariage d'Eléonore de Guyenne, alors âgée de 15 ans, avec Louis VII. La mésintelligence survint entre les deux époux pendant la deuxième croisade, où Eléonore avait accompagné le roi et se fit remarquer par la légèreté de sa conduite. Celui-ci demanda et obtint le divorce du concile de Beaugency, en 1152 et le duché d'Aquitaine redevint indépendant pendant deux ans seulement. Car, six semaines après son divorce avec le roi de France, la volage Eléonore épousa le comte d'Anjou et duc de Normandie, Henri Plantagenet, qui devint roi d'Angleterre sous le nom de Henri II en 1154 et fit ainsi passer l'Aquitaine, dont nous faisions partie, sous la domination anglaise.

Le roi de France, Philippe II, dit Philippe-Auguste, parvient bien à s'emparer de nouveau de cette province en 1204 et à la réunir à ses états; mais, en 1259, Louis IX, dit St-Louis, céda encore l'Aquitaine et le Limousin au roi d'Angleterre, Henri IV, en s'en réservant, il est vrai, la suzeraineté féodale, que le traité de Brétigny anéantit,

____

(1) MALTE-BRUN, *La France illustrée*, département de la Corrèze, n° 48.

en 1360, par l'érection de l'Aquitaine en duché indépendant.

Il paraîtrait que les habitants du Limousin gardèrent une rancune si tenace à saint Louis de les avoir livrés aux Anglais et « se trouvèrent si marris qu'ils n'affectionnèrent oncques puis el Roy ; et quoique saint Loys soit sainct et canonisé par l'église, néanmoins ils ne le réputent pour sainct et ne le festoyent point, comme on fait ès aultres lieux de France » (1).

Le Limousin fut réuni d'une façon définitive à la couronne de France, en 1365, par Charles V, dit le Sage ; mais les Anglais ne furent enfin chassés de France qu'en 1453, sous le règne de Charles VII, dit le Victorieux, l'oinct du Seigneur et de la Pucelle.

II.

Sur les plateaux des causses, à l'ouest de la commune, on remarque des monuments mégalithiques, bien dignes de fixer l'attention, attestant, après plus de vingt siècles, l'occupation de cette région par des peuplades plus ou moins nomades, qui devaient y garder leurs troupeaux. N'a-t-on pas trouvé, du reste, dans une des fouilles qui y furent faites une molaire de chèvre ou de mouton au milieu de débris de poterie grossière, de dents d'enfants et d'ossements humains ?

C'est qu'en effet tous ces vestiges d'un passé lointain ne sont autres que des monuments funéraires, des tombeaux de l'époque préhistorique et non pas des autels druidiques, sur lesquels les ministres de la religion d'alors réunis « au fond des sombres forêts pour accomplir les cérémonies de leur culte sanguinaire offraient leurs sacrifices au terrible Dieu de la guerre, Hésus », ainsi que le raconte, après bien d'autres, Rateau, dans son étude sur le département de la Corrèze.

(1) MÉNARD, *Observations sur Joinville*, édit. de Ducange, p. 371.

Le plus important et le mieux conservé de ces monuments est le *dolmen de Lapalain*, situé sur le puy de ce nom, à 276 mètres d'altitude et à 150 mètres environ du chemin vicinal n° 1, à gauche en allant de St-Cernin à Nadaillac ; on lui donne aussi le nom de peyrelevade, pierre levée.

Il est construit sur un tumulus, de forme ovalaire, mesurant 28 mètres sur son grand axe et 15^m,50 sur l'autre, et formé par des dalles de pierre calcaire de 0^m,20 à 0^m,40 d'épaisseur, dont trois, placées verticalement, constituent les solides supports de la table du dolmen, qui a les dimensions suivantes : longueur 2^m,85, largeur 2^m,43, épaisseur 0^m,40, présentant sur son côté est une échancrure de 0^m,75 de largeur sur 0^m,40 de profondeur, provenant d'une cassure de la pierre. Elle est orientée de l'est à l'ouest et la cella, qui mesure 2^m,90 de profondeur, 1^m,10 de largeur et une hauteur actuelle de 1^m,30, a son entrée à l'est. Elle devait être fermée par une grande dalle, de la même dimension que son ouverture, qui a été trouvée renversée au milieu des pierrailles, au-devant de l'entrée.

Les premières fouilles connues y furent exécutées en 1865 par MM. Rateau, alors inspecteur primaire et Ph. Lalande, de Brive, qui n'y trouvèrent que « du charbon, des esquilles d'os, un petit morceau de fer et des tessons de vase » (1). Quelques-uns de ces débris, d'origine moderne, prouvèrent alors que des chercheurs inconnus avaient déjà visité ce dolmen, mais on n'a jamais entendu parler des découvertes antérieures.

J'ai bien remarqué le dessin de ce dolmen, dans une visite faite au musée de St-Germain-en-Laye ; mais il est véritablement étonnant qu'il ne soit pas encore classé comme monument historique.

A peu de distance, vers le nord, toujours sur le puy de Lapalain, existe un autre monument funéraire, un tumulus

(1) *Matériaux pour l'histoire de l'homme*, t. IV, sept. 1871.

circulaire d'environ 9^m, de diamètre. Il a été fouillé en 1870 par MM. Elie Massénat et Ph. Lalande, qui, à cinquante centimètres de profondeur, y découvrirent des ossements humains, débris d'un squelette, qui portait à chaque avant-bras trois bracelets en bronze. Ces ornements ont été décrits par M. Pb. Lalande et dessinés par M. Cartaillac (1) dans un a rticle très documenté sur les dolmens et tumulus de la commune de St-Cernin, auquel sont empruntés tous les détails concernant ces recherches.

Ces six bracelets, fabriqués avec des tiges de bronze battu, plates sur deux faces et légèrement bombées sur les deux autres, ont la même ornementation, consistant en quatre ou cinq petites lignes parallèles gravées sur la face extérieure. Ce ne sont point des anneaux exactement fermés, mais des ellipses dont les extrémités se touchent et dont les diamètres intérieurs mesurent 75 et 54 millimètres. Trois de ces bracelets sont déposés au musée de Brive, les trois autres font partie de la belle collection particulière de M. Ph. Lalande.

Fait à remarquer, la tête du squelette avait été brulée et les cendres renfermées dans une urne peu profonde à panse arrondie, fermée par une sorte de soucoupe aplatie, qui occupait la place de la tête. Déjà fêlés par le poids des pierres, les deux vases sont tombés en débris lorsqu'on voulut les retirer.

A 500 mètres environ du puy de Lapalain, en se dirigeant vers le sud-est, on trouve le puy de Lachassagne, à 288 mètres d'altitude. Son dolmen, entouré de six tumulus, est élevé lui-même au centre d'un tumulus de 50 mètres environ de circonférence et construit en dalles calcaires, comme son voisin de Lapalain. Il est un peu moins grand et la table, qui semble bien avoir été brisée en partie, a la forme trapézoïde et mesure sur un côté 2^m,10 et sur

(1) *Matériaux pour l'histoire de l'homme*, n° 9, sept. 1871.

l'autre 1^m,45, avec une longueur entre ces deux bords de 1^m,65 et une épaisseur variant de 0^m,30 à 0^m,35. Orientée du sud-est au nord-est, elle était seule apparente avant les fouilles et se trouve supportée par trois fortes pierres placées sur champ de 0^m,30 d'épaisseur, avec une longueur de 1^m,90 à gauche et 1^m,60 à droite et disposées en forme de sarcophage. L'entrée de la chambre a une largeur de 0^m,70 et une hauteur actuelle de 1^m,10. On y a trouvé des débris de poterie grossière et quelques perles en jayet ou en calcaire grossièrement travaillés.

Les fouilles, reprises en 1867, par MM. Ph. Lalande et Massénat, dans les tumulus environnants, firent découvrir un vase en poterie brune semblable à une soucoupe peu profonde, des tessons de poterie noirâtre, une molaire de chèvre ou de mouton, une quinzaine de dents d'enfants et une grande quantité d'ossements. Plus tard, M. de Bosredon, de la Fauconnie, fit des recherches dans un tumulus négligé jusqu'alors et y découvrit des petits anneaux en bronze.

Si, du dolmen de Lapalain, on se dirige vers l'est, on rencontre à deux ou trois cents mètres le puy de Buffevent, qui est à 278 mètres d'altitude et présente un dolmen incomplet, sans tumulus, dont la dalle formant table a été enlevée. Il n'y reste plus que les supports, entre lesquels les fouilles ont fait découvrir seulement quelques débris d'ossements.

Enfin, il existe encore dans cette région, à 600 mètres au nord du Puy de Lapalain, à 200 mètres de l'embranchement du chemin qui se dirige vers Chavagnac, sur le point dit au petit puy, un quatrième dolmen, en partie caché par des broussailles, orienté du sud au nord, dont il ne reste que les supports plus ou moins dégradés. L'un d'eux est même renversé dans la cella. C'est ce dolmen qui est désigné par M. Lalande sous le nom de *tombe de l'homme mort.*

M. de Bosredon l'a fouillé et en a exhumé les restes d'un squelette humain, à peine couvert de terre, qu'il pensa ne pas remonter à une très haute antiquité. Le nom que l'on donne encore à une partie de cette région, dite « à l'homme mort », permet de supposer qu'un drame lointain a dû s'y passer et peut-être la cella du dolmen, servit-elle à faire disparaître un cadavre compromettant.

III.

Toujours dans la région des causses, mais du côté opposé au précédent, à l'extrémité nord-ouest de la commune, sur les confins de celle de Chavagnac, au bord d'un plateau inculte, appelé le puy de Lacour, à 250 mètres d'altitude, se remarque une antique enceinte, de forme ovale, composée de deux rangs concentriques de pierres plates enfoncées sur champ dans le sol. Leur intervalle est rempli de terre et le tout mesure 0^m,60 d'épaisseur. Le grand axe de cet ovale a une longueur intérieure de 15^m, 97 et son petit axe a 7^m,40. L'entrée de cette enceinte, ouverte au nord-ouest, présente actuellement une largeur de 2^m,50 et, à sa gauche, est un mur de séparation, construit aussi en pierres sur champ, avec une solution d'un mètre en son milieu, pour mettre en communication les deux parties de l'enceinte, qui se trouve ainsi divisée en deux compartiments inégaux, dont le grand axe de celui de droite, le plus étendu, côté sud, mesure 10^m,35, tandis que celui du petit, côté nord, n'a que 5^m,62.

Quelques archéologues avaient cru reconnaître dans cette enceinte un cromlech; cependant M. Ph. Lalande (1) affirme qu'elle n'est certainement pas un cromlech, ou, du moins ce cromlech différerait sensiblement de ceux dont on connaît les descriptions. M. G. de Mortillet, qui l'a visité et en a levé le plan en 1875, après un minutieux

(1) *Matériaux pour l'histoire de l'homme*, 1876, t. VII, p. 302.

examen, a émis l'hypothèse que l'on se trouvait en présence de la base d'une habitation antique (Tugurium ?), dont on se figure aisément la construction : des poteaux en bois étaient disposés entre les deux rangs de pierres et assujettis au moyen de terres rapportées ; les intervalles pouvaient être remplis par des branchages entrelacés, formant ainsi des parois cimentées probablement avec de l'argile, comme celles des cabanes lacustres. Un toit de chaume ou de feuillage devait couvrir le tout. Quant aux vestiges de murailles situés à quelque distance, on peut y voir les restes de clôture d'une sorte de cour attenante à l'habitation.

Ajoutons que cette enceinte est désignée dans le pays sous le nom de *grange de la Cournille*, ce qui paraîtrait corroborer l'opinion d'une antique habitation.

Toute l'aire de cet enclos est aujourd'hui recouverte de broussailles et de ronces, qui rendent des fouilles difficiles à pratiquer, tandis que le terrain environnant est entièrement inculte et dépourvu de végétation. Aucune recherche n'a encore été faite dans le sous-sol de cette enceinte.

Exactement en face de son entrée, à 26^m,50 vers l'ouest, se trouve un *aven* de forme ovalaire, dont le grand axe mesure 1^m,70 et le petit axe 0^m,80. Sa profondeur visible ne dépasse pas deux mètres, toute encombrée d'éboulis rocailleux et d'ossements d'animaux, dont on se débarrasse dans ce trou, sans aucun souci de l'hygiène. Au fond de cette ouverture, on remarque deux poches dirigées vers deux côtés opposés ; l'une, à l'est, la plus étendue, pénètre à 7 mètres environ ,tandis que l'autre, beaucoup plus petite, allant vers l'ouest, est éclairée, comme par un soupirail, par une petite ouverture communiquant avec l'extérieur à côté de la grande entrée.

A une trentaine de mètres de là, vers le nord et à 15 mètres de l'enceinte, on remarque un autre *aven*, plus important que le premier, dont l'ouverture, aussi de forme ovalaire, mesure 2^m,10 sur 1^m,10. Son fond, à pente assez rapide, encombré d'ossements, présente un passage de moins de deux mètres, se dirigeant jusque sous l'enceinte et partagé aux deux tiers de sa longueur par une sorte de pont, sous lequel on arrive à passer en rampant.

Peut-être, dit M. Martel (1), ces avens sont-ils en corrélation, par les fissures capillaires qui les terminent, avec le lit souterrain du ruisseau qui voit le jour à la source de la Doux, affluent de la Couze, dont le canal de sortie, absolument impénétrable, est séparé du roc blanc par une distance à vol d'oiseau d'environ 2 kilomètres.

IV

Si l'on quitte l'enceinte ci-dessus et que l'on descende le puy de Lacour, en se dirigeant vers le nord-est, sur le roc blanc, on trouve à 300 mètres environ, sur le bord de la falaise de rochers calcaires où commence la région des causses, une grotte à flanc de rochers, dont l'ouverture a la forme d'un trapèze renversé, mesurant 3^m,60 à son côté supérieur, 2^m à l'inférieur, avec une hauteur de trois mètres.

C'est un abri sous roche, une ancienne demeure de l'homme préhistorique, ainsi que le prouvent les recherches faites en 1871 par MM. A. et Ph. de Bosredon (2), qui ont découvert, en fouillant le sol de cette grotte, une dent de rhinocéros tichorinus, des portions de mâchoires de rennes et quelques fragments de poterie et de silex taillés. Tous ces objets ont été déterminés par M. de Mortillet.

Cette grotte est formée par un couloir de 2 mètres de

<hr>

(1) *Sous terre, 4e campagne*, 1891, *in Bulletin de la Société scient. hist. et archéol. de Brive*, t. XIV, 1892, p. 485.

(2) *Bulletin de la Société hist. du Périgord*, t. IV, p. 103 et *Matériaux pour l'histoire de l'homme*, t. XI, p. 300.

largeur, allant en ligne droite jusqu'à la distance de 5 mètres, où il forme une petite rotonde en obliquant vers la droite, avec la même largeur de 2 mètres, mais avec réduction de la hauteur à 1^m,50. Après un parcours de 7 mètres, son ouverture se rétrécit brusquement et ne présente plus qu'un étroit passage obstrué de pierres, de 0^m,80 de hauteur, par lequel on accède en rampant à une seconde grotte, de forme oblongue, de 9 mètres de long sur 7 mètres de large, avec une hauteur moyenne de 2^m à 2^m,50. Sa voûte présente, sur la moitié de sa longueur, une solution de continuité ou faille ,dirigée de l'ouest à l'est, variant de 0^m,20 à 0^m,45 et fermée par des pierres en pointe, disposées en clef de voûte ménageant à l'extrémité ouest une petite ouverture, qui laisse pénétrer une lumière suffisante pour éclairer cette salle. Servant aujourd'hui de tanière aux blaireaux et aux renards, qui se logent dans des ouvertures situées sur les bas côtés, la grotte du roc blanc était admirablement disposée pour servir d'habitation à l'homme troglodyte et lui fournir un refuge sûr et facile à défendre.

V.

En face le moulin de la Grèze, sur la rive gauche de la Couze, on trouve un long banc de travertin de dix mètres de hauteur, très dur dans ses couches inférieures et supérieures, mais de peu de consistance dans la couche moyenne

C'est dans cette partie qu'on a découvert en 1871, en extrayant de la pierre, un foyer horizontal d'une dizaine de mètres environ, marqué par une ligne noire de quelques centimètres d'épaisseur et de laquelle on a retiré des dents de cheval et de bœuf, des fragments d'os brûlés, des quartz et des silex façonnés de main d'homme, entre autres un racloir moustérien bien taillé, qui, situés sous une pareille couche de travertin, démontrent que cette petite station préhistorique remonte aux temps les plus reculés de l'époque quaternaire.

Elle a été fouillée ,l'année de sa découverte, par M. Ph. Lalande qui a publié une note à son sujet (1) et par M. Massénat, qui faillit même y être tué par la chûte d'un énorme bloc, qui se détacha du sommet.

VI.

En 1833, l'exécution de défoncements agricoles dans une terre, appelée la vialle, n° 877, section B du plan cadastral et située dans les dépendances du village de Laroche, fit découvrir les restes d'une ancienne construction, assez importante, dont l'origine remonte à l'occupation romaine.

Sous l'inspiration de M. Muza, conservateur des monuments historiques du département et sous la direction de M. de Laferrière, juge de paix du canton de Larche et de M. Gilibert de Merlhiac, des fouilles y furent alors pratiquées et mirent à découvert les fondations d'un édifice d'une certaine étendue, divisé en plusieurs compartiments ou chambres, au nombre de huit, de dimensions inégales, construits en briques et en ciment très dur. L'un de ces compartiments, d'une superficie de 36 mètres carrés, était entièrement recouvert d'une voûte plate, construite en belles briques de 62 centimètres en carré et de 6 centimètres d'épaisseur. Cette voûte était elle-même supportée par 36 piles ou colonnes placées à 42 centimètres de distance en tous sens, alignées sur des directions parallèles et se coupant à angles droits. Reposant directement sur le sol et sans socle, elles avaient 53 centimètres de hauteur et chacune était surmontée d'un châpiteau de 19 centimètres, supportant directement la voûte, ce qui donne une élévation totale de 72 centimètres.

(1) *Matériaux pour l'histoire de l'homme*, n° 11, nov. 1871.

Les briques, de couleur rouge, qui servaient à la construction des chapiteaux mesuraient 47 centimètres en carré et 6 centimètres d'épaisseur, tandis que celles qui formaient les colonnes n'avaient que 21 centimètres au carré, mais 7 centimètres d'épaisseur. J'en possède un exemplaire très bien conservé, muni encore de débris du mortier qui les unissait, échappée aux mains des ouvriers, qui, depuis leur exhumation, ont employé tous ces matériaux dans diverses constructions, en particulier, dans l'édification des cheminées de plusieurs maisons du village·

M. de Merlhiac adressa un rapport au sujet de cette découverte à la Société royale des antiquaires de France, dont il était membre correspondant et la signala dans ses recherches historiques sur le tracé ancien et moderne de la route de Lyon à Bordeaux, publiées en 1854 dans le *Chroniqueur du Périgord et du Limousin*. Mais il en a surtout fixé tous les détails dans une notice inédite, avec plan des fouilles, que M. Ph. Lalande a eu la bonne inspiration de faire insérer dans le *Bulletin de la société scientifique, historique et archéologique de Brive* (1).

C'est grâce à cette publication que nous connaissons les détails ci-dessus et que nous savons qu'on n'y découvrit aucune inscription, mais des fibules ou agrafes, des bracelets et autres parures en métal commun de l'époque romaine.

Ces divers objets ont été égarés; mais un certain nombre d'autres, provenant de ces fouilles, sont conservés au musée de Brive et comprennent des débris de vases en terre, des défenses de sanglier, un éclat de silex et surtout un beau vase à déversoir en terre rouge lustrée, sorte de jatte ou de terrine à panse conique, de 10 centimètres de hauteur, avec un orifice de 19 centimètres et une base annulaire qui ne dépasse guère 8 centimètres, exactement

(1) t. VI, p. 573, 1884.

0^m,084. Le tout a été donné en 1884 par M. Jean Jaubertie, de Laroche, qui était le propriétaire du terrain et fut longtemps conseiller municipal de la commune.

On y trouva aussi un certain nombre de médailles ,qui ont été déterminées par M. Jouannet, conservateur de la bibliothèque de Bordeaux et dont j'ai pu retrouver la liste dans les archives de la Corrèze, jointe à une lettre d'envoi du Sous-Préfet de Brive, Dubousquet, en date du 23 octobre 1833. Elles étaient au nombre de treize et aux effigies suivantes :

1° Antonin le Pieux ; au revers, l'abondance.

2° Claude Ier.

3° Trajan.

4° Constantin le grand ; au revers deux victoires soutenant un bouclier et à l'entour *vota pro felicitate principis* et sur le bouclier *Pop. R* (vœux du peuple romain pour la félicité du prince).

5° Constance Chlore ; au revers une figure foulant aux pieds une autre figure et à l'entour *felix temporum reparatio* (heureuse restauration des temps).

6° Tetricus fils ; au revers une femme tenant une hostie et faisant une libation sur un autel.

7° médaille votive, dont on n'a pas reconnu l'empereur

8° médaille entièrement effacée ; on reconnaît seulement qu'elle est du bas-empire (de Victorius ou de Tétricus).

9° la même que la précédente.

10° Julien ; au revers dans une couronne *Votis V multis X* (médaille d'argent votive pour cinq pour plusieurs fois dix ans).

11° Tétricus fils ; revers, femme entre deux enseignes.

12° Tetricus père ; médaille barbare, indéchiffrable.

13° indéchiffrable.

Il est donc permis de s'étonner que M. de Merlhiac dise dans sa notice qu'on n'y a découvert « aucune médaille qui puisse aider les conjectures de l'antiquaire » et la termine en répétant encore que « faute de monnaies ou de médailles, il est impossible de déterminer d'une manière exacte l'époque de la fondation de ce monument ».

Nous voyons, au contraire, qu'on y a bien rencontré des monnaies, toutes d'origine romaine et que les moins anciennes, celles de Constantin et de Julien, nous démontrent que ces constructions du village de Laroche doivent remonter à la seconde moitié du IVe siècle.

On peut émettre deux hypothèses au sujet de la nature et de la destination de cet édifice et y voir les restes d'une villa romaine, dont la principale partie fut un sacrarium ou chapelle domestique, qui pouvait aussi recevoir quelquefois la population voisine, ou bien y trouver les traces d'un de ces établissements de bains, que les Romains ne manquaient pas de construire dans les localités où ils séjournaient.

La position privilégiée à ce point de vue du village de Laroche, avec le voisinage surélevé de la belle source de la Doux, inclinerait bien à se ranger à cette dernière opinion. C'est cependant la première qu'adopte M. de Merlhiac, en se basant sur le nom de la pièce de terre renfermant ces constructions, vial, qui serait un vestige traditionnel et une corruption de villa, et aussi sur la disposition des divers compartiments qui la composent.

Malheureusement les fouilles n'ont pas été complètes et les travaux furent arrêtés, faute de fonds, le 6 décembre 1833 (1). Une faible portion des fondements de l'édifice a seule été mise à jour et il serait à désirer que de nouvelles recherches, conduites avec méthode et compétence, y fussent entreprises pour nous découvrir peut-être le mystère qui plane encore sur ces débris d'une époque reculée.

(1) Lettre de M. de Laferrière au Sous-Préfet de Brive. Archives, départementales.

VII.

C'est dans la région du causse, au voisinage du dolmen de Lapalain, que la légende du propre du diocèse de Sarlat (proprium Sarlatense) fait habiter ensemble saint Sour, saint Amand et saint Cyprien, au lieu désigné sous le nom de *petræ erectæ*, pierres levées ou peyrelevade, sur les confins des paroisses de St-Cernin et de Chavagnac.

Les trois saints, qui vivaient dans la première moitié du VIe siècle (1), avaient d'abord quitté l'Auvergne, leur pays d'origine et s'étaient retirés au monastère de Genouillac ou Ginouillac, sur les limites des Petrocorii, *in finibus Petrocoriorum*. Aujourd'hui Ginouillac est une commune du canton de la Bastide-Fortunière, arrondissement de Gourdon (Lot); mais, jusqu'à la fin du XIVe siècle, la partie du Bas-Limousin, entre Brive et la Dordogne et toute la partie du diocèse de Cahors qui avoisine cette rivière appartenaient à la province des Pétrocoriens (2). Ce ne fut qu'en 1376 que ces territoires furent distraits du diocèse de Périgueux pour être réunis à celui de Limoges.

Saint Sour, saint Amand et saint Cyprien restèrent donc trois ans environ au monastère de Ginouillac, où ils se trouvaient en même temps que Clodoalde ou saint Cloud, petit-fils de Clovis et de la reine sainte Clotilde; mais ne trouvant pas la vie du monastère assez sévère, ils résolurent de le quitter et fuyant le monde pour se recueillir dans la solitude, ils s'arrêtèrent à Peyrelevade, où ils se construisirent trois cellules.

(1) Saint-Sour, fondateur de l'abbaye de Terrasson, est né en 501 et mort en 580.

(2) MARVAUD. *Histoire du Bas-Limousin*. Cette assertion serait erronée en ce qui concerne les environs de Brive (voir article de l'abbé Loubignac, in *Bulletin de la Soc. scient. hist. et arch. de Brive* t. II, p. 479, 1880).

Les diverses légendes et les chroniques, dit l'abbé Pergot,
(1) se taisent sur le temps que nos saints demeurèrent ensemble à Peyrelevade, mais non sur la cause de leur séparation.
Elle nous est formellement indiquée et attribuée à ce que
les habitants des contrées voisines vinrent bientôt en
foule à Peyrelevade, attirés, les uns par la simple curiosité,
les autres par le désir de s'instruire ou d'être témoins des
miracles qui s'y opéraient. Ceux-ci imploraient le secours
des prières des trois ermites, ceux-là demandaient la
guérison de quelque maladie; on en voyait même qui se
proposaient de les imiter et déjà se déclaraient leurs disciples.
Aussi, gênés dans leurs méditations, les pieux ermites se
décidèrent à quitter Peyrelevade et s'en allèrent dans la
direction du soleil couchant. Harrassés de fatigue, ils
s'endormirent d'abord dans la forêt des causses; mais
saint Sour, qui s'était réveillé le premier, avait exploré les
environs de leur lieu de repos et découvert la grotte,
qui porte son nom, au-delà de Terrasson. Séduit par la
beauté du site, d'où l'on domine toute la vallée de la Vézère,
il fixa sa demeure dans cette grotte, qui servait autrefois
de vigie, sur la voie romaine allant de Tintignac à Vésone.
saint Amand alla fonder un monastère un peu plus loin,
à deux lieux environ, à St-Amand-de-Coly et saint Cyprien
poursuivit encore son voyage et s'arrêta sur la rive droite
de la Dordogne, dans un lieu qui depuis a porté son nom
et y bâtit un monastère, devenu plus tard un prieuré.

VIII.

C'est aussi dans cette même région du causse, à quelques
centaines de mètres des limites de St-Cernin, au lieu de
Sagournat, que se retira saint Gaucher, chanoine. Né à Meulan, diocèse de Rouen, vers le milieu du XI⁰ siècle, il se lia

(1) *Vie de saint Sour*, VIII, p. 300.

avec Humbert, chanoine de l'église de Limoges, auquel il confia le désir qu'il avait de renoncer au monde. Celui-ci lui conseilla de venir en Limousin et l'accompagna à St-Léonard, où se trouvait le tombeau de ce saint, auprès duquel ils passèrent la nuit en méditations et en prières. Le lendemain matin, ils se séparèrent et Gaucher, accompagné du nommé Germond, se mit en route pour chercher un endroit solitaire, où il pourrait se fixer. Est-ce le souvenir de saint Sour qui l'attira dans nos parages ? Toujours est-il qu'il se dirigea vers notre pays et s'établit près de Chavagnac, à Sagournat, où il vécut d'abord dans une profonde retraite. Mais sa réputation ne tarda pas à s'étendre; il forma bientôt des disciples, qui voulurent vivre auprès de lui et sous sa direction. Aussi demanda-t-il et obtint-il du chapitre de Limoges la permission de bâtir un monastère dans le lieu où il s'était retiré et où il mourut des suites d'une chute, âgé de 80 ans, le 9 avril 1140. Son couvent a depuis longtemps disparu; cependant on en retrouve encore les traces en travaillant un champ, près du village et j'en possède une brique ouvragée, assez bien conservée, ayant servi à un soubassement.

CHAPITRE VI

La paroisse de Saint-Cernin et les prieurs de Larche.

La paroisse de Saint-Cernin, aujourd'huiplus étendue
que la commune, était encore bien plus importante avant
la Révolution. En outre de l'agglomération communale,
elle comprend actuellement les villages de Chazat, de
Dautrement et de Boissières et les hameaux des Granges,
de Lafarge et de l'Escure haute, qui font tous partie de la
commune actuelle de Larche. Mais autrefois la paroisse
avait aussi dans ses dépendances les villages de Rignac et
de Peyrefumade, avec les hameaux de Coux et d'Yssalot,
de la commune de Larche.

Elle comportait même, au milieu du XIVe siècle, le
village de la Borie (1), commune de Chartriers, qui se trouve
désigné dans un passage d'une transaction sur les droits
respectifs de justice et de ressort entre le vicomte de
Turenne et le prieur de Brive, du 30 octobre 1351 : « Item
dictus dominus prior habebit jurisdictionem altam, bas-
sam et mediam in locis de..... et in mansio de la Boria
parrochie Sancti Saturnini de Cotsagio et dictus dominus
vicecomes habebit in istis superioritatem et ressortum ut
supra dictum est ». C'est-à-dire que ledit prieur aura la
juridiction haute, basse et moyenne dans les lieux de....
et dans le village de la Borie, paroisse de St-Sernin de
Cousages, et le vicomte aura la supériorité et le ressort
dans lesdits lieux, comme il est dit plus haut (2).

---

(1) A moins qu'il s'agisse d'un autre hameau de ce nom, aujourd'hui
disparu.

(2) Archives nationales, Q, 145-146. *Vidimus* de 1467, publié par
Clément-Simon, in *Bulletin de la Soc. arch. de Brive*, t. XI, p. 629,
1889.

Ajoutons encore qu'à la fin du XVIe siècle, la paroisse de St-Cernin, s'étendait jusqu'au village de Puyjubert, si l'on s'en rapporte à un document de cette époque, 1588, portant provisions pour Claude Naute du « prieuré de Puy-Jubert, paroisse de St-Sernin de Larche » (1).

On voit donc la surface considérable qu'elle couvrait et celle, bien restreinte, qui restait au prieuré de Larche, réduit pour ainsi dire à l'agglomération de la localité. Aussi ne faut-il pas s'étonner qu'en 1763 on mentionne 200 communiants pour Larche, alors qu'il en est compté 550 pour St-Cernin.

Cependant la paroisse de St-Cernin est signalée partout comme une annexe de Larche, à l'instar de celle de Lafeuil-lade et, de fait, jusqu'à la Révolution, les prêtres qui l'ont desservie portaient seulement le titre de vicaires, vicaires régents ou desservants; mais ils habitaient certainement le bourg de St-Cernin, comme en font mention un assez grand nombre d'actes, dans lesquels quelques-uns ont servi de témoins et sont tous invariablement portés comme habitants dudit bourg. Par conséquent, si St-Cernin était une annexe de Larche, il n'était pas desservi, ainsi que le dit Nadaud (2), par un vicaire de cette « ville », mais bien par un prêtre résidant, portant le titre de vicaire, dépendant, il est vrai, du prieur de Larche, mais n'ayant rien à voir dans cette paroisse.

St-Cernin, aujourd'hui dans l'archidiaconné de Brive et doyenné de Larche, aurait appartenu, suivant certains auteurs, en même temps qu'une certaine partie du bas-Limousin, au diocèse de Périgueux jusqu'en 1376. Il fut alors réuni à l'évêché de Limoges par le pape Grégoire XI et y resta rattaché jusqu'en 1789. A cette date, l'évêché de Tulle, qui avait d'abord été formé d'un seul archiprêtré du diocèse de Limoges par la bulle du pape Jean XXII,

<hr>

(1) Archives départementales G, 106.
(2) *Pouillé du diocèse de Limoges.*

donnée à Avignon le 13 août 1317, ne comptait que 59 paroisses, Il fut alors porté à 320 au dépens du diocèse de Limoges et St-Cernin devint une des paroisses de celui de Tulle. Mais le diocèse fut encore supprimé par le concordat du 15 juillet 1801 et ses paroisses firent retour à celui de Limoges jusqu'au relèvement de celui de Tulle, qui eut lieu en octobre 1822 avec 283 paroisses.

Comme son nom l'indique, le patron de la paroisse est St-Saturnin, dont la fête se célèbre le 29 novembre; mais la frairie ou ballade a été reportée depuis longtemps à une époque plus propice et a lieu le jour de l'Ascension. Tenue d'abord au bourg de St-Cernin, elle fut transportée au village de Laroche, où se faisait, ce jour là, une procession particulière; mais celle-ci a été abandonnée et la frairie a déserté insensiblement ce village, attirée par une auberge située à la Grèze, sur les bords de la route départementale nº 19, où elle se tient actuellement.

Suivant l'origine du nom, c'est donc bien St-Sernin qu'il faudrait écrire et non pas St-Cernin; mais l'usage a prévalu depuis la Révolution d'employer cette dernière orthographe, qui est devenue officielle aujourd'hui et que j'ai adoptée aussi, excepté dans les passages que je cite textuellement.

Si l'on envisage la population, il est évident que la paroisse de St-Cernin, était beaucoup plus importante que celle de Larche; elle n'est même encore aujourd'hui inférieure à celle-ci que d'une centaine d'unités. C'est une des raisons que donne M. Poulbrière (1) pour avancer que St-Cernin doit être le premier centre paroissial.

M. Clément-Simon (2) nous apprend, en effet, que, dans la seconde moitié du XVᵉ siècle, St-Cernin était une « petite et pauvre paroisse, en laquelle était le bourg de Larche et

(1) *Dictionnaire historique et archéologique des paroisses du diocèse de Tulle*, in *Semaine Religieuse*, nº 33, 19 août 1905, p. 520 et suiv.
(2) *La Vicomté de Limoges.*

le château ». Il n'y est pas question de la paroisse de Larche dans celles de sa châtellenie, à cette époque, d'où M. Poulbrière conclut qu'il y a forte présomption pour que la paroisse de Larche ne fut fondée qu'au temps de François de Beaupoil, si non comme prieuré, du moins comme cure, peut-être par simple transmission, vers la fin du XVe siècle. Cependant un sommaire manuscrit des archives du Vatican, relatif au Limousin, indique pour le XIVe siècle l'union des églises paroissiales de Larche, de St-Cernin et de Lafeuillade, et fait relever Larche et St-Cernin des chanoines de St-Martin de Brive.

Un autre argument en faveur de l'opinion de M. Poulbrière se trouverait dans l'hommage rendu, le 28 février 1415, par Renaud de Lissac à la Vicomté de Turenne, où il reconnaît en tenir toute la part de juridiction qu'il a sur les lieux et paroisses de Lissac, de St-Cernin, de Chasteaux et de Chartriers. « Item recognovit et confessus fuit idem nobilis se tenere et tenere debere a dictis dominis, cum homatgio et fidelitatis juramento, partem suam tocius jurisdictionis alte medie et basse in loco et castellania de Cosatgio et in dicto loco et parrochia de Lissaco, nec non in locis et parrochiis de Sancto Saturnino, de Castro et de Chartrieriis » (1).

Enfin M. Poulbrière tire encore une preuve sérieuse de l'ancienneté comparative des églises, qui donne la priorité à celle de St-Cernin, remontant au XIIe siècle.

Certains documents, que j'ai pu consulter aux archives départementales de la Corrèze, semblent bien aussi démontrer cette priorité de St-Cernin, qui donnait même son nom au prieuré. Le 1er avril 1580, Me Ramond Bonet, agissant comme procureur de Me Jehan Versanaux, clerc habitant au village de Montéricourt, paroisse de Mialet en Périgord, prieur et curé de St-Sernin de Larche, ordre de St-Augustin,

____

(1) Original parchemin non scellé. Archives nationales, Q 141, publié dans le *Bulletin de la Société archéol. de Brive*, t. VII, p. 395, 1885.

présente à un notaire de Brive la procuration et les lettres
de provision délivrées par le vicaire général de l'évêque
de Limoges. Aussi, d'après .ces lettres apostoliques, en
date du 12 octobre 1579, Jean Muzac, alors prieur et curé
de St-Sernin de Larche « prior curatus et perpetuus
commendatorius Sancti Saturnini de Archia, ordinis sancti
Augustini Lemovicensis diocesis » résigne son bénéfice de
St-Sernin en faveur de Jehan Versanaux « in favorem
venerabilis viri magistri Johannis Versano Petragoricensis
diocesis », et ce dernier avait, du reste, pris possession,
le 20 mars 1580. Mais la paroisse n'en était pas moins
administrée par un vicaire, qui s'appelait François Leymarie (1).

Plus tard, le 25 août 1605, il y eut un changement de
titulaire pour le bénéfice du prieuré et le nᵉ Pierre Laroche
jeune, procureur au siège présidial de Brive, agissant au
nom de messire Antoine de ou du Vaur, prêtre du diocèse
de Tulle et prieur curé de St-Sernin de Larche, fit enregistrer
les lettres de provision de ce dernier pardevant le notaire
royal de Valière. « Ledit de Vaur a sommé ledit Veyssière,
sergent royal, faire commandement à messire Jehan d'Eyrenc prêtre icy présent le vouloir mettre en la realle actuelle
et corporelle pocession du dit prioré et cure de St-Sernin
de Larche et de ses annexes aussy fruictz ,proffictz, revenus
et esmolumans qui en deppandent, et à deffault de ce faire
ledit de Vaur a protesté contre ledit Veyssière et d'Eyrenc
de tous despens, dommaiges et interestz ».

Mais il n'y eut aucune difficulté et Antoine de Vaur prit
possession de son bénéfice suivant les formes ordinaires
(entrée par la grande porte de l'église, attouchement du
verrou de ladite porte, prise d'eau bénite dans le bénitier,
sonnerie de l'une des cloches, marche vers le grand autel,
baisement d'iceluy, etc.), et la cérémonie eut lieu « en
présence d'Antoine Lestrade, laboureur du Peyroulet,

____

(1) Archives départementales, G, 99, fᵒ 50 et suiv. d'un registre

Guylhien Murat, de St-Sernin, Pierre Peyrou, dit Baudran de St-Sernin, Jean Juge, host. dudit lieu, autre Jean Juge, dit Jarousse son frère, François Chanteloube, d'Achier, Jean Leymarie dit Couget, Pierre Pomarel dit Peyte et plusieurs autres habitants ». Le prêtre de St-Sernin était alors Antoine Margerit (1).

Quoiqu'il en soit des situations respectives de Larche et de St-Cernin, les prieurs de Larche retiraient certainement des bénéfices de leur annexe de St-Cernin et y percevaient les dîmes au moyen de fermiers qui devaient leur en assurer la rentrée, en s'attribuant sans doute un certain bénéfice. J'ai en ma possession toute une série de reçus, qu'ils donnaient à ces divers fermiers de la paroisse de St-Cernin et qui démontrent l'importance de ces revenus.

C'est ainsi que, le 3 juin 1708, *Pierre de Lachièze*, prieur de Larche, de 1705 à 1718, dans un reçu daté de St-Cernin, « reconnaît être payé de Lagier Bigeat, un des fermiers, des dismes en grains du grand quartier, et ce de la part et portion dud. Lagier qui était le quart sans préjudice du restant ». La somme n'est pas indiquée; mais, en 1713, ce même Lachièze donne quittance pour 90 livres, 15 sols « à compte sur l'afferme des dimes du cartier de Fournet de l'année 1713, sans préjudice du surplus ».

En 1720, *Lescure*, prieur de Larche, de 1718 à 1743, déclare avoir reçu 120 livres « pour le prix de l'afferme du quartier de Dautrement et Boissière et nous avons restés d'accord pour l'estimation du dégât de la grelle sans préjudice du surplus s'il y en a dans le contrat d'afferme pour ledit quartier pour l'année mille sept cent dix et neuf ».

Mais ce reçu ne concernait qu'un fermier d'une partie de ce quartier, car il en a donné deux autres pour ce même quartier de Dautrement et Boissière, l'un de 80 livres pour

(1) Archives départementales, G, 113, registre f° 33.

le pacte passé de Notre-Dame et l'autre aussi de 80 livres pour le pacte de la St-Martin. Ce qui fait une somme de 280 livres pour le total des dîmes de ce quartier.

Les années suivantes, il touche toujours la même somme pour l'afferme de Dautrement et de Boissière; mais il s'y ajoute celle de 46 livres pour le quartier du Coustal, et, à partir de 1726, les fermiers lui donnent en outre quatre paires de dindes.

En 1734, il délivre à cinq fermiers des reçus pour 520 livres et deux paires de châpons.

En 1746, *Claude Dayard*, (1) prieur de Larche, de 1743 à 1783, docteur en droit civil et canonique, touche un revenu de 78 livres 15 sols et deux dindes pour le quartier de Fournet, que nous avons vu affermé 90 livres 15 sols en 1713, mais sans qu'il soit alors question des deux dindes.

Son fermier le quitte en 1750 et il lui délivre le certificat suivant : « Je soussigné certifie à tous ceux qu'il appartiendra que je suis content et satisfait de Jean Verlhac de toutes les affaires que nous avons eu ensemble jusqu'au jour présent en qualité de fermier au quartier de Fournet. A Larche ce 10 mai 1750 ».

Ce n'est donc pas de l'époque actuelle que datent les certificats de sortie que l'on délivre aux employés ou serviteurs.

Le 27 juin suivant, ce même *Dayard* passe dans le bourg de St-Cernin, par devant le notaire Dufour, un contrat d'afferme pour les dîmes du quartier du Coustal, sis en la paroisse de St-Cernin, « pour six années complètes et révolues, la présente comprise, pour le moyennant chacune d'icelles la somme de deux cent quarante livres et deux paires de codindes, payables en deux pactes égaux, à la Noël et à St-Jean ».

Par le même acte, il afferme à des habitants de Barbelat

(1) Mort à Larche, le 11 janvier 1790, à 83 ans.

et de Lapalain le quartier du Causse, aussi pour six ans, à raison de 177 livres et deux paires de châpons, payables annuellement de la même façon que ci-dessus.

Enfin le quartier de la Ponche est aussi affermé pour six ans à divers habitants de la Bouquerie et du bourg pour 220 livres et deux paires de codindes.

Tous les fermiers sont solidaires, quartier par quartier et l'un pour l'autre. Cet acte fut controlé à Brive, le 3 juillet suivant par Aroun qui a reçu 6 livres 12 sols (1).

En 1789, le 23 novembre, *Lamaze* (2), prieur de Larche « déclare avoir reçu de Jean Bigeat la somme de cinquante huit livres quinze sols pour le quart du pacte de la Noêl du quartier de Laroche », ce qui représente un revenu annuel de 235 livres pour les dîmes de ce quartier seulement.

(1) Archives départementales B, 1451.

(2) Jean Baptiste Beaudenon de Lamaze, dernier prieur de Larche, de janvier 1784 à fin décembre 1792.

CHAPITRE VII

Les desservants de la paroisse de Saint-Cernin de la fin du XVI
siècle à nos jours.

D'après les registres de catholicité depuis 1676, qui sont
conservés à la mairie de St-Cernin (1) et certains documents
des archives départementales de la Corrèze (2) et de ma
collection personnelle, j'ai pu dresser une liste complète
des desservants de la paroisse depuis plus de trois siècles,
avec quelques détails intéressants sur quelques-uns d'entre
eux.

Mathieu Veyssié, le fondateur de la vicairie de Landrevie
en 1543 et Jean Veyssié, prêtre, mentionné comme habitant
le village de Fournet dans une donation qu'il fait, le
10 novembre 1557 (3), en faveur de son neveu François
de Coux, clerc, ont dû très probablement exercer leur
ministère à St-Cernin à ces époques. Je n'ai trouvé cependant aucun titre qui en donne la certitude; aussi, tenant
par dessus tout à l'exactitude historique, je ne ferai
commencer cette énumération qu'à l'année 1580.

En 1580, *François Leymarie*, mentionné dans un acte
de résignation du prieuré et cure de St-Cernin de Larche
que fait Jean Muzac en faveur de Jean Versanaux (4).

En 1605, *Antoine Margeril*, cité dans un acte d'enregistrement des provisions d'Antoine de Vaur, comme
prieur curé de St-Cernin de Larche (5).

(1) C'est la loi du 20 septembre 1792, qui prescrivit de déposer les
registres paroissiaux « dans la maison commune ».

(2) Série G, 99 et 113.

(3) Tous les documents cités dans ce chapitre sans une indication
spéciale sont dans nos archives personnelles.

(4) Arch. départ. G, 99, registre f° 50 et suiv.

(5) Arch. départ. G, 113, registre f° 33.

En 1610, *François de Juge*, indiqué comme témoin dans le contrat de mariage de Me Jean Cessat, notaire royal à Salignac, avec Antoinette Verlhac, passé à la Borie, paroisse de Chartriers, le 10 août de cette même année 1610.

Il y était encore en 1648 et l'on comprend qu'il soit resté dans ce poste, où il se trouvait au sein de sa famille, qui habitait le bourg. On lit, en effet, dans le livre de raison de James Treilhard, de Brive, publié par Louis Guibert (1) que « le 18e jour dudit mois et. an (avril 1648) mon filz Léonard s'en est allé demeurer chez Monsr Juge, curé de Saint Sernin de Larche, au lieu de son frère Pierre, le premier de may audit an. Son frère l'advocat luy a porté son quartier ».

En 1661, *François Leymarie*, qualifié prêtre et vicaire perpétuel de St-Cernin dans un acte du 23 mars, reçu par Maury, notaire à Larche et portant vente en sa faveur par Jacques Marchant, du Pouch, de certains droits sur le ténement de la Vivie.

En 1676, sur les actes de catholicité, on trouve *Andrieu* prêtre et vicaire de St-Cernin.

En 1682, *Cailar*, prêtre et vicaire jusqu'au 12 décembre 1686.

Durant la seconde moitié de ce mois de décembre et pendant tout le mois de janvier 1687, on trouve *de Léonard*, prêtre, faisant pour Monsieur le prieur de Larche. Il ne devient titulaire du poste qu'à partir de février et y reste jusqu'en 1690. Ce prêtre est aussi mentionné avec le prénom de Pierre et la qualification de prestre de la paroisse de Lissac dans un acte de baptême de Larche, du 8 avril 1659, dans lequel il sert de parrain à un enfant d'Anthoyne de Gouzon, Maistre chirurgien et de damoyzelle Françoise de Léonard (2).

<hr>

(1) *Nouveau recueil de registres domestiques limousins et marchois de 1384 à nos jours*, in *Bull. de la Soc. arch. de Brive*, t. XVI, p. 492, 1894.

(2) Archives communales de Larche.

En 1691, *Malmon*.

En 1694, *Bosredon*, jusqu'au mois de juin, à partir duquel, Cailar, prieur de Larche, fait seul le service durant toute l'année 1695.

Les registres font défaut jusqu'en 1701; ils sont alors rédigés par *Estrade*, vicaire à St-Cernin-de Larche, dont on remarque l'écriture un peu fine, mais très lisible et le paraphe, partant de la première lettre de son nom en décrivant un arc de cercle, sous lequel le mot « strade » est écrit ensuite. On le trouve aussi désigné comme témoin le 6 décembre 1700, avec le prénom de Pierre et le titre de docteur en théologie, vicaire de la présente paroisse, dans un testament reçu, au village de Laroche, par le notaire Laroche. Le dernier acte qu'il a signé est du 14 juin 1708.

Barutel lui succède et reste jusqu'au 21 juillet 1709, pour être remplacé par *Jean Chaumet* jusqu'en 1712.

Ce *Chaumet* est aussi mentionné dans un testament qu'il reçut à la place d'un notaire. Ce document débute ainsi : « Aujourd'hui treizième octobre mil sept cent onze, au village d'Achier paroisse de Saint Sernin de Larche bas Limousin et dans la maison de François Gauchet après midy, régnant Louis roy, pardevant moy M⁰ Jean Chaumet prestre et viquaire de la prest⁰ paroisse ». Il se termine suivant cette formule : « signé Chaumet vicaire dudi Saint Sernin pour avoir reçu le susdi testament à la réquisition de lad. testatrice lequel jay remis entre les mains de M. Jean Laroche notaire pour en expédier copie aux parties intéressées. Lequel s'est chargé du susdit testament le treizième janvier mil sept cent onze ».

Bien entendu, la testatrice n'eut garde d'oublier le vicaire en cette circonstance et, après avoir demandé d'être ensevelie dans le cimetière de St-Cernin, elle donne et lègue « aud. Sⁱ Chaumet, vicaire, la somme de quatre livres pour dire des messes pour le repos de son âme ».

Et, à propos de ce testament reçu par un prêtre, il est bon d'en faire remarquer la légalité; car, dès le XIIe siècle, le pape Alexandre III proclama la validité des testaments reçus par le curé du testateur en présence de deux ou trois témoins et cette innovation fut admise dans la plupart des pays coutumiers et ne reçut de modification que sous Louis XV, dans l'année 1735.

Pierre Mercier remplaça Chaumet dès le mois d'avril 1712 et signe tous les actes jusqu'au 10 juillet 1725. Ce jour-là, il ajoute à son titre de desservant de la paroisse de St-Cernin celui de curé de Ménoire. Mais, très-probablement, sa nouvelle résidence ne lui plaisait guère ou il regrettait St-Cernin, puisque nous le voyons reparaître le premier février 1726, ayant abandonné son titre de curé de Ménoire.

Il remplit son ministère à St-Cernin jusqu'au 21 avril 1732 et il faut croire qu'il y avait gardé de bonnes relations, puisqu'il y revient le 6 octobre 1744 pour y faire un baptême du village de Chazat « à la prière de maistre Leymarie, prêtre desservant la paroisse de St-Sernin ». Sa signature au bas de l'acte, qu'il fait suivre de son titre, nous apprend qu'il était devenu curé de Chirac.

Ajoutons qu'il est mentionné comme docteur en théologie en qualité de témoin dans un contrat de mariage du 23 août 1713, pardevant le notaire Laroche.

Dans l'intervalle du 10 juillet 1725 au 1er février 1726, durant lequel Mercier, refusant sans nul doute le poste de Ménoire, devait multiplier ses démarches pour rester à St-Cernin, le service fut assuré successivement par deux prêtres, sans compter Mercier, qui n'avait cessé de séjourner à St-Cernin.

Du 10 juillet au 14 août, les actes sont signés par *Lavaur*, qui se qualifie vicaire de St-Cernin; du 7 octobre 1725 au 20 janvier 1726, c'est la signature « Mercier curé de Ménoire» que nous trouvons, excepté le 23 novembre 1725 et le

8 février 1726. A ces deux dates, c'est *Treilhard*, vicaire régent du prieuré de Larche, qui officie.

On trouve *Pierre Mercier* mentionné comme témoin dans un acte de transaction passé à Brive, le 9 avril 1728, avec la qualification de prêtre, Docteur en théologie, habitant du bourg de St-Sernin de Larche. Il avait bien l'intention de rester encore longtemps dans cette résidence, puisque, le 3 mai de cette même année 1728, par un acte fait à Larche devant Maury notaire au duché de Noailles, il achète une vigne appelée « al cheyrou », aux appartenances de Rignac, d'une contenance de quatre journaux, moyennant la somme de cent livres payées comptant.

Son départ eut lieu cependant en 1732; le poste resta vacant jusqu'au mois de juillet et le service fut fait par Lescure, « prieur de Larche et de ses annexes de St-Sernin et Lafeuillade ».

Le 4 août 1732, survient *Duverdier*, vicaire desservant, qui disparaît à partir du 9 octobre suivant, pour être remplacé par *F. Thomas*, recollé, fourni sûrement par le couvent des récollés de Brive, jusqu'au 13 décembre suivant.

Pierre Beauzelle, signe son premier acte, un baptême, le 25 décembre 1732 et remplit son ministère jusqu'au dernier d'avril 1738, un peu plus de cinq ans. Il est affecté à cette époque d'une maladie assez sérieuse, qui l'empêche de remplir ses fonctions et à laquelle il succombe le 6 février 1739, à l'âge de 40 ans environ. « Il fut enseveli le septième dud. mois et ont été présents à lad. sépulture M. Antoine Lescure, prêtre prieur de Larche, M. le curé de Lafeuillade et M. le curé de St-Pantaléon et autres prêtres du voysinage et la majeure partie et principaux de la présente paroisse ».

Pendant ces neuf mois de maladie, il fut successivement suppléé par *Jean Bonhomme*, vicaire de Nadaillac et par le *R. père Séraphique Peyroche*, cordelier, qui devait certainement venir du couvent des cordeliers existant à Brive à cette époque.

Détail à remarquer : celui-ci officie en qualité de desservant la paroisse de St-Sernin de Larche, mais c'est le prieur de Larche, Lescure, qui rédige et signe les actes de catholicité,

A partir du 26 février 1739, *Martin Leymarie* est vicaire de St-Cernin et fournit une assez longue carrière. Mentionné comme témoin dans un testament de Fournet du 17 septembre 1744, il donne une quittance, datée de St-Cernin le 12 octobre 1746, s'élevant à la somme de sept livres quatre sols pour la cire, le droit d'enterrement et pour des messes dites pour le repos de l'âme d'un de ses paroissiens de Chazat. Nous le trouvons encore à St-Cernin en 1748, se qualifiant vicaire régent; mais, le 4 avril 1749, il est devenu curé de Chartriers. Il est donc resté dix ans en fonctions à St-Cernin.

Rondet, cordelier, fait alors le service pendant une dizaine de jours, en attendant l'arrivée d'un autre *Leymarie*, qui débute le 15 avril 1749 pour terminer le 17 décembre 1754. Il fut nommé curé de Marsillac.

Dayard, prieur de Larche, St-Cernin et Lafeuillade ses annexes, bachelier en droit civil et canonique, fait l'intérim jusqu'au 27 mars 1755, date de l'arrivée de f. m. *Brugère*, cordelier, vicaire, qui reste jusqu'au 4 novembre suivant.

Galand, qui signe quelquefois *Galand La Roussie*, prend sa place jusqu'au 12 mars 1757 et la cède à ce moment à *Chabannes de la Tour*, qui signe son dernier acte à St-Cernin le 20 novembre 1759.

Dayard, prieur de Larche, prend encore l'intérim jusqu'au 15 janvier 1760, en attendant le nouveau vicaire *Desroche*, qui commence à officier le surlendemain, 17 janvier.

M. l'abbé Poulbrière (1) commet donc une erreur en l'appelant J. B. de la Roche et en lui faisant desservir la paroisse dès 1759.

C'est ce *Desroche* qui eut l'honneur de baptiser un pauvre enfant, de père et mère inconnus, qu'il appelle Pierre-André et qui deviendra plus tard l'illustre Latreille, surnommé le prince de l'entomologie, auquel la ville de Brive vient d'élever un monument qui fut inauguré le 6 octobre 1907.

Voici l'acte de baptême qui fut rédigé à son sujet : « Le trente novembre mil sept cent soixante deux Pierre Laval et Marthe Dupeyrou son épouse ont présenté un garçon qu'ils ont dit avoir pris à nourrir des mains du sᵣ Laroche, maître en chirurgie de la ville de Brive et ledit Laroche et ledit Laval et son épouse ont dit ne connaître ny le père ny la mère. Lesquels ont déclaré se charger dudit garçon, de plus ledit Laroche m'a déclaré l'avoir ondoyé et je luy ay suplée les cérémonies du baptême ledit Pierre Laval et Marthe Dupeyrou son épouse ont servi de parrain et de marraine ils ont donné audit garçon le nom de Pierre-André, lequel est né le vingt neuf du susdit mois et an. A St-Sernin ce 30 9ᵇʳᵉ 1762 ».

En marge de cet acte, on lit la mention suivante : « En exécution du jugement du juge de paix de la comᵐᵉ de Brive rendu le 12 nivose an 8, le nom de *Latreille* doit être ajouté aux prénoms de *Pierre-André* sur l'acte de naissance ci-contre ».

Mais il faut croire que cette décision ne parut pas suffisante à l'illustre naturaliste, puisqu'il fit rendre un jugement par le tribunal de 1ʳᵉ instance séant à Brive, le 9 juillet 1813, dont l'expédition en forme est annexée au registre et qui spécifie que l'acte de naissance ci-dessus a été rectifié et qu'il a été constaté que c'est par erreur que l'individu

---

(1) *Dictionnaire historique et archéologique des paroisses du diocèse de Tulle*, in *Semaine religieuse*, nᵒ 33, p. 521, 1905.

y désigné fut porté sous le nom de Pierre André et qu'il s'appelle réellement Pierre-André Latreille.

Desroche se trouve mentionné comme témoin dans un acte de vente passé, le 30 mai 1763, au château de Pommier, par le notaire Dufour, avec la désignation suivante : « Jean Baptiste des Roches, prêtre, docteur en droit civil et canons, vicaire régent dudit St-Sernin, y habitant ».

Il cesse ses fonctions en décembre 1763 et, dès le 11 janvier 1764, il est remplacé par *Bardon*, qui exerce son ministère pendant quatre ans. Mentionné comme témoin et qualifié docteur en droit civil et canons dans un contrat d'afferme du moulin de Jacques Cœur, reçu à St-Cernin par le notaire Dufour, le 19 juillet 1767 (1). Il officie encore le 5 décembre 1768 ; mais il tombe malade à ce moment et meurt douze jours après, le 17 décembre, à l'âge de 40 ans environ. Il fut enterré le lendemain dans le sanctuaire de l'église.

Mailher débute le 17 janvier 1769 pour finir le 12 septembre 1772.

Mauran a déjà pris sa place le 17 septembre suivant et la garde jusqu'en 1782, sans aucune interruption durant ces neuf années. Son prénom et son âge nous sont indiqués par un procès-verbal d'enquête de 1780, où il figure comme témoin avec cette désignation : « Pierre Mauran, prêtre et vicaire régent de la paroisse de St-Sernin, demeurant au bourg d'icelle, âgé de 45 ans ».

Muzac, qui était vicaire de Larche, lui succède le 24 janvier 1782 jusqu'au 28 août 1789. Il est alors devenu chanoine de Turenne (2). Son nom figure dans l'inscription de la cloche de l'église, à la date de 1785.

(1) Archives de M. de Laferrière, au château de Gourdon.

(2) Agne de la Tour, Vicomte de Turenne, avait institué, le 10 avril 1475, dans l'église paroissiale de Turenne, outre le prieur et le vicaire, quatre prêtres chargés d'aider aux cérémonies du culte et d'instruire les enfants. Ces prêtres portaient le titre de chanoines et formaient

Farges, qui le remplace dès le mois de septembre 1789, était vicaire régent d'Allassac, comme il se qualifie dans un acte du 28 octobre suivant. Il est du reste mentionné comme tel dans la liste des ecclésiastiques de cette paroisse publiée par M. l'abbé Marche (1). Mais, dès le 12 novembre, il ne prend plus que le titre de vicaire desservant St-Sernin, où il reste jusqu'au 2 février 1790, étant alors devenu vicaire régent de Jugeals.

Son frère, *Farges*, cadet, le supplée comme vicaire provisoire dès le 15 février suivant et ne tarde pas à être confirmé dans son poste comme titulaire, dès le 24 du même mois. Il est désigné comme témoin et avec le prénom de Jean dans un testament fait au bourg de St-Cernin, le 29 août 1790.

Mais sa situation ne devait pas être très brillante; car, dès le début de novembre, il adresse au district de Brive une pétition « dans laquelle il expose qu'il a été placé en qualité de vicaire desservant la paroisse de St-Sernin le mois de janvier dernier, qu'il a été obligé de tenir maison par une année cruelle, de se procurer un cheval pour la desserte de ladite paroisse sans avoir reçu aucun traitement, que les revenus de ladite paroisse étant tous en ferme, le 1er pacto n'ayant d'échéance qu'à la Noël prochain il se trouve dans la cruelle nécessité de ne pouvoir rien percevoir de la main des fermiers qu'à cette époque. Il demande un prompt secours et des avances sur les fonds qui pourraient être rentrés dans la caisse du Receveur » (2).

Sa réclamation fut envoyée au directoire du département de la Corrèze, qui en tint compte dans la séance du

le chapitre de Turenne. Originairement nommés par le Vicomte, ils en étaient les chapelains et avaient un revenu de 3,000fr. environ.

(1) Allassac et ses annexes, in *Bulletin de la Soc. arch. de Brive*, t. XXIV, p. 434. 1902.

(2) Registre des pétitions du district de Brive. Archives départementales, L., 293, n° 57, f° 15.

7 novembre 1790 et rendit l'arrêté suivant : « Vu la pétition du sieur Farges, vicaire de St-Sernin de Larche et l'avis du directoire du district de Brive, le conseil du département, ouï le procureur général, arrête qu'il sera provisoirement payé au pétitionnaire la somme de trois cent cinquante livres par le receveur du district de Brive, en par le péti_ tionnaire justifiant d'avoir prêté devant sa municipalité le serment prescrit par l'article 39 du décret sur le traitement du clergé actuel » (1).

Farges ne dut pas se soumettre à la condition du serment qui lui était imposée et ne tarda pas à quitter la paroisse où il officie pour la dernière fois le 24 mai suivant.

Devenu vicaire régent à Puy d'Arnac, il fut enfermé plus tard, en qualité de prêtre non assermenté, dans la maison des ci-devant récollets, à Brive, par arrêté du 18 mars 1793.

Dès le 21 juin 1791, *Denoix* l'avait remplacé à St-Cernin. Il donne deux reçus pour des messes, l'un de 12 livres, l'autre de 15 livres, à la date du 8 octobre 1792, s'absente à ce moment jusqu'à la fin du mois, laissant *Antoine Broquerie* pour le remplacer dans son ministère, qu'il reprend encore durant quelques semaines; mais, le 26 décembre suivant et pour la dernière fois, furent signés par lui les registres de catholicité et ce fut un enterrement qu'il rédigea.

Cependant « *le curé Denoix* » est encore mentionné dans trois actes de l'état civil, actes de mariage datés tous les trois du 15 janvier 1793, comme ayant fait la publication des annonces de ces mariages, toutes à la même date du 6 janvier; mais il disparaît à ce moment devant les dangers et les menaces de la Terreur, abandonnant son église et son presbytère au pillage de ses anciens paroissiens.

(1) Registre des délibérations du directoire du département de la Corrèze, Archives départementales, I., 59.

L'exercice du culte fut suspendu à St-Cernin, comme en France, jusqu'au moment du concordat, du 15 juillet 1801, ratifié par le pape Pie VII le 15 août suivant par la fameuse bulle *Ecclesia Christi* et adopté comme loi d'Etat par le corps législatif, le 8 avril 1802.

D'après M. l'abbé Poulbrière (1), un desservant aurait été rétabli à St-Cernin en 1803 et serait *Philippe Cournil de la Guerenne*, confesseur de la foi, ayant subi la détention dans le petit séminaire de Bordeaux. Mais il doit y avoir erreur sur la seconde partie du nom et il s'agit en réalité de *Philippe Cournil de Lavergne*, qui se trouve mentionné sur la liste des ecclésiastiques déportés sous le nom de « Philippe Cornil La Vergne, ex-prêtre. Résidence à Saint-Aulaire », et sous la simple appellation de « Philippe Lavergne, prêtre desservant la commune de St-Cernin et habitant du bourg d'icelle » dans un contrat d'obligation de 200 francs, passé devant Lamaze, notaire à Larche, le neuf frimaire an XIV (30 novembre 1805) et dans une déclaration du même jour concernant « cent livres payables en quatre pactes devant être employées pour faire dire des messes » et signée : Lavergne, desservant St-Cernin. Un reçu de « seize livres pour dire des messes » du 14 août 1814 nous apprend qu'il était encore à St-Cernin à cette date.

Mais il dut y exercer bien difficilement son ministère. Le presbytère avait été vendu et l'église se trouvait dans un état déplorable. Ce n'est qu'en 1817 qu'on y fit les réparations nécessaires et qu'en 1820 qu'une habitation en mauvais état fut achetée par un certain nombre d'habitants pour y fournir un logement au desservant.

C'est à cette situation qu'on doit une interruption de quatre années que l'on constate à cette époque dans la liste des desservants de St-Cernin. Il est d'ailleurs certain

(1) *Dict. hist. et arch. des paroisses du diocèse de Tulle*, in *Semaine religieuse*, n° 33, p. 522, 1905.

qu'il n'y avait pas de desservant à St-Cernin dès 1817,
ainsi qu'il est constaté dans le procès-verbal d'adjudication
des travaux de réparation de l'église, débutant en ces
termes : « aujourd'huy quinze septembre mil huit cent
dix sept, au chef lieu de la commune de St-Cernin de
Larche, arrondissement de Brive, département de la Corrèze,
sur l'invitation faite par M. le maire de cette commune
aux membres composant le conseil de fabrique de lad.
commune, ils se sont icy rendus présidés par M. le curé
du canton (n'y ayant point de desservant) ».

Antoine Valade y fut nommé en 1822 et y demeura
jusqu'en 1828. Devenu aveugle et incapable d'exercer
son ministère, il dut abandonner sa paroisse et céda sa
place à *Pierre Moulin*.

Ce dernier est le prêtre qui a desservi St-Cernin pendant
le plus long espace de temps. Il y a rempli ses fonctions
pendant plus de cinquante ans, exactement 51 ans. et avait
su s'attirer le respect de tous par la dignité de sa vie et la
pratique des vertus sacerdotales. Son mépris du bien-être,
voire même du confortable le plus élémentaire, lui avait
permis d'augmenter d'une façon assez considérable son
patrimoine personnel, Il était parvenu à réaliser une petite
fortune qu'il destinait à des bonnes œuvres à établir dans
sa paroisse; mais une mort rapide, à l'âge de 82 ans, survenue le 14 février 1879, ne lui permit pas de réaliser ses
intentions bien connues et des héritiers plus ou moins
éloignés se précipitèrent sur le modeste presbytère de St-
Cernin pour se partager ses dépouilles.

Il avait cependant mis à exécution une partie de ses
projets, et, par un acte devant M⁰ Blanc, notaire à Mansac,
en date du premier septembre 1875, il avait donné à la
commune de St-Cernin l'emplacement d'une maison avec
jardin, situé au bourg, pour y bâtir une école, ainsi que la
somme de 8,000 francs pour aider à cette construction. Les
écoles actuelles ont donc cette donation pour origine. Il

assurait en outre aux pauvres de la commune une somme de 3,000 francs, qui, placée en rente sur l'Etat, constitue le plus fort revenu du bureau de bienfaisance.

Il fut inhumé dans le cimetière, au pied de la croix qui se trouve au milieu de l'allée principale et sa tombe, entièrement abandonnée par ses héritiers peu reconnaissants, ne serait indiquée par aucune marque distinctive, si une personne de la commune n'avait récemment pris soin d'y faire placer à ses frais une pierre tumulaire portant l'inscription suivante :

Ici repose

l'abbé Pierre Moulin

décédé le 14 février 1879

à l'âge de 82 ans

Desservant de St-Cernin

depuis 1828

Bienfaiteur de la commune

Il eut pour successeur *François Dégery*, vicaire de la paroisse de St-Cernin de Brive, après avoir été professeur de septième au petit séminaire de la même ville. Il prit possession de son poste le 16 mars 1879. Malgré diverses propositions avantageuses, il resta à St-Cernin pendant 23 ans et le quitta en 1902 pour devenir curé-doyen de Seilhac.

Il fut remplacé par le desservant actuel, *Auguste Lepetit*, desservant de St-Pardoux-l'Ortigier, qui fut installé dans son poste le 12 octobre 1902.

CHAPITRE VIII

La chapellenie ou vicairie de Landrevie.

Un prêtre, appelé Mathieu Veyssié, fonda pour son plus proche parent, dans la paroisse de St-Cernin, le 2 mars 1543, un bénéfice désigné sous le nom de chapellenie ou vicairie de Landrevie, desservi dans l'église de St-Cernin à l'autel de la chapelle de St-Mathieu, patron du fondateur et plus tard de St-François, à condition qu'il y serait dit un certain nombre de messes. L'évêque en était collateur, c'est-à-dire qu'il en conférait le titre, en donnait les provisions, mais sur la présentation des patrons, qui désignaient d'abord le titulaire du bénéfice. Dans le cas présent, les patrons étaient les divers membres de la famille de ce Mathieu Veyssié, parmi lesquels on trouve, d'après Nadaud (1), en 1693, une Laval, veuve d'un laboureur, comme mère d'un Veyssié, autorisée par Lafon, son second mari, avec autre Veyssié, veuve d'un Landrevie, une Goursac, femme Deviers, un Neufville, fils d'une Veyssié, du lieu de Fournet; en 1697, Lacombe, laboureur du village de Rignac; en 1698, Michel, bourgeois du village de Fournet, héritier d'une Goursac, avec autre Goursac, femme d'un Deviers, une Laval, veuve d'un Veyssié, Veyssié et Neufville ci-dessus, Muret, femme Laroche; en 1750, Michel, sieur de Leyrat, avocat, avec Deviers, praticien, une Lestrade, femme de Leymarie, tailleur d'habits et un Nicolas, laboureur.

Ce bénéfice est porté sur le rôle des tailles de 1711, tout à fait à la fin et sous la mention « ceux qui jouissent le domaine de Landrevie, huit livres ».

(1) *Pouillé du diocèse de Limoges.*

En 1740, il est inscrit à l'article 22 du rôle de la taille
et de la capitation, au nom de François Veyssier, laboureur
à la Bouquerie et collecteur des impôts, en jouissant à titre
de fermier du sieur abbé Michel, d'Estival, dont le bail
est de 80 livres et y tenant deux bœufs. L'héritage dudit
sieur abbé était taxé 28 sols 12 deniers, ainsi répartis :
deux séterées (1) et demi de terre à froment 7 sols 6 deniers,
huit séterées de terre à méture 12 sols; une séterée et
un quart de pré du revenu de 16 quintaux de foin, 9 sols ;
un quart de séterée de pacage, 6 deniers.

Mais celà ne représentait pas tout le territoire de Landrevie; car, sur le rôle des tailles de 1753, à l'article 32, on
trouve que l'héritage appartenant au sieur abbé Michel,
demeurant à Estival, comme chapelain de Landrevie,
exploité par la Ve Veyssier, contient : 11 séterées de terre,
1ere qualité; 10 séterées de la 2e qualité; 2 séterées de pré
1ere qualité, et demi séterée de pacage. Il est taxé à 6
livres 16 sols; mais il y eut une réduction de 12 sols, à cause
de la grêle, qui avait dévasté les récoltes.

En 1756, ledit sieur Michel, d'Estival, est personnellement
inscrit sous l'article 8 du rôle du vingtième, imposé sur
la paroisse de St-Cernin et il dut payer à ce titre 9 livres
15 sols, plus les quatre sols pour livre, ce qui met sa contribution à 10 livres 14 sols.

Le rôle de 1771 porte encore à l'article 29 sous le nom de
François Veyssier ou autre exploitant de la chapellenie
de Landrevie : 11 séterées de terre 1ere, 10 séterées de terre
2e, 2 sét. 1/2 de pré 1ere, 1/2 sét. de pacage, le tout taxé
7 livres 10 sols pour la taille et 6 livres 3 sols pour la
capitation.

Quant aux titulaires du bénéfice ou chapelains de Landrevie, je ne puis citer que les trois prêtres suivants :
avant 1697, *Antoine Goursac*; en 1697, *Jean Labachellerie*,

_____

(1) La séterée est une ancienne mesure agraire, représentant 20,000
pieds carrés superficiels et équivalant à 21 ares 10 centiares 42.

premier chanoine de l'église collégiale de Notre-Dame de Noailles ; en 1740, *Jean Michel*, sieur de Lachassagne, curé d'Estival, que l'on trouve mentionné comme curé d'Allassac (1) dans un acte de 1786, qui lui attribue la perception de certaines rentes dans les dépendances du village de Lachassagne, où il avait, du reste, un domaine porté à l'article 125 du rôle des tailles de 1753.

Ce Michel de Lachassagne était encore curé d'Allassac en 1789. C'est lui qui s'empara du fauteuil de la présidence de l'assemblée du clergé dans l'église de la Visitation à Tulle, le 16 mars 1789, malgré les protestations de l'abbé de Lubersac, prieur de Brive, qui avait été désigné par le grand sénéchal. Il fut ensuite choisi comme un des trois scrutateurs chargés de recueillir et de compter les suffrages pour l'élection des députés du clergé aux états généraux. Prêtre non assermenté, il fut enfermé dans la maison des ci-devant récollets, à Brive, en exécution d'un arrêté du département de la Corrèze du 18 mars 1793.

Un contrat d'afferme de la chapellenie de Landrevie par ce Michel de Lachassagne en faveur du sieur Jean Veyssier, laboureur du village de la Bouquerie, passé dans le bourg de St-Cernin, le 23 octobre 1751, par le notaire Dufour, de Chasteaux, nous fait bien connaître la situation et l'étendue de ce bénéfice et le chiffre exact de son revenu. On y lit, en effet, que « ladite chapellenie de Landrevie, sise et située dans ladite paroisse de St-Sernin, consiste en pré et terre et confronte du levant au pré du sieur de Laferrière, pré du sʳ Coudere, de Chazal et ruisseau appelé de Landrevie ; du midi, avec autre pré dudit Coudere et chemin de servitude du village de la Bouquerie ; du couchant aux terre et grange de Jacques Lalle, de François Laval, et du nord, avec les appartenances de Chazat et ses autres confrontations. Plus, autre pré et terre dépendant de ladite

(1) Il était curé d'Allassac, dès 1763. Né à Estivals le 6 mai 1716.

vicairie situés dans la rebière de St-Cernin, confrontant avec le ruisseau de Couze, avec terre et pré du s^r Michel et terre du s^r Laferrière et Couderc et ses autres confrontations. Le tout ainsi et comme le dit Veyssié en a ci-devant joui en qualité de fermier et ladite afferme faite par ledit s^r de Lachassagne pour neuf années complètes et révolues qui commenceront à courir à la Noël prochain et finiront à même et semblable jour. Lesdites neuf années expirèes pour et moyennant le prix et somme chaque année de cent cinquante sept livres payables en deux pactes égaux, le premier à la St-Jean prochain et le second à la Noël ensuite et ainsi tous les ans à pareil jour pendant le susdit bail, sans que le preneur soit tenu de payer aucune taille ny rente et sans préjudice audit s^r Michel de la ferme de la présente année qui reste à payer. Convenu que ledit Veyssier sera tenu comme il s'oblige de complanter dans ladite terre de Landrevie quatre quartonnées de vigne et dans deux ans après, autre quatre quartonnées à prendre du côté du couchant et par le haut, laquelle vigne il sera tenu de cultiver en bon père de famille et la remettre en estat à la fin dudit bail, et en cas où ledit s^r Michel voulut jouir de ladite vigne après quatre années de plantation, il luy sera libre de partager avec ledit Veyssier en le dédommageant sur le prix du bail à dire d'expert, et parcequ'il y a trois quartons de froment semés et fournis par ledit s^r Michel, ledit Veyssier les remettra à la fin de ladite afferme et ainsi ladite afferme a été faite et convenue que pour l'exécution les parties ont obligé leurs biens qu'ils ont soubmis soubs les obligations foy et serment de droit. »

Ce contrat ne faisait que régulariser une situation déjà existante; car, dans un reçu de 150 livres, donné audit Veyssié à Estival, le 9 août 1750, le sieur Michel « fesan pour mon frère » promettait de passer un contrat d'afferme. Mais il y eut augmentation dans le prix de ladite ferme, puisque dans la somme de 150 livres données en 1750 étaient comprises la taille et la capitation s'élevant à 10 livres 18 sols pour cette année. Ces deux impôts ne varièrent pas en 1751 et ce sont les mêmes chiffres que l'on retrouve dans un reçu du 19 septembre donné à la Fauconnie par « La Fauconnie faisant pour M. de Lachassagne mon beau-frère à sa prière ».

Il n'est question dans le contrat d'afferme ci-dessus que de terre et de pré composant la chapellenie de Landrevie; cependant, d'après une citation du 22 octobre 1697 et l'article 125 du rôle de la taille de 1753, il y avait en outre des bâtiments, des bestiaux et des instruments d'exploitation, dont certains jouissaient d'une façon plus ou moins régulière, puisque le titulaire du bénéfice de cette époque adresse à M. le Sénéchal du Limousin ou à son lieutenant au siège de Brive la supplique suivante :

« Jean Labachellerie, premier chanoine de l'église collégiale Notre Dame de Noailles et chapelain de la vicairie de Landrevie desservie dans l'église St-Cernin de Larche, disant qu'ayant été canoniquement pourvu par sa Sainteté (1) de la dite vicairie il en aurait pris possession le 20 du présent mois et d'autant qu'il y a des messes à faire dire suivant convention du fondateur de lad. vicairie, il désire exécuter ycelles et les faire célébrer par un prêtre, pour cet effet requiert la permission de ce faire, et parce que les revenus affectés à lad. vicairie ont été induement perçus depuis le décès de M. Antoine Goursat, prêtre dernier titulaire de lad. vicairie, le suppliant désire aussi de faire appeler les percepteurs desdits fruits pour en rendre compte et luy délivrer ceux qui peuvent luy appartenir depuis le jour de la prise de possession et le surplus être employé en augmentation de lad. vicairie. Comme aussi le suppliant étant averti que plusieurs autres particuliers s'étant emparés du bien fonds affecté par la fondation à lad.

_____

(1) A cette époque on donnait le nom de Sainteté à tous les évêques (*Dict. encycl.*).

vicairie, il désire aussi les faire appeler aux fins de la restitution desdits fonds et fruits, ensemble les héritiers dud.
feu Goursac pour réparer les bâtiments qu'ils ont laissé
dépérir, remettre les bestiaux, vaisseaux vinaires et ustensiles aratoires portés par la fondation, pour permettre au
suppliant de faire dire les messes portées par lad. fondation,
et pour ce faire prendre et percevoir les fruits entr'autres
du blé d'Espagne qui est entre les mains du métayer qui
travaille le bien de lad. vicairie pour subvenir aux frais
des messes et au surplus lui permettre de faire appeler
ceux qui ont perçu les fruits depuis le décès dud. Goursac,
ensemble ses héritiers aux fins des réparations remises
de bestiaux, vaisseaux vinaires et autres ustensiles comme
aussi les usurpateurs du fond affecté à lad. vicairie aux
fins de la restitution d'yceluy et des fruits pour être iceux
employés en augmentation de fond de lad. vicairie et
faire bien ».

Cette supplique fut suivie d'une saisie, le 25 octobre,
de tous les fruits et récoltes entre les mains du métayer
par les soins de François Auril, sergent royal à Brive;
mais je ne sais quelle suite fut donnée à ce procès ni comment il se termina. Cependant les deux documents ci-dessus
éclaircissent assez bien cette question de la chapellenie
de Landrevie, en faisant connaître le but de sa fondation
et l'importance de son revenu.

Ce bénéfice subsista jusqu'en 1791. Il fut alors vendu
à l'adjudication au district de Brive comme bien national.
Estimé 8,500 livres, il fut acheté par de Juge de Laferrière,
moyennant 12,500 livres, qu'il s'obligeait « de verser dans
la quinzaine dans la caisse du district de Brive, le premier
acompte déterminé par les décrets, qui est la somme de
1,500 livres et le surplus en douze annuités égales payables en 12 ans dans lesquelles sera compris l'intérêt du
capital à cinq pour cent sans retenue ».

A cette époque la vicairie de Landrevie consistait

« en une terre labourable, pré et vigne, le tout contigu.
confrontant avec le chemin du bourg de St-Cernin au
village de Chazat de contenance de cinquante-une quartonnées, un pré appelé à Mestrélie et une terre attenant contenant deux quartonnées cinq picotinées » (1).

L'acquéreur avait enchéri non-seulement pour lui-même,
mais aussi pour divers autres propriétaires, qui devaient
ensuite se partager le bien, en payant chacun sa part.
C'est, du moins, ce qui ressort de la convention suivante,
passée sous forme de sous-seing privé : « Aujourd'hui,
douze mars 1791, en la ville de Brive a été convenu entre
nous soussignés qu'au cas qu'un de nous demeure adjudicataire de la grande pièce de Landrevie ou autres dépendantes de ladite chapellenie de Landrevie, le tout situé dans
la paroisse de St-Cernin et qui doit être vendu au district
de la présente ville cejourd'hui et d'après les enchères
celui qui demeurera adjudicataire sera tenu d'en faire part
à tous les soussignés et de leur céder à chacun une portion
attendu qu'il ne sera que leur prête nom et achète pour
tous et un chacun desdits soussignés qui seront tenus de
payer leur part et portion de bien qui tombera dans leur
lot par proportion de l'estimation qui en a été faite et de
l'augmentation que cela éprouvera par les enchères et
de payer les loyaux par proportion desdites portions les
concernant. Desquelles susdites conventions a été fait
huit doubles avec promesse de les exécuter de bonne foi,
même d'en passer acte public à la réquisition d'une des
parties. Fait audit Brive led. jour, mois et an que dessus ».
signé : de Juge de Laferrière, Laroche, Fromage, Leymarie,
Veyssier, Deviers, Coudere et Jean Dheur.

Mais il faut croire que tous ces amateurs qui se présentaient
à l'adjudication n'avaient pas tous pour but d'acquérir

(1) Archives départ. Q — Versements des domaines. — Registre
des adjudications des biens nationaux situés dans le district de Brive,
n° 127, p. 131.

les terrains de Landrevie pour eux-mêmes, mais plutôt pour en tirer quelque profit en les revendant. Quelques-uns trouvèrent-ils le prix de l'adjudication trop élevé ou bien manquèrent-ils d'argent pour le payer ? Toujours est-il que cinq d'entre eux se désistèrent de la convention ci-dessus et cédèrent leur part à M. de Laferrière, qui eut ainsi la plus grosse portion de Landrevie, le reste ayant été attribué à Couderc, de Chazat et à Veyssier, de la Bouquerie.

Il y eut même une erreur commise dans l'attribution et la désignation des parcelles composant cette vicairie et, le 11 mai 1791, un nommé Durch Etienne déposa une plainte au directoire du district de Brive au sujet de la jouissance d'une pièce de terre, fraux et broussailles qui furent arentés à ses auteurs depuis longues années moyennant la redevance annuelle de trois livres, de laquelle rente il s'est libéré envers la nation en versant le capital dans la caisse du trésorier du district de Brive, ainsi qu'il résulte de sa quittance. Par suite d'une erreur glissée par la faute du copiste dans le procès-verbal d'adjudication qui fut faite le 11 mars dernier au sieur Laferrière, lad. terre est portée dans lad. adjudication.

Après examen de la plainte, des tableaux originaux où sont détaillés par ordre les fonds adjugés, des procès-verbaux des experts où sont énumérés tous les articles, des enchères et du détail qui fut fait lors de la mise en vente des objets qui devaient être adjugés, le directoire du conseil donna raison au réclamant et décida que led. Laferrière doit être invité à rapporter l'expédition qui lui a été livrée du procès-verbal d'adjudication pour corriger l'erreur commise tant sur l'original que sur la copie, dont il sera dressé procès-verbal ; que si le sieur Laferrière se refuse à cet apport il sera pris par le directoire tels autres moyens que les circonstances ou son obstination pourront exiger (1).

(1) Arch. départ. L, 286. Registre du directoire du district de Brive, fos 75 et 76.

Voici, d'après l'état de section de la commune de St-Cernin, la nature, l'étendue, et l'attribution des terrains qui avaient composé la chapellenie de Landrevie et sont compris dans la section A du plan cadastral, du n° 114 au n° 126 inclus, avec les n°s 30 et 31 :

N° 114	— Pré	65 ares	18
— 115	— Vigne	6	20

Lot attribué à Coudert, de Chazat.......... 71 ares 38

N° 116	— Terre	32 ares	05
— 117	— Pré	12	50
— 118	— Jardin	1	30
— 119	— Vigne	67	46
— 120	— Terre	8	74

Lot attribué à Veyssier de la Bouquerie. 1 h 24 ares 05

N° 121	— Vigne	84 ares	»
— 122	— Jardin	3	»
— 123	— Terre	55	06
— 124	— Pré	19	38
— 125	— Vigne	35	91
— 126	— Terre	5	38

Lot gardé par M. de Laferrière........ 2 h 02 ares 73

N° 30	— Vigne	47 ares	60
— 31	— Pré	11	04

Lot attribué à Coudert, de Chazat.......... 58 ares 64

Ajoutons que ces terrains, portés de diverses classes de 1 à 5, avec un revenu estimatif de 285 francs 31 dans leur ensemble, payent aujourd'hui une imposition de 65 fr. 043, d'après la valeur du centime foncier en 1907.

CHAPITRE IX

I.

L'église, de construction romane dans son ensemble
(XIIe siècle), orientée de l'est à l'ouest, avec deux entrées
au midi, est située au milieu du bourg que domine son gros
clocher carré. Sa longueur intérieure mesure 21ᵐ,50 et
sa largeur, 5ᵐ,42, réduite à 3ᵐ,30 dans le sanctuaire,
mais portée à 13ᵐ, 70 au niveau des deux chapelles latérales
formant les bras de la croix. Celles-ci ont été édifiées à une
date bien postérieure à celle de l'église et n'ont pas la même
valeur archéologique. La plus ancienne des deux, celle
du midi a 4ᵐ,50 de largeur sur 4ᵐ,25 de profondeur, tandisque l'autre, celle du nord, a des dimensions plus grandes
et mesure 6ᵐ,60 de large sur 3ᵐ,55 seulement de profondeur.

Cette dernière ne remonte qu'à l'année 1732, comme
l'atteste le document suivant, qui n'est que la dernière
partie d'un contrat dont je n'ai pu retrouver les premières
feuilles et d'après lequel quelques habitants de la paroisse
s'engageaient à la faire construire à certaines conditions,
s'y réservant en particulier le droit de sépulture. Voici
d'ailleurs la copie de ce qui reste de cet acte : (1)

« ...et encore la vizitte des lieux aurait trouvé et examiné
pour la comoditté à construire cette chapelle propozée,
que les propozans pourraient avec toute liberté de terrain
la faire bastir et construire sur le terrain et sol d'une anciene
sacristie atenant le corps de l'église vers le chaimin public
dud. prezant lieu du costé du nort atenant de laquelle

(1) Archives personnelles.

pourra estre aussy batty la sacristie don vient d'estre parlé du costé du nort et enfin tout examiné parties prezantes les propozans ont accepté les offres desdits sieur prieur, viquaire, sieurs sindis et corps de la paroisse avec cet arangement. La battisse de cette chapelle sera et ne pourra estre que de quinze pied d'intérieur pour le large et de treze de lon et la sacristie de sept pied d'intérieur au caré avec de bonnes battisse fermes et établis d'auteur convenable La chapelle voutée de pierre et couverte de grosse tuille de causse pour la maistre à l'abrit des eaux et de destruction, pour l'intérieur de la chapelle qu'elle sera crépie et blanchie avec toute la propreté que meritte un tel batiment, qui sera fait une ouverture la plus convenable pour la communiquassion des offices divains sans porte aucune et qu'à leurs dépans propre aux murs et battisse de lad. église, à laquelle ouverture sera fait un balustre en menuizairie et à bareau avec toute la propreté convenable, permis aux propozans de faire plasser une porte autant propre qu'il se pourra à travers du balustre et aux plus commode avec une targette pour retenir ladite porte, autant que bezoint sera et sans serure ny clef et encore pour l'intérieur de lad. chapelle l'illustrer d'un autel de pierre de bonne fasson d'un marche pied de bois en menuizarie, d'un cadre aussi en menuizarie et de bois de noyer dans lequel sera enchassé ou...... un devant d'autel de quatre couleurs selon la rubrique de l'église et sur led. autel trois nape pour l'uzage de toille de lain ou de chanvre la plus propre soubz lesquelles il y aura une pierre de marbre enchassée au milieu dud. autel qui sera sacrée, un gredin, un crucifix au milieu dud. gredin et deux chandeliers de bois d'esculture propre et au dessus un cadre propre avec menuizairie d'une proportion convenable à l'autel et à la chapelle, dans lequel cadre sera attaché un tableau de St-Antoine l'abé .Quitant l'autel lad. chapelle sera pavée de bonne pierre cizelée à la comodité des propozans, dans la battisse et vers le nort il sera

fait une fenestre à la fasson de l'églize d'auteur convenable
pour donner du jour à lad. chapelle et mesme dans le corps
de l'églize, qui sera vitrée avec un quadre proportionné et
mesme grillé dessus pour la conservation du vitrage et
que cette fenestre ne donne aucune faculté pour l'antrée
dans lad. chapelle ny mesme du corps de la ditte églize,
afin de prévenir tous assidans et anfin pour la comoditté
des propozans à l'assistance des offices divins leur estre
libre de plasser un ban le lon de la muraille pour scy plasser
et leurs famille et tout commun avec droit d'anterrement
aussy en comun pour eux et les leurs à l'avenir et s'obligent
d'antretenir aussy lad. chapelle à l'avenir et de ceder un
chascuns d'eux un hobit de dix sols pour une messe basse
eu égar au temps prézant et que pour le pris du fond et sol
de lad. chapelle les dits propozans offrent de faire battir la
ditte sacristie en la manière expliquée toutes fois sans
voute et couverte à la mesme magnière que laditte chapelle,
crépie blanchie aux dépans de la comunauté, porte pour
la comuniquassion du sanctuere aux mêmes depans et les
dits sieurs prieurs, viquaire et saindis et autres paroissiens
des plus principaux signataire tant pour eux que pour les
nons signataires, après avoir écouté et antandu les offres
des propozans y inclinant les ont acceptées après avoir
déclaré avoir publié les dittes offres par trois dimanche
concécutif par led. sieur viquaire desservant lad. paroisse
à la messe paroissiale qui son le premier le six le treze et
le vintiesme du prezant mois de may sans que personne
ait enchery ny surenchery et sans opozitions, iceux s^r
prieur et viquaire et s^r sindis on quitté et délaissé le fond
et sol de la ditte chapelle propozée aud. s^r constituant
avec toutes les libertés et faculté requize, droit de proprié-
tée perpetuelle, à condission de faire batir crépir blanchir
et couvrir la ditte sacristie, faire et constituer lesd. obis
comme il les constituent des a prezant, le tout soubz le bon
plaizir de Monseigneur l'illustrissime et reverandissime

Lisle du Gast eveque de Limoges, dont la prezante eglize est dépandante et le suppliant d'omologuer le prezant contrat de conssestion avant les euvres et au bas des signatures des propozans, desdits s^r prieur, viquaire, sindis, et principaux paroissiens de lad. paroisse signattaire faizans pour les nons signataire et le corps de la paroisse assamblés avec convanssion expresse que lesdits propozans entandent et telle est leur volonté que leurs hérittiers sucsesseurs à l'avenir fairont dire lesdittes messes au nombre de six, et une pour chascuns des propozáns à leur mémoire et pour le repos de leur ame qui sera ditte au jour non empeché à commanser après la tranlassion de St-Antoine abé qui est l'onziesme du mois de may et les autres ensuitte et dans lad. chapelle construitte qu'elle soit et annuellement, faute de quoy lesdis propozans entandent que lesd. herittiers et sussesseurs faute par eux de faire dire lesdittes messes dans payer le prix annuellemant à perpettuitté et d'antretenir lad. chapelle et décorassion d'icelle comme il est expliqué, seront privés des droits de sépultures et de ban dans lad. chapelle, honneur et prérogattive dans la cessassion prouvée et rapportée et ainsi a esté fait, convenu et acordé par toutes les parties contractances et pour l'exécussion une chascunes d'icelles ont obligé leurs biens respettivement qu'ils ont soumis à toutes rigueurs de justice, mesme lesdis propozans d'avoir fait bâtir et construire la susd. chapelle et susditte sacristie jusqu'à perfection d'aujourd'huy en six mois et du tout nous ont requis acte que nous leurs avons concédé en présence de maistre Léonard Dufour juge de Lissat habitant du village du Sort paroisse de Chasteaux et de s^r Guilliaume Minate bourgeois habittant de la ville de Larche tesmoins requis qui ont signé avec led. sieur prieur, viquaire, sindic et plusieurs paroissiens. Signataire pour les propozans Laroche a signé et les autres n'ont sceu signer de ce faire interpellé par moy Laroche contractant, Lescure prieur de

Larche St-Sernin et Lafeuliade, Mercier prestre, Peyrefumade, Laferière, Dufour prezant, Minatte prezant, Beauso
leil, le chevalier de Beausoleil, Leymarie, Laroche, Veyssière
de Lazoche, Laroche, Lagorsse, Monjanel, Salvetat, Lacombe, Lafon, Lafon, Franchie, Lestrade, Roume, Murat,
Lestrade ».

« Bainiamain de Lisle du Gast par la grâce de Dieu et
du St-siège apostolique evesque de Limoges conseiller
du roy en tous ses conseils, veu le contrat ci dessus en datte
du dernier may de la prezante année, nous l'avons agréé
approuvé et homologué, agréons approuvons et homolo-
guons pour par lesdittes parties contractantes jouir de
l'efet et du contenu en iceluy aux charges clauzes et condis-
sions y portées et non autrement; ordonnons que copie
dudit contrat et de nostre prezante ordonnance resteront
en nostre secrétariat pour y avoir recours en cas de bezoins.
Fait à Limoge en nostre palais episcopal le deuxiesme
décembre mil sept cent trante un.

Beniamain evesque de Limoge. Par Monsegneur desselés
en douze pages par moy sellés et paraffé ».

Cette chapelle, du côté nord, à gauche de l'église, dédiée
dès sa fondation à St-Antoine abbé, est aujourd'hui consacrée à St-Joseph. Il n'y reste rien de l'ornementation primi-
tive. L'ancien autel, dont le tabernacle était décoré de
figures en noyer, recouvertes de platre doré, est relégué
dans la sacristie et a été remplacé, il y a quelques années,
par un autre, fait en bois de chêne. Le tableau représentant
St-Antoine a disparu, ainsi que la balustrade et le banc,
dont il est question dans le document ci-dessus. Quant au
vitrage de la fenêtre, il y a été substitué avantageusement
un vitrail figurant saint Michel terrassant le dragon, offert,
d'après l'inscription qu'il porte, en 1894, par Emma Laffon
et Michel Soulié, à l'occasion de leur mariage.

Quant à la chapelle opposée, celle de droite, dite autrefois
de Notre Dame de Piolat en 1676, de Notre Dame en 1687,

de Notre Dame de pitié en 1689, de Notre-Dame du rosaire en 1751-1753, elle est toujours dédiée à la vierge, dont la statue en plâtre est placée dans une niche creusée dans l'épaisseur du mur. La fenêtre est aussi garnie d'un vitrail avec la vierge de Lourdes pour sujet ornemental.

Des caveaux occupent le sous sol de ces deux chapelles et servaient de sépulture à certaines familles de la paroisse. Celui de gauche, ouvert par des réparations au dallage de l'église, est occupé par un assez grand nombre de cercueils. Les inhumations se faisaient, en effet, tantôt dans le cimetière, tantôt dans l'église, et les registres de catholicité signalent toujours dans chaque acte le lieu où a été placé le corps du défunt. Pour celles de l'église, il y est fait mention tantôt d'un tombeau de la famille, tantôt d'un tombeau appartenant à la fabrique, tantôt d'une inhumation simple et la sacristie servait spécialement pour y enterrer des enfants, vers 1689.

Cet état de choses dura à St-Cernin jusqu'à la fin de l'année 1778. Mais à partir de ce moment, on se conforme à la déclaration du roi concernant les inconvénients des inhumations fréquentes dans les églises, donnée à Versailles le 19 novembre 1776, enregistrée au Parlement le 3 septembre 1778, et tous les décédés de la paroisse, sans aucune distinction, furent ensevelis dans le cimetière.

Et, à ce propos des inhumations dans les églises, je rappellerai ici à la suite de quels incidents fut rendue l'ordonnance royale ci-dessus. Une campagne était déjà menée depuis quelques années contre cette habitude, si contraire à toutes les lois de l'hygiène. Touret avait déjà publié à Avignon en 1771 un travail « sur les dangers des inhumations », qui est, comme il le dit lui-même, un véritable réquisitoire contre l'usage d'enterrer dans les églises. Ensuite Maret fit paraître à Dijon, en 1773, un livre sur « l'usage où l'on est d'enterrer les morts dans les églises et dans l'enceinte des villes », où il raconte les accidents dont l'église de St-Saturnin à Saulieu (1) fut le théatre et qui furent particulièrement caractéristiques et bien propres à frapper les esprits. « Le curé, le vicaire, un des chantres, cent treize communiants, trois des assistants d'un premier mariage, dix sept de ceux qui étaient présents à un second, deux des personnes qui entendaient la messe qu'on dit lors de cette cérémonie, furent atteints » et vingt-cinq de ces malades succombèrent, du 20 avril au 24 juin, à la « fièvre catarrhale putride bilieuse ».

Enfin, le docteur Toussaint Navier, conseiller médecin du roi pour les maladies épidémiques dans la province de Champagne, fit imprimer à Amsterdam, en 1775, ses « réflexions sur les dangers des inhumations précipités et les abus des inhumations dans les églises », qui n'étaient établies, dit-il, que « par l'ambition et accréditées par la cupidité » et réclamait la suppression de cet usage ,qui fut enfin aboli par la déclaration du roi, l'année suivante. Celle-ci fut encore confirmée par le décret du 23 prairial an XII (12 juin 1804), encore en vigueur aujourd'hui, qui ordonne, titre I, article premier qu'« aucune inhumation n'aura lieu dans les églises, temples, synagogues, hôpitaux, chapelles publiques et généralement dans aucun des édifices clos et fermés, où les citoyens se réunissent pour la célébration de leurs cultes, ni dans l'enceinte des villes et bourgs ».

Aucune marque extérieure, aucune inscription n'indique aujourd'hui l'emplacement des nombreuses sépultures effectuées dans l'église de St-Cernin durant plusieurs siècles. Les dalles en furent d'ailleurs enlevées en grande partie durant la période révolutionnaire et quelques-unes servirent plus tard à la réfection des marches de l'escalier, qui sert à descendre dans l'église. L'une d'elles, la première, porte encore gravée dans son épaisseur une croix d'un mètre 30 de long, dont chaque bras mesure 0^m,36.

(1) Côte-d'Or.

Quant à l'architecture de l'église, « on remonte, dit M. Poulbrière (1), jusqu'au roman du XIIe siècle et le petit édifice avec sa coupole sans dôme, ses arcatures géminées sous arcades, ses pures fenêtres, ses colonnettes, ses tores, ses corniches saillantes, n'est pas dépourvu, tant s'en faut, de physionomie ».

Le clocher carré, entouré de barres de fer, avec une toiture à quatre pans, ne renferme actuellement qu'une cloche, portant l'inscription suivante :

Bien Heureux St-Sernin, priez pour nous.

Parrain Messire Jean de Juge de la Ferrière.

Conseiller du Roi, Seigneur de plusieurs fiefs.

Marraine Joséphine Marie Honorée Souveraine de Larochefoucauld, marquise d'Ussel (2).

M. l'abbé Muzac, vicaire.

M. Laroche du Malegrèze, sindic.

M. l'abbé Lamaze, prieur.

Les Brenel, fondeur, 1785.

Mais, bien avant cette date et jusqu'à la Révolution, il y avait certainement deux cloches à St-Cernin et la coupole du clocher porte encore deux ouvertures disposées très-apparemment pour le passage des deux cordes nécessaires. D'ailleurs, dans le compte-rendu de la cérémonie de prise de possession du bénéfice de St-Cernin par Antoine de Vaur, en 1605, on trouve mentionnée « la sonnerie de *l'une des cloches* » (3) et, le 11 nivose an III (31 décembre 1794), l'agent national Laroche annonce aux citoyens

(1) *Dict, hist. et arch. des paroisses du diocèse de Tulle, in Semaine religieuse*, n° 33, p. 521. 1905.

(2) Fille d'Henry François de Larochefoucauld, comte de Cousages, Chavagnac, Lacassagne, Clavelier et autres places, lieutenant-général des armées royales, commandeur de l'ordre royal et militaire de Saint-Louis, et de Louise Françoise de Rochechouart, comtesse de Larochefoucauld-Cousages; elle épousa de Léonard, Marquis d'Ussel, baron de Crocq et de Châteauvert, sous-lieutenant dans le régiment du Roi (infanterie).

(3) Arch. départ. G, 113. Registre f° 33.

administrateurs du district de Brive qu'on leur a « envoyé la *plus grande closse* » (1). Ces deux documents fournissent une preuve irréfutable de l'existence très-ancienne de deux cloches à St-Cernin, dont la plus importante a servi à faire des canons, suivant le décret de la Convention nationale.

La sacristie, reconstruite suivant les dimensions restreintes, prévues dans l'acte de 1731, cité plus haut, adossée au côté gauche du chœur, a été agrandie en 1875 et mesure aujourd'hui 8^m,52 de longueur sur 3^m,60 de largeur, communiquant avec l'église par deux portes, dont l'une s'ouvre près du maître autel et l'autre au pied des escaliers de la chaire.

L'église elle-même a été entièrement restaurée en 1898 et sa couverture en pierres plates du causse a été remplacée par une toiture en ardoises.

II.

Il ne reste aucun vestige de l'ancien presbytère; mais les registres d'adjudication des biens nationaux (2) vont nous renseigner suffisamment à ce sujet.

Un nommé François Lacoste, de Ferrières, par soumissions n°s 184 et 218 des 22 et 23 floréal an IV (11 et 12 mai 1796) avait demandé d'acquérir certains biens nationaux, dont le presbytère de St-Cernin, en désignant comme expert François Puybaret, notaire public de la commune de Chasteaux. De son côté, l'administration du département de la Corrèze, par délibération du 28 prairial an IV (16 juin 1796), choisit pour son expert le citoyen Berger, de Brive. Aussi le 14 messidor suivant (2 juillet 1796), ces deux citoyens, en conséquence de la commission à eux donnée, se transportèrent chez le citoyen Ségeral,

(1) Archiv. départ. L., 521.
(2 Archiv. départ. Q. 187 et 166. Versement des domaines.

commissaire du directoire exécutif près l'administration municipale du canton de Larche, qui les accompagna au bourg de St-Cernin. Après avoir examiné, disent-ils, en présence dudit Lacoste, soumissionnaire, l'état des bâtiments, les matières de leur construction, la longueur, largeur et hauteur desdits bâtiments, leur emplacement et distribution, leur clôture, nous disons que les objets soumissionnés dans la commune de St-Cernin consistent en une maison provenant du cydevant presbytère dudit lieu, composée d'une cuisine et petite chambre attenant, d'un sellier et d'un grenier couvert en tuile à crochet avec un petit pactus au nord de ladite maison, confrontant avec l'église dudit lieu, du midy avec la rue, du couchant avec maison de Veysset, et du nord sol et pactus de la veuve Veysset, de contenance de trois quarts couppée (1), lequel objet nous estimons en revenu annuel la somme de cinquante livres, valeur de 1790, lequel revenu multiplié par 18 fois d'après la loi donne un résultat de neuf cents livres.

Selon les conclusions de cette estimation, l'ancien presbytère fut vendu au citoyen François Lacoste pour la somme de neuf cents livres et l'acte en fut passé à Tulle sous le n° 158, à l'administration centrale du département, le 17 messidor an IV (5 juillet 1796) et enregistré le 20 (8 juillet).

Vu le peu d'importance de cette maison, le prix d'achat de 900 livres paraîtrait certainement très exagéré, si l'on ne savait que les biens nationaux étaient payables en assignats et que la dépréciation de ce papier monnaie avait alors atteint des proportions considérables, telles que, d'après le tableau arrêté par l'administration centrale du département, ces 900 livres en assignats ne représentaient guère qu'une valeur de 24 livres en numéraire.

(1) La couppée est une ancienne mesure agraire, qui valait à Larche 2 ares, 63 centiares, 60. La contenance désignée ici était donc égale à 1 are, 97 centiares, 70.

Lorsque le culte fut rétabli par le concordat, la commune se trouvait donc sans presbytère et ses ressources furent épuisées par les réparations de l'église. Il fallait cependant fournir un logement au desservant. Au lieu de créer des impôts, on fit des parts d'un 45eme, d'un 90eme et d'un 180eme et l'on acheta un petit bien, situé au bourg de St-Cernin et composé d'une maison et d'une grange avec cour, eysine, terre, vigne et pré, d'une contenance de 147 ares, d'un raysse de 31 ares 1/2 et d'un autre raysse, pour le prix de 4,500 francs. Les vendeurs furent les époux Laroche, de Laroche et Jaubertie, des Borderies. Les acheteurs, au nombre de cent, tous habitants de la paroisse, se partagèrent les parts suivant leurs moyens et figurent tous sur l'acte, qui fut passé à St-Cernin, le 4 janvier 1820, par devant Me Jean-Baptiste Louis Beaudenon-Lamaze, fils, notaire à Larche et enregistré à Brive, le 19 janvier suivant.

On y remarque 40 parts d'un 45eme prises par des particuliers ou conjointement par plusieurs habitants de chaque village, une part d'un 45eme conservée pour le compte des vendeurs, six parts d'un 90eme et quatre d'un 180eme. La destination des immeubles achetés n'est pas désignée dans l'acte; mais c'était bien pour y loger le desservant, qui y fut installé et ses successeurs n'ont pas cessé de l'occuper depuis cette époque, à titre d'usufruitiers, en en payant seulement les impositions ordinaires et ceux de main-morte. Quant aux réparations, elles ont été faites au moyen de souscriptions, de telle sorte que l'administration communale n'a jamais eu à s'en occuper.

Lors des derniers inventaires faits par suite de la loi de séparation des églises et de l'état, les descendants des premiers acheteurs ont fait leurs réclamations de propriétaires et cette situation toute spéciale a permis au desservant de conserver la jouissance de son presbytère sans payer aucun loyer.

III.

Après les tumulus de Lachassagne et de Lapalain, le plus ancien lieu de sépulture de St-Cernin se rencontre près du village du Soulié, sur bord du chemin vicinal n° 1 de St-Cernin à Nadaillac. C'est même en le construisant qu'on a mis à jour des fosses taillées dans l'épaisseur du travertin, toutes orientées de l'est à l'ouest, parfois recouvertes de dalles de pierre et contenant des ossements humains. Aucune fouille n'a été faite avec soin en cet endroit et l'on n'y a rencontré jusqu'à ce jour aucun objet, armes ou médailles, pouvant nous fixer sur son origine.

Nous avons vu qu'on a pratiqué longtemps les inhumations dans l'église; mais le pourtour de celle-ci, la place actuelle du bourg, a servi aussi de lieu de sépulture et l'on y a trouvé de nombreux ossements, lorsqu'on a construit le chemin qui la traverse ou posé les tuyaux de conduite des eaux de la Doux à Brive.

C'était même là qu'était le cimetière paroissial jusqu'en 1731. Cependant, à cette époque, il ne quitta pas encore le bourg et fut établi tout près de la place, dans un terrain concédé par le sieur de Laferrière, où on le remarque encore dans un état complet d'abandon, mais diminué par suite de la vente d'une parcelle faite en 1897.

Devenu insuffisant et reconnu malsain au milieu du bourg; établi d'ailleurs dans des conditions contraires aux prescriptions légales, un changement fut décidé en 1856 et c'est encore avec un de Laferrière que fut fait un échange de terrain pour l'établissement du cimetière actuel, situé sur le chemin vicinal n° 1 et occupant le n° 590 de la section B du plan cadastral, avec une superficie de dix ares, Le 15 août 1857, le conseil municipal vota la somme de 600 francs pour les frais de clôture et le 28 septembre suivant, le Préfet donna son approbation définitive à cette affaire.

Agrandi vers l'ouest, en 1904, d'une parcelle de terrain

de 187 mètres carrés, démembrée du n° 592 de la même section B, l'acte en fut passé sous la forme administrative par le docteur Raoul Laffon, maire, le 8 août, approuvé par le conseil municipal, le 14 du même mois, par le Préfet, le 24 suivant et enregistré à Brive le 3 septembre.

IV.

Quant aux frais d'enterrement durant le XVIIIe siècle, ils nous sont indiqués par les documents suivants :

Les droits de sépulture dans l'église variaient de 10 à 25 livres, si l'on s'en rapporte à des quittances de pareilles sommes délivrées de 1754 à 1758 par de Jaubert, syndic fabricien (1).

Pour les frais d'un enterrement au cimetière, on devait payer « au s^r vicaire de St-Sernin la somme de cinq livres ; au syndic fabricien, la somme de cinq livres pour la fosse ; au marguillier de St-Sernin, seize sols ». Mais il y avait, en outre, à dépenser « trente sols pour acheter de la cire pour l'enterrement ou pour les clous, plus trente et six sols pour les planches pour faire la caisse » (2).

Un autre état de dépenses du 6 novembre 1782 nous fait aussi connaître ces divers frais de funérailles et mentionne « à M. Mauran, vicaire du présent bourg de St-Sernin, quatre livres six sols pour cierges et pour ses honoraires ; une serviette à la croix vallant vingt sous ; des planches pour faire la bierre ou la façon pour la faire deux livres dix sous ; pour les honoraires des marguilliers trente-cinq sous » (3).

Il y avait, d'ailleurs, plusieurs classes d'enterrement car l'on trouve, à la date du 22 avril 1756, une quittance de Galland, vicaire de St-Cernin « qui certifie avoir reçu

___

(1) Archives personnelles.
(2) Archives personnelles.
(3) Archives personnelles.

pour tous droits d'enterrement et au troisième ordre la somme de trois livres douze sols». C'est aussi la même somme qui est indiquée dans un reçu du 12 octobre 1746, délivré par le vicaire Leymarie pour les honneurs funèbres d'un sabotier de Chazat (1).

Quant au prix des messes, il nous est révélé par Chabanne de la Tour, vicaire à St-Cernin, qui déclare, à la date du 15 mai 1757, avoir « reçu la somme de six livres pour douze messes », ce qui équivalait à une demi-livre ou dix sols par messe, soit 50 centimes d'aujourd'hui (2).

(1) Archives personnelles.
(2) *Ibid.*

CHAPITRE X

Saint-Cernin et la Vicomté de Turenne. — Les impôts de 1576 à
1695. — Le rôle de la taille de 1711. — La mande de 1730.

Au milieu de toutes les vicissitudes et des luttes
continuelles qui se rencontrent dans l'établissement de la
nationalité française, il se forma sur les confins du Limousin,
du Périgord et du Quercy et aux dépens de ces trois
provinces, une sorte de petit gouvernement, qui fut désigné
sous le nom de *Vicomté de Turenne*, Son origine remonte
au IXe siècle. Relevant d'abord des ducs d'Aquitaine et
des Comtes de Limoges, ses puissants seigneurs, les Vicomtes
de Turenne, étendirent peu à peu les limites de leur territoire et se firent octroyer des privilèges si importants
qu'ils finirent par constituer un gouvernement particulier
et à devenir un petit état dans le royaume. Dès l'époque
de la première croisade (1096), le Vicomte Raymond Ier,
fils de Boson Ier, faisait frapper une monnaie qui s'appelait
la livre raymondaise.

Les seigneurs de Turenne furent au nombre de ces
vicomtes qui, vers le XIIe siècle, « ont entre les mains
un fief considérable, indépendant, où ils jouent le rôle
de souverain ; plusieurs de ces chefs d'état sont de véritables
rois, sans le titre ; ils jouissent presque tous, sur leur domaine, des droits régaliens..... Les Vicomtes de ce genre appa-
raissent surtout dans la partie de la France située au sud
de la Loire, notamment dans le duché d'Aquitaine et le
comté de Toulouse » (1).

A la faveur des querelles des rois de France et d'Angleterre, qui se disputaient l'Aquitaine, ils conservèrent leur

(1) LUCHAIRE. *Manuel des Institutions françaises*, p. 284.

indépendance. Rendant d'abord foi et hommage au roi de France, ils en firent autant au roi d'Angleterre, après le traité de Brétigny (1360), et Guillaume Roger, vicomte de Turenne, porta l'hommage de sa vicomté à Edouard III, qui lui promit de « maintenir et de garder ses villes, chasteaux, terres, lieux, païs et ses hommes et subjets en toutes leurs franchises, libertés, coustumes et usages » (1).

La paroisse de St-Cernin en fit très probablement partie dès l'origine et elle figure pour 9 villages et 130 feux sur l'état des châtellenies qui composent la Vicomté de Turenne, du nombre des paroisses dépendantes de chaque châtellenie et du nombre de feux donc chaque châtellenie est composée (2).

Elle en dépendait sûrement toute entière au XIe siècle; mais, en 1251, lorsque la vicomté de Turenne fut partagée entre Raymond VI et son neveu Hélie Rudel, comte du Périgord, à la suite de l'arbitrage de Blanche de Castille, épouse de St-Louis, la châtellenie de Larche, dont faisaient partie les villages de Chazat, Dautrement, Boissière et Peyrefumade, fut attribuée à Rudel et ces territoires cessèrent dès lors d'être vicomtins.

La seigneurie de Larche avait dû, cependant, faire retour à la Vicomté; car, elle en fut démembrée de nouveau au XVe siècle par la vente que le Vicomte Jacques de Pons en fit, en 1442, au duc de Penthièvre. En 1581, Henri de Navarre la rachète en faveur d'Henri de Noailles, dont un oncle achetait aussi la terre d'Ayen, érigée en comté en 1594. C'est de cette façon que ces deux terres se trouvèrent réunies sous la domination des de Noailles et que la châtellenie de Larche devint une appartenance du duché de Noailles.

Après avoir d'abord ressorti de la sénéchaussée du

(1) Justel. *Hist. généalogique de la maison de Turenne.*
(2) Arch. nat. Titres domaniaux. Corrèze. Q' 143.

Périgord, elle fut rattachée à la sénéchaussée et au présidial de Sarlat et avait pour dépendances les paroisses de Chavagnac, Lafeuillade, Grèzes, Ladornac, Nadaillac et Pazayac, aujourd'hui dans le département de la Dordogne.

M. Poulbrière (1) dit que « le village de Boissière, au dernier siècle, eut parfois son nom uni à celui de Larche : c'était plutôt sans doute comme annexe d'impôt que comme seconde succursale religieuse ».

Il n'y a aucun doute à avoir à ce sujet. Ce village dépendait bien de la châtellenie de Larche et du duché de Noailles et il payait ses impôts à Larche. Il fait encore partie de cette commune; mais il n'a jamais cessé d'appartenir à la paroisse de St-Cernin, et tous ses habitants se trouvent régulièrement inscrits sur ses registres de catholicité, bien qu'ils figurent aussi sur les rôles d'imposition de la paroisse de Larche.

C'est pour celà, qu'à la date du 28 janvier 1495, dans un cahier relatif à la châtellenie de Collonges (2), où se trouve un hommage ou dénombrement des terres, justices, rentes et autres droits tenus à fief par Jean ,seigneur de Noailles et de Montclar, un des plus puissants vassaux des Vicomtes de Turenne, on rencontre St-Cernin au nombre des paroisses dans lesquelles il avait des cens, rentes et autres droits.

Nous disons donc que le territoire qui constitue la commune actuelle de St-Cernin resta sous la domination des Vicomtes de Turenne au moment du démembrement de 1521 et il n'en sortit plus jusqu'en 1738, alors que le duc de Bouillon, Charles Godefroy de la Tour, Vicomte de Turenne, criblé de dettes et ne sachant comment sortir de sa situation embarrassée, ne trouva rien de mieux que

(1) *Loco citato.*
(2) Arch. départ. de la Corrèze. E, 200. Châtellenie de Collonges, follo 82, recto de la cote 3.

de vendre la vicomté à Louis XV. L'acte en fut passé par les notaires de Bougainville et Bouron, le 8 mai 1738, et porte que la vente était faite pour la somme de quatre millions deux cent mille livres, que les commissaires représentant le roi au contrat s'engageaient, au nom de S. M., d'employer aux dettes du seigneur de Bouillon, lesquelles seraient par lui indiquées, et qui seraient jugées de telle nature que S. M. en remboursant les dittes dettes et se faisant subroger aux créanciers payés, eut sûreté suffisante à ne pouvoir être évincé de la dite Vicomté de Turenne (1).

St-Cernin est donc resté pendant huit siècles environ sous le gouvernement des Vicomtes de Turenne et dut en partager toutes les vicissitudes. Ses habitants, valides répondirent maintes fois à l'appel du Vicomte et se rangèrent sous sa bannière pour participer à ses expéditions contre les seigneurs d'alentour. L'ordre de cette mobilisation était d'abord donné par la cloche du château de Turenne, qui sonnait d'une certaine façon le signal d'alarme ; aussitôt la paroisse voisine le répétait et ainsi, de clocher en clocher, dans toute l'étendue de la Vicomté, le cri de guerre était connu de tous et l'on se rendait à l'endroit désigné d'avance pour chaque paroisse pour accourir ensuite en toute hâte au rendez-vous général (2), qui fut quelquefois, paraît-il, au lieu appelé les Bruyères de Nazareth.

Mais, en dehors de ces prises d'armes, les habitants de la Vicomté jouissaient des plus grandes immunités, qui contribuaient à leur bien-être et à leur tranquillité. Le roi de France ne pouvait y lever ni subsides ni soldats et, en 1479, ils furent exemptés de l'obligation de fournir

(1) Arch. nat. Q' 143. L'acte de cession de la Vicomté de Turenne a été publié *in extenso* dans le *Bulletin de la Soc. hist. et arch. de Brive,* t. III, p. 689 et suiv. 1881, d'après une copie collationnée sur l'original par M. Ph. de Bosredon.

(2) *Mémoires de Pierre Lenet,* conseiller d'état, t. I, p. 358.

au roi des francs-archers. Le Vicomte seul était souverain et administrait son territoire en toute indépendance, sous le seul contrôle des Etats de la Vicomté ou assemblée des délégués du clergé, de la noblesse et du tiers-état. Le clergé en fut bientôt éliminé, la noblesse réduite à peu de représentants, voire même à un seul, de telle sorte que les Etats démocratisés formaient surtout l'assemblée du peuple vicomtin. Ils se réunissaient « pour traicter et besongner des faicts et affaires d'icelle Viscomté et pour iceulx conduire et poursuivre », lit-on dans une requête au roi Louis XI, adressée en 1467 par le Comte de Beaufort, Anne de la Tour (1). Ils votaient les impôts et, comme les états généraux du royaume de France, ils les répartissaient entre les paroisses, où se trouvaient des syndics collecteurs chargés d'en opérer la rentrée.

Selon la décision prise par les états de la Vicomté, dans la session tenue à Argentat, le 1er septembre 1643, ces syndics collecteurs devaient être nommés au mois de janvier, un jour de dimanche, après la messe, par les habitants des paroisses et à la pluralité des voix, avec recommandation de « choisir des gens idoines et capables de faire ladite charge et qui ne s'en puissent faire décharger par des excuses de droit, comme par l'âge, maladie et autres, lesquels syndics et collisateurs seront par même moyen collecteurs desdits deniers l'année de leur charge, tenus et chargés de faire la collisation selon Dieu et conscience, le fort portant le faible eu esgard aux biens, fortunes et commodités d'un chascun, sans que l'année de leur charge ils puissent se décharger ny ceux de leurs proches parents, de leur authorité et sans connaissance de cause à peine du quadruple employable au profit de la paroisse et de dix livres d'amende applicable à Monseigneur » (2).

(1) Arch. nat. R° 494.
(2) Arch. nat. R° 491.

D'ailleurs, si les contribuables croyaient avoir à se plaindre de la répartition faite par les collecteurs et se trouvaient surchargés plus que de raison, ils pouvaient en appeler au Sénéchal de Turenne pour obtenir un dégrèvement de taxe. C'est ce que fit un habitant de La Bouquerie, en 1729, par la réclamation suivante : « à Monsieur le Sénéchal de la Vicomté de Turenne, supplie humblement François Veyssier, pauvre travailleur habitant du village de la Bouquerie, paroisse de St-Sernin de Larche, disant que pour tous ses biens et fortunes ,il ne peut avoir de bien de la valeur de quatre cens livres et qu'il est chargé d'une grosse famille au préjudice de sa pauvreté les seindiq de sa paroisse de l'année dernière l'ont chargé d'un taux exessif et ceux de la présente année ne manquerait pas de le vouloir cotiser sur le vüe du rolle de l'année passée et comme le pauvre supliant ne peut les payer à cause de sa pauvreté lesdits seindiqs de la présante année sachant bien la connaissance d'icelle requiert à la vüe desd. seindiq et du serement que vous fait le supliant ici présent Il plaise de vos graces, monsieur, veu l'espozé cy dessus faire inibitions et défences aux seindiqs qui sont et seront à ladvenir de plus cotizer le supliant que l'article qu'il avait accoutume de payer avant la charge que les précédans seindiqs avait accoutume de payer et faire bien ». Signé : Bellonie procureur. « Nous avons concédé acte de la susd. requette sur les fins de laquelle les seindiqs modernes de la paroisse de St-Sernin de Larche serons obligés pour y deffendre et dire leurs raisons. Ce donné en mandement à Turenne le dix huit juin mil sept cens vingt neuf ». signé : de la Serre, sénéchal (1).

Les impôts devaient être payés en deux fois, à la St-Jean et à la Noël, sur le rôle des paroisses, dressé par le greffier des Etats, tandis que les collecteurs faisaient

(1) Archives personnelles.

eux-mêmes la répartition « en Dieu et conscience » entre les habitants et restaient responsables de la rentrée des fonds.

Nous connaissons, grâce à l'ouvrage si documenté de M. René Fage (1), la quotité des impôts répartis sur les diverses paroisses et, en particulier sur celle de St-Cernin, à partir de 1576 (2).

30 août 1576. Les Etats sont tenus à Meyssac et St-Cernin est imposé de 31 livres, 18 sols.

6 novembre 1577. Réunion à Turenne et St-Cernin est porté pour 42 livres, 9 sols, 1 denier.

26 août 1578. Nouvelle réunion à Turenne, où Saint-Cernin est désigné pour 46 livres 11 sols 6 deniers.

29 décembre 1579. Etats ordinaires et extraordinaires à Beaulieu : St-Cernin devra fournir 51 livres 15 sols 3 deniers.

10 mai 1608. Etats convoqués à Argentat : Saint-Cernin est taxé pour 80 livres, plus pour les frays, outre le principal de ladite somme et gaiges mentionnés à l'estat : 10 livres 10 sols.

19 juin 1634. Etats ordinaires à Turenne : Sainct-Serny, 91 livres, 10 sols. Le même jour, Etats extraordinaires à Turenne : Sainct Cerni, 147 livres 8 sols (3).

8 juin 1647. Les consuls des principales villes de la Vicomté, réunis à Meyssac ,établissent l'assiette des tailles. Le Maréchal de Turenne « estant sur le point de son partement de Rome pour revenir en France..... il a été trouvé bon de lui faire présent d'un cheval qui a esté desjà acheté et envoyé à Paris pour le faire passer en Allemagne où Monseigneur le Maréchal est à présent commandant les armées du roy et gouverneur du païs, et que le prix ou la conduite dudict cheval a cousté la somme de trois mille

____

(1) *Les Etats de la Vicomté de Turenne.*
(2) Arch. nat. R' 494.
(3) Arch. nat. R' 493.

livres », on imposera supplémentairement les paroisses pour couvrir cette somme et St-Serny fut taxé, cette année de 390 livres et pour le cheval de 27 livres. (1)

1648. Assiette des tailles. St-Serni : 290 livres.

18 mai 1650. Etats tenus à Turenne. Détail des tailles pour St-Cerny : (2)

I.	293 livres
II.	3 livres, 14 sols
III.	837 livres, 9 sols
IV.	41 livres
V.	27 livres
VI.	34 livres, 6 sols, 8 deniers.

au total : 1236 livres, 9 sols, 8 deniers.

24 février 1695. Etats tenus à Turenne. Le département des impôts donne pour Saint-Cerny : (3)

ordinaire,   292 livres 10 sols 4 deniers.
extraordinaire, 1038 livres   8 sols 2 deniers.

au total :   1330 livres 18 sols 6 deniers.

Le rôle des impôts de 1711 est en ma possession (4). Etabli sur trois feuilles doubles de 0^m, 27 sur 0^m,18, au timbre de la Vicomté placé au milieu de la partie supérieure de la première page de chaque feuille, il a pour titre : « Rolle de la taille de la paroisse de Saint-Sernin de Larche pour l'année 1711 ».

Suivent ici les noms de 139 contribuables, non numérotés par articles, mais classés par villages ; les émargements sont faits à l'aide d'une croix placée à gauche de chaque nom ; 7 d'entre eux seulement, dont les impôts sont de quelques deniers ou sols, ne sont pas marqués de cette croix et doivent sans doute représenter des côtes irrécouvrables, qui s'élèvent à 35 sols, 5 deniers.

(1) Arch. nat. R' 493, folios 332 et 88
(2) Arch. nat. R' 493, f° 337.
(3) Arch. nat. R' 493, f° 404
(4) Archives personnelles.

Le rôle est signé : « De Laroche, pour avoir fait ladite cotisation à la réquisition et prière de François Delmond et Guillaume Freygeffon, laboureurs sindicqs nommés la présente année mil sept cens onze de la paroisse de Saint Sernin de Larche le premier de juillet lesquels susd. sindicqs nont sceu signer pour ne sçavoir de ce faire interpellès ». Ici est la signature de Girbaud greffier des Estats du Vicomté de Turenne, suivie de l'approbation et de l'exécutoire du Sénéchal, en date du 4 juillet 1711.

Le montant de la taille est de 296 livres 5 sols 6 deniers ; mais il ne fut versé par lesdits syndics, et en quatre fois, que la somme de 292 livres 3 sols 8 deniers, ainsi que l'attestent les quatre reçus qui leur furent délivrés à ce sujet Ils sont signés par De Laroche et datés de Turenne : le premier, du 11 août 1711, est de 122 livres ; le second, du 5 février 1712, est de 123 livres ; le troisième, du 7 septembre 1712, est de 30 livres et le quatrième, du 23 avril 1713, est de 17 livres 3 sols 8 deniers.

Lorsque les Etats de la Vicomté avaient délibéré sur les demandes de subsides du Vicomte et en avaient voté le montant, le greffier en faisait la répartition entre les paroisses et prévenait leurs syndics de la somme qui était imposée à chacune d'elles, en même temps qu'il leur donnait l'ordre de les recouvrer. Cette circulaire portait le nom de *mande*.

Voici la copie de celle qui fut adressée aux syndics de St-Cernin, le 25 août 1730 (1) :

« De par son altesse Monseigneur le duc de Bouillon et Messieurs des Estats de la Vicomté de Turenne.

« A VOUS MESSIEURS les sindics de St-Cernin Salut, Comme en l'assemblée des Estats de la Vicomté de Turenne pour le pais du Limozin tenus en la ville de Turenne le 14e juillet 1729 finis le 23 du même mois il fut arresté

(1) Archives personnelles.

de metre et imposer sur les habitans du présent vicomté aud pais du Limozin la somme de vingt un mille neuf cens neuf livres pour les deniers ord^{res} accordés à Monseigneur de très glorieuse mémoire ou gages accordés par les Estats de 1642 payables lesdits deniers ord^{res} en la maniére accoutumée de St-Jean et Noël de la presente année 1730 delaquelle susd. somme en ordinaire vous est escheu pour votre cotte la somme de deux cens quatre vingt douze livres trois sols huit deniers laquelle susd somme en ordinaire sera par vous imposée et cottisée sur les habitans et contribuables au rolle de vôtre ditte paroisse par un seul et même rolle en Dieu et conscience duquel rolle préalablement véryfié et rendu excutoriable par Monsieur le Sén^{al} de la vicomté de Turenne vous en remetrez un double au greffe des Estats et sur l'autre vous en fairez la levée et recouvrement des cottes desd contribuables pour payer et porter par vous messieurs sindics et collecteurs lad somme entre les mains du sieur receveur de Son Altesse en son bureau et recepte de la ville de Turenne aux payements desquelles cottes seront cottisées et contribuables contraints par les voyes de justice à vos dilligences Et vous susd sindicz aussi contraints par les voyes en tel cas nécessaires requises et accoutumées et comme pour les propres deniers de son altesse.

« Dans le greffe des Estats le 25 août 1730.

« Par commandement de Monseigneur et gens desdits Estats signé : Sclafer greffier des Estats de la Vicomté de Turenne.

« Veu, de la Serre : sénéchal ».

Ainsi, en 1730, la paroisse de St-Cernin était taxée pour les impositions ordinaires de la somme de 292 livres 3 sols 8 deniers, exactement la même que celle versée par les collecteurs de 1711.

Mais ces chiffres ne donnent que l'octroi ordinaire, dont le montant ne varie guère. Il n'y est pas **question** des impositions extraordinaires, qui suivaient chaque année une marche ascendante, en même temps que les besoins du vicomte, qui menait à la cour une vie si fastueuse. Ses demandes d'argent, que les Etats accordaient sous forme de dons, devenaient toujours plus importantes, et les populations pressurées étaient à bout de sacrifices et manifestaient leur mécontentement. Des réclamations étaient adressées aux Etats, qui, déjà, dans leur session de 1703, n'avaient accordé qu'une partie des sommes demandées par le Vicomte. Aussi, celui-ci, criblé de dettes et ne trouvant plus chez les vicomtins les ressources nécessaires et la soumission d'autrefois, résolut, pour sortir de sa situation précaire et embarrassée, de céder moyennant finances son territoire au roi de France.

CHAPITRE XI

Saint-Cernin et la juridiction de Cousages. — Officiers et agents de cette juridiction dans la paroisse de Saint-Cernin. — Juges; lieutenants; procureurs d'offices; procureurs en l'ordinaire; greffiers; sergents; gardes; maître-arpenteur; notaires.

I.

St-Cernin est compris dans la liste des paroisses qui relevaient en première instance du juge châtelain deTurenne siégeant dans un palais de justice « au pied et dans l'enceinte de la forteresse ». C'était, en effet, une terre domaniale de la Vicomté et le seigneur Vicomte avait sur elle toute propriété, toute justice, et tous droits seigneuriaux.

Mais, pour exercer cette justice, il déléguait ses pouvoirs à des seigneurs locaux, possédant une châtellenie, qui devenait un centre justicier avec juge, lieutenant, procureur greffier et sergents attachés spécialement à cette juridiction, où l'on rendait les sentences en première instance dans les différends ordinaires, sauf recours au juge d'appeau, puis au Sénéchal de Turenne.

Dès le XIIe siècle, en effet, les Vicomtes de Turenne avaient des droits de haute et de basse justice et ce ne fut qu'au XVe siècle que fut créé le Sénéchal de Brive et au XVIe, exactement en février 1551, que fut érigé son siège présidial, par une ordonnance du roi Henri II. Les justices particulières de la Vicomté de Turenne y furent bientôt rattachées et dès 1698 (1), les causes jugées en première ou deuxième instance devant le Sénéchal de Turenne le furent en deuxième ou en troisième devant le Sénéchal de Brive.

<hr>

(1) Bibliot. nat, M* fonds franç. nos 22221 et 4287.

Alors les décisions de celui de Turenne furent encore susceptibles d'être frappées d'appel devant le siège présidial du Bas-Limousin, siégeant à Brive. Telle fut la sentence « faite à Brive en jugement par devant nous Pierre de Maledent, écuyer, seigneur de la Cabanne, conseiller du roy, lieutenant général en la sénéchaussée et siège présidial du bas-Limousin », le 22 décembre 1731.

Enfin, comme juridiction suprême, il y avait le Parlement de Bordeaux, qui avait été créé par Charles VII, en 1451 et auquel fut rattaché, sous Louis XI, le Limousin tout entier, qui jusqu'alors était dans le ressort du Parlement de Paris. Cet édit attributif de juridiction, en date du 7 février 1462, fut publié à Brive en l'église St-Martin et sur la place publique, le 17 mars 1462.

Cousages était donc une de ces juridictions particulières de la Vicomté et St-Cernin, son voisin immédiat, était placé sous sa dépendance. Cependant le territoire de la paroisse, situé sur la rive droite de la Couze, et en particulier le village d'Acher relevait de la juridiction de Lissac et non de celle de Cousages, bien qu'il fut compris dans les appartenances de ce seigneur. C'est pour cette raison qu'un acte d'émancipation d'un de ses habitants, débute en ces termes : (1) « Aujourdhuy vingtiesme aoust mil six cent septante trois, au village d'Achier, jurydition de Lissat, s'est présenté par devant nous François de Leymarie, sieur de la Gauteyrie, juge de la jurydition dudit Lissat, Jehan Vignal tailleur fils à Pierre Vignal laboureur habitant dudit présent lieu paroisse de St-Sarny de Larche ».

Le fait est aussi confirmé par un brevet du 18 avril 1780, par lequel Pierre-Henry Ernauld de Brusly, écuyer, seigneur de Mauriolles, Masdelpeuch, Lachanudie, Aschier et autres lieux, conseigneur de Lissac, « pourvoie Mathieu Lacroix, maître ès-arts et bourgeois de la ville de Brive,

(1) Archives personnelles.

de la judicature de la seigneurie de Mauriolles, voyrie et gruerie y appartenant, ensemble celle de la conseigneurie de Lissac..... pour en jouir dans toute l'étendue de nos justices situées tant sur laditte paroisse qu'en celle de Brive et de Saint-Sernin de Larche » (1).

C'est certainement à cet état de choses qu'il est fait allusion dans l'hommage, déjà cité, prêté au Maréchal de Boucicaut et à Antoinette de Turenne par Renaud de Lissac, le 28 février 1415, pour la part de juridiction qu'il a dans la paroisse de St-Cernin, « in locis et parochiis de Sancto Saturnino, de Castro et de Chartresis ».

Tous les jugements rendus, tous les actes civils et judiciaires, faits à Cousages, étaient écrits sur le papier spécial, timbré au nom de la Vicomté, depuis l'époque de son émission, en 1674, jusqu'au moment de la vente de la Vicomté en 1738. Nous passâmes alors dans le ressort de la sénéchaussée de Brive et ce fut le papier timbré de la généralité de Limoges qui servit dorénavant pour la rédaction de tous les actes, jusqu'au jour de la Révolution.

Cousages situé à la lisière de la forèt de ce nom, sur les confins immédiats des territoires de Chasteaux, dont il dépend aujourd'hui et de St-Cernin, qu'il régissait autrefois a joué un rôle trop important dans notre vie publique des siècles passés pour que je ne fasse ici une digression à cette étude, afin de rappeler aux générations actuelles ce que fut cette antique chatellenie. Celà nous sera d'autant plus facile que M. Poulbrière, dans son *Dictionnaire historique et archéologique des paroisses de diocèse de Tulle* (2) et M. Ph. de Bosredon, dans le *Bulletin de la Société scientifique, historique et archéologique de Brive* (3) ont donné

<hr>

(1) Archives de M. Gaston de Lépinay, in *Bulletin de la Société scient. hist. et archéol. de Brive*, t. IV, p. 211, 1882.

(2) In *Semaine religieuse*, n° 33.

(3) T. VIII, p. 363, 1886.

sur elle des renseignements assez précis, qu'il est intéressant de rapporter ici.

Cousages, dit le premier de ces érudits, placé dans la riante vallée de la Couze, dont il a tiré son nom *(cosalicum, cosalia)* n'est guère plus qu'une ruine; mais il eut jadis une réelle importance. Non-seulement Chasteaux en dépendait, mais Saint-Cernin-de-Larche en avait pris son surnom distinctif, puisqu'on l'appelait alors Saint-Cernin-de-Cousages. Le *pagus minor* ou pays de Brive le comptait au IXe siècle parmi ses vicairies. Il est vrai que, cent ans plus tard, il y avait aussi à Chasteaux une de ces divisions administratives, mais je me demande réellement si ce n'était pas la même sous deux noms d'assises différents.

L'église était dédiée à Saint-Christophe. Elle fut en 864 vendue par un nommé Ragambald ou Ragambaud à saint-Rodolphe, fondateur de Beaulieu, qui en fit don à ses moines. Un personnage du nom d'Adenus, s'en étant emparé, fut cité devant le comte de Toulouse, qui le contraignit à restitution. Cette église qu'on a compté depuis vers 1100, parmi les possessions de Solignac, dut passer plus tard au prieuré de Saint Martin de Brive, lequel, d'après Bonaventure, l'avait sous sa dépendance et à sa nomination, avec Chasteaux pour annexe.

Nadaud affirme que le prieur de Brive y nommait en 1318 et qu'elle était alors cure et archiprêtré, mais seulement cure en 1484. Plus tard, la translation ou annexion se fit (elle était déjà faite en 1516) et l'église disparut peu à peu.

Pourtant dans un contrat de vente passé « à la Jugie lès Couzages » par le notaire Verlhac, de La Borie de Chartriers, le 7 février 1637, on lit au sujet du vendeur qu'il est « habitant du village de la Veyrie, paroisse de Couzages »(1).

On ne connait aucun des titulaires de l'église et,

(1) Archives personnelles.

en 1744, le prêtre qui dessert la paroisse de Chasteaux, Pierre Mayjonade, prend dans un certificat de publicatiou la qualification suivante : « prieur, curé de Cousages et Chasteaux et bachelier en théologie » (1).

Quant à la vicairie ou viguerie de Cousages, *vicaria de cosalico*, dont il était déjà question en 864 dans le cartulaire de l'abbaye de Beaulieu (2) et, en avril 934, dans le cartulaire de l'abbaye bénédictine Saint-Martin de Tulle (3), elle se transforma en une seigneurie qui finit par être un comté. En 1245, elle appartenait à la famille de Turenne, qui venait y passer plusieurs jours de l'année pour y jouir avec ses nombreux chevaliers du plaisir de la chasse.

Raymond V, vicomte de Turenne et mari d'Alemande de Malemort, donna par testament à Boson, son fils cadet, seigneur de Servières, sa terre de Brive avec les dépendances, réserve faite de Chameyrac et de Cousages, dont il voulut que sa femme jouit sa vie durant. Raymond VI, dans son testament de 1276 mentionna aussi le château de Cosatge. Celui-ci est dit chef-lieu de chatellenie en 1301. Raymond de Lissac en est alors coseigneur, comme il est coseigneur du lieu même de Lissac et il en fait hommage au maréchal de Boucicaut, époux d'Antoinette de Turenne. En 1350, Cécile de Comminges vend Cousages à Roger de Beaufort. Jusqu'à la fin du XVIIe siècle, Cousages, quels qu'en aient été les seigneurs directs, s'est toujours reconnu le vassal de Turenne. Il figure, en effet, comme vassal laïque, hommagé en 1301 et 1692 sur l'« Etat des terres et fiefs les plus distingués qui relèvent de la Vicomté de Turenne (4).

Il appartenait en 1427 à Jean de Roffignac, qui acheta

(1) Archives personnelles.
(2) Maximin Deloche, introduction p. CLXVI; cartulaire, p. 53 et 54.
(3) Champeval, *Bulletin de la Soc. hist. et arch. de Brive*, t. XIII, p. 452, 1891.
(4) Arch. nat. titres domaniaux. Corrèze. Q' 143.

de Bertrand de Saillac tout le droit que celui-ci avait dans la châtellenie de Cousages. Avec le château de ce lieu, Jean de Roffignac possédait encore le château de Chavagnac, qui en est très-voisin, mais qui fait partie du Périgord. Présent aux Etats de la Vicomté, tenus à Meyssac, le 5 août 1486, il est désigné sous l'appellation de Messire Jehan de Ressignac, seigneur de Cosatges (1).

Madeleine de Roffignac, mariée dans la deuxième moitié du XVIe siècle à Jean de Sénectaire, laissa ce double bien à son gendre Gilbert de Chazeron, seigneur de Fontenilles ; mais le fils de ce Gilbert, Gabriel Chazeron, gentilhomme ordinaire de la chambre du roi, qui épousa la fille du maréchal de Saint-Géran, ne parait pas avoir eu de postérité. Anne, sa sœur, devenue alors son héritière pour Cousages et Chavagnac, par testament du 30 mars 1624 (2), porta les deux terres à son mari François de Polignac, marquis de Chalençon. Par défaut encore de postérité mâle, la fille de ces deux époux, Claude-Françoise, en dota peu de temps après Henri de Larochefoucauld, qui fut ainsi le chef d'une branche nouvelle de sa glorieuse maison, la branche de Cousages.

Son fils, François de Larochefoucauld, fut le premier qui porta le titre de comte de Cousages (3). Il se maria en 1656 avec Louise de Saint-Martial de Drugeac, dont il eut un fils, désigné sous le nom d'Henri II de Larochefoucauld.

Celui-ci épousa à son tour, en 1676, Marie de Saint-Martial de Puydeval.

Leur fils, Henri-François Ier de Larochefoucauld, né vers 1679 et marié en 1698 à Marie-Henriette Plaisant de Bouchiat, en eut quatre filles, qui portèrent, suivant l'usage

(1) Arch. nat. K 692, n° 3.
(2) Biblioth. nat. Mª fonds Baluze, t. 217, f° 17.
(3) DE COURCELLES. *Histoire généalogique des pairs de France,* t. VIII.

de cette époque, les noms des terres qu'il possédait et l'une d'elles s'appelait Mademoiselle de Saint-Sernin.

Il en eut aussi deux fils : Jean-Baptiste de Larochefoucauld, né en 1700, marié en 1746 à Marie-Gabrielle Renart de Fuschenberg et Henri-François II de Larochefoucauld, né en 1716 et marié en 1766 à Louise-Françoise de Rochechouart. Ce dernier, officier de marine et chef d'escadre en 1764, fut grand-croix de Saint-Louis en 1779 et vice-amiral du Ponant en 1782.

Il mourut en 1784, laissant un fils, Alexandre-Armand-Louis-Henri de Larochefoucauld, né en 1767 et mort sans enfant avant la Révolution.

Un incendie aurait, paraît-il, détruit le château de Cousages avant cette époque. Il devait cependant en subsister encore une certaine partie; car, le 14 novembre 1792, « au directoire du district de Brive, sont comparus Jean Arly et Gabriel Laval demeurant au village de Beaugou, paroisse de Chasteaux, lesquels ont annoncé qu'un bruit public répandu depuis hier annonçait qu'il se commet dans le château de Cousages de grandes dilapidations, qu'on en amène jour et nuit quantité de meubles, qu'ils n'ont point vu cela de leurs propres yeux, mais qu'ils pensent pouvoiren fournir plusieurs témoins, qu'ils ont cru sans entendre se rendre dénonciateurs devoir prévenir le district de ces bruits afin qu'ils prennent des précautions pour les faire vérifier, pour faire restituer les objets enlevés et punir les voleurs, si les faits se vérifient. Ils ont cité pour témoins Pierre Régnier dit Cocaru et sa sœur du village de Beaugou, Léonard dit Marchou du village de Lajugie qui ont dit avoir vu plusieurs charètes qu'on avait chargées dans le château et qu'on conduisait à Larche, ils ont déclaré ne savoir signer ».

« Sur quoi le directoire du district arrête que copie de la présente déclaration et du présent arrêté sera envoyé sur le champ aux deux commissaires du district. Touzi

et Lamaze qui demeurent chargés de vérifier les faits cy
dessus et celà sans délay et de remettre sur le champ la
ditte copie au juge de paix du canton de Larche pour servir
de dénonciation contre les auteurs et complices de ces
enlèvements, donnant à cet effet tout pouvoir soit au citoyen Lamaze, soit au citoyen Touzi, même de retirer la
dénonciation si les faits allégués sont évidament faux » (1).

La grande tour carrée, qui existe encore en grande partie,
était intacte au moment de la Révolution et la tradition
rapporte qu'un habitant du village de Lachassagne,
en exécution de la décision prise par la Société populaire
du canton de Larche, dans sa séance du 30 frimaire an II
(21 décembre 1793), en vertu du décret de la Convention
ordonnant la démolition des tours des châteaux, monta
sur celle de Cousages et commença l'œuvre dévastatrice.
Ayant perdu l'équilibre, il tomba dans le vide et en fut
quitte cependant pour une fracture de cuisse. Plusieurs
vieillards m'ont souvent raconté ,en confirmant le fait,
avoir connu ce personnage, qui était resté boiteux et
portait le nom de Sourzat Jean, dit Traquet, mort à Lachassagne le 8 août 1857, à l'âge de 82 ans. Les dévots regar-
daient son accident comme le résultat d'une intervention
divine et une punition certaine de son acte.

Bien antérieurement, Cousages avait excité des convoi-
tises et il fut pillé par des bandes de brigands vers la fin
du XVIe siècle. Il figure, en effet, parmi « les maisons des
gentilz hommes du Limousin qui ont esté vollées par les
reistres » (2), ces farouches cavaliers, mercenaires allemands,
introduits en France en 1557, par le Comte palatin du
Rhin.

La physionomie de ses ruines semble indiquer une
construction féodale de la fin du XIVe siècle et M. Ph.

(1) Arch. départ. Registre du directoire du district de Brive. L,
286, fos 201-202.
(2) Biblioth. nat. no 17,117 du fonds latin.

de Bosredon en a fait la description très-complète et très-exacte suivante : « les bâtiments principaux entourés de cours, d'un corps de garde et d'un mur d'enceinte, s'élèvent sur un plan rectangulaire. Une tour carrée à plusieurs étages, dont chaque côté mesure 7 mètres, se dresse au sud de ces bâtiments ; dépouillée aujourd'hui de sa couronne de créneaux, elle a encore 20 mètres de hauteur. Indépendante par elle-même du reste des constructions, elle se relie au corps de logis par la chapelle et l'on arrive à son sommet par un escalier pratiqué dans l'épaisseur du mur. Les deux premiers étages de ce donjon ne sont pas voûtés ; les étages étaient séparés par des planchers en bois portés sur des corbelets intérieurs. Ils n'étaient éclairés que du côté du sud et par trois fenêtres : l'une en ogive, ornée d'un tore ou boudin, ouverte à 1^m,80 au-dessus du sol, les deux autres rectangulaires et à meneau ; ces deux dernières fenêtres sont séparées l'une de l'autre par un cordon assez saillant, qui partage la tour à moitié de sa hauteur ».

« Les bâtiments principaux se composent en eux-mêmes d'un rez-de-chaussée et de deux étages flanqués au nord d'une tourelle ronde renfermant l'escalier, et au sud-ouest d'une seconde tour carrée, moins dégagée et moins élevée que la première ».

« En suivant le mur d'enceinte, on remarque une tour ronde avec mâchicoulis et plusieurs meurtrières affectant à l'extrémité la forme de l'ellipse ordinaire ; deux autres meurtrières en ellipse relevée en accolades, sur leurs deux grands côtés, défendent la porte d'entrée du corps de garde ». Le diamètre intérieur de cette tour mesure 6 mètres avec des murs de 1^m,90 d'épaisseur.

Ces ruines, encore imposantes, fournissent depuis longtemps des matériaux de construction aux alentours et les principaux bâtiments du village de Lajugie, qui est au-dessous, ont été édifiés avec les pierres de l'ancien château. Monument muet d'une antique puissance, à une époque qui ne fut pas sans grandeur et sans gloire, les restes de Cousages ne représentent plus aux yeux de nos populations que le souvenir abhorré d'un régime d'exactions et d'asservissement.

II

Les officiers de juridiction ou officiers de justice étaient les fonctionnaires auxquels était confiée l'administration de la justice dans une certaine étendue de territoire. Ils étaient de divers ordres que nous allons passer successivement en revue en commençant par les plus élevés.

Quant aux émoluments que recevaient les officiers de Cousages, on les trouve énumérés dans un contrat d'affermage du 9 novembre 1629 des terres de Cousages et de Chavagnac (1), où l'on remarque qu'ils étaient perçus en nature et non en monnaie courante et devaient être payés par les fermiers.

Le juge de Cousages recevait dix quartons de froment; le lieutenant même traitement; le procureur d'office, dix quartons de seigle. Mais cette rétribution se trouvait augmentée par celle qu'ils touchaient pour Chavagnac et qui s'élevait pour le juge à dix quartons de froment et dix quartons de seigle; pour le lieutenant, à dix quartons de froment et pour le procureur d'office à dix quartons de seigle.

Les juges de Cousages, en effet, étaient à la fois juges de Cousages et de Chavagnac et en portaient le titre, de même que la plupart des autres officiers. Cependant quelques-uns d'entre eux sont simplement qualifiés de Cousages, tandisque d'autres mentionnent sur les actes leur double titre de Cousages et de Chavagnac.

(1) Archives de La Fauconnie.

1º Juges.

La famille de *Juge de Laferrière*, du bourg de St-Cernin, fournit pendant plus d'un demi siècle les titulaires de cette charge (1).

Armand de Juge, déjà lieutenant de cette juridiction, fut nommé juge en 1652.

François de Juge, Sieur de Laferrière, fils du précédent, indiqué en 1676.

Jean de Juge, Sieur de Laferrière et de Marquay, mentionné en 1712.

Il fut le dernier de cette famille pourvu de la charge de juge à la châtellenie de Cousages. Ses successeurs ne furent plus des habitants de la paroisse. Je les indiquerai cependant, parce qu'ils continuèrent d'y siéger et que leurs jugements, jusqu'en 1782, portent presque tous la mention suivante : « rendu au village de Laroche, en la chambre où s'exerce la justice ».

Je citerai donc *Gabriel Donnèves, sieur de Marlinau,* nommé en 1714.

Entre celui-ci et le suivant, il dut y avoir une vacance du siège, pendant laquelle les arrêts furent rendus par *Jean Tourin*, procureur ancien, dit aussi ancien curial « juge en l'abstention et absence des officiers qui procèdent la justice de la juridiction de Cousages », désigné dans une assignation à comparaître, portée au village de Chazat, le 26 novembre 1730, par Léonard Salvetat, sergent sauvegardien. Il est encore mentionné dans une supplique au juge de Cousages, qu'il ordonne de communiquer au procureur d'office, le 17 janvier 1732 (2).

---

(1) Consacrant plus loin un chapitre spécial à cette famille, avec les détails que je possède sur ses divers membres, je ne ferai que mentionner ici les juges de Cousages, en réservant pour plus tard les documents qui les concernent.

(2) Archives personnelles

Vient ensuite *Jean Gauthier, sieur de la Fauconnie,*
avocat en parlement, cité dès 1732 et désigné en 1767
comme juge gruyer, c'est-à-dire comme juge de la juridiction forestière de Cousages et Chavagnac.

Le dernier titulaire de la justice de Cousages fut *Henry
Marchant*, avocat en parlement, lieutenant de la juridiction de Larche par provisions du duc de Noailles, en date
du 12 avril 1768, à Paris. Fils de Pierre Marchant, bourgeois
de Larche et d'Elisabeth ou Isabeau Devin et petit fils
d'Henry Marchant, procureur d'office en la juridiction
de Larche, il était né le premier novembre 1720. Marié à
Marguerite Rose Poitevin, il mourut à Larche le 4 ventose
an VI (22 février 1798), à l'âge de 78 ans. Sa femme était
morte, à l'âge de 38 ans, le 20 décembre 1764 (1).

Mais, à partir de 1782, vers le milieu de l'année, le siège
de la justice fut déplacé et les jugements furent rendus
« au bourg de St-Sernin, en la chambre où s'exerce la
justice », jusqu'à la suppression de cette juridiction.

C'est aussi à St-Cernin que furent faits les actes judiciaires suivants, concernant les règlements de police des
cabarets, en particulier l'heure de leur fermeture et la
défense à leurs tenanciers de servir à boire pendant les
offices (2).

« Aujourdhuy vingtième mai mil sept cent quatre vingt
sept, pardevant nous Me Henry Marchant, avocat en parlement juge ordre des terres et chatellenies de Cousages, est
comparu sr Antoine Lafeuille, procureur d'office de lad.
chatellenie, lequel nous a dit qu'il est interressant pour le
bon ordre qu'il soit fait défenses aux cabaretiers et aubergistes de la prte juridiction de donner à boire les dimanches
et fêtes pendant le service divin, qu'il leur soit pareille-

---

(1) Archives communales de Larche. Son fils, Pierre René Marchant, avocat en parlement, juge de la châtellenie de Larche, fut le
premier juge de paix du canton de Larche.

(2) Arch. départ. B. 1823.

ment fait défense de donner à boire à des heures indues, que les contraventions commises au préjudice des règlements du royaume ont introduit des abbus qu'il est utile de faire cesser, qu'il est arrivé très-souvent que les officiers de la présente juridiction ont trouvé des cabaretiers en contravention en donnant à boire pendant l'office divin et à des heures indues, qu'ainsy pour que lesd. cabaretiers ne soient point dans le cas de tomber en contravention, il demande qu'il soit ordonné aux sonneurs des cloches des bourgs situés dans la présente juridiction de sonner chaque soir à neuf heures et ce pour avertir les cabaretiers de fermer leur cabaret et cesser de donner à boire, comme aussy le procureur fiscal croit très interressant de demander que les cabaretiers viennent faire inscrire au greffe de la pr^te juridiction leurs noms et endroits où sont situés leurs auberges et cabarets pour y avoir recours dans le besoin et ce dans le délai de huitaine après la publication de l'ord^ce à intervenir. Aussy le procureur fiscal requiert que conformément aux règlements du royaume il soit défendu aux cabaretiers : 1° de donner à boire les dimanches et fêtes pendant le service divin 2° de donner à boire à des heures indues c'est-à-dire après neuf heures du soir, tant en hyver qu'en été, qu'en conséquence de ce il soit ordonné aux sonneurs des paroisses situées dans la pr^te juridiction de sonner chaque soir un instant avant neuf heures, et ce pour avertir les cabaretiers et gens qui vendent du vin de fermer leurs cabarets et cesser de donner à boire : qu'il soit ordonné pareillement que les aubergistes et cabaretiers viendront faire inscrire au greffe de la présente juridiction leurs noms et le lieu où sont situés leurs auberges et cabarets et ce dans le délai de huitaine après la publication de l'ord^ce qui interviendra, le tout à peine contre les contrevenans et dénommés dans la réquisition de 20 livres d'amande à raison et pour chaque contravention ».

Le juge rendit donc une ordonnance conforme à cette

réquisition et « à fin que la présente ord^ce soit notoire et que personne n'en prétende cause d'ignorance, ordonnons qu'elle sera lue publiée et affichée dans l'étendue de la présente juridiction et sera la pr^te ord^ce exécutée nonobstant toutes oppositions et appellations quelconques et sans y préjudicier. Fait à St-Sernin le susd. jour mois et an et pardevant que dessus ». Signé : Marchant, juge et Pomarel greffier.

Remarquons ici que ces diverses prescriptions sont en tous points conformes au règlement de police de la Vicomté donné, le 12 août 1722, par Emmanuel Théodose de la Tour d'Auvergne, Souverain Duc de Bouillon, Vicomte de de Turenne. On y lit, en effet, à l'article I « que les règlements pour la police des cabarets seront exécutés ce faisant deffences faites à touts hotes et cabaretiers de tenir leurs hotelleries cabarets ou tavernes ouverts donner à boire ny manger aux habitans des lieux pandant le temps de la celebration du service divin les jours de festes et dimanches à peine des amendes qui seront indictes, de plus grandes en cas de récidives et pour la 3e fois d'interdiction des cabarets et des cabaretiers ».

Et à l'article III, « Deffendons aux cabaretiers de recevoir ny donner entrée et donner du vin chez eux aux enfans de famille et artisans habitans des villes ou lieux après dix heures du soir et en cas de contrevention il sera informé à req^te de nos procureurs d'office et autres et les peines indites seront appliquées aux hôpitaux des villes ou aux pauvres des lieux » (1).

2° Lieutenants.

Le lieutenant était l'officier de juridiction qui venait immédiatement après le juge et tenait sa place en son absence.

(1) *Bulletin de la Société scient. hist. et archéol. de Brive*, t. III, p. 348, 1881.

Il remplissait les fonctions du juge suppléant de nos jours.

Parmi ceux de Cousages, habitant la paroisse de St-Cernin, on trouve *Armand de Juge*, qui occupait cette charge avant le 3 janvier 1652, date de sa nomination au poste de juge.

Maître *Jean Laroche*, de Maslegrèze, est mentionné avec cette qualité le 1er décembre 1716 comme témoin dans un mariage (1).

François Laroche, bourgeois du village de Maslegrèze obtint des lettres de Lieutenant de la juridiction de Cousages de la « très-haute et très-puissante dame Louise Françoise Rochechouart, veuve de très-haut et très-puissant Seigneur Henry François de Larochefoucauld, seigneur Comte de Cousage, Chavagnac, Lacassagne et autres lieux, vice-amiral de France », en date du 3 avril 1786. Sur quoy, le 4 juin suivant, à Saint-Cernin, en la chambre où s'exerce la justice « le sieur Laroche a produit les personnes de Me Pierre René Marchant, avocat en parlement, juge des terres et chatellenies de Larche, habᵗ aud. Larche et Me Bernard Laffon, procureur en la présente juridiction de Cousages, habᵗ du bourg de Pazayac, qui ont dit et attesté que led. sieur Laroche est de la religion catholique, apostolique et romaine ».

Alors, dit le juge, « nous donnons acte aud. Laroche de l'exhibition par lui faite desd. lettres, de l'attestation cy-dessus et du consentement du procureur d'office, après que led. Laroche a eu levé la main à Dieu et promis moyennant son serment de bien et fidèlement remplir et exercer led. état et office, l'avons reçu et recevons, installé et installons aud. état et office de lieutenant de la présente juridiction pour par lui en jouir conformément auxd. lettres qui seront transcrites au bas des présentes (1) ».

(1) Archives communales de Saint-Cernin.
(1) Arch. départ. B, 1823.

3º Procureurs d'office

Les procureurs d'office, dont l'institution remonte avant Philippe VI (XIIIᵉ siècle), étaient des officiers de justice chargés d'instruire les causes et les procès. Comme leur nom l'indique, ils pouvaient agir *ex officio*, c'est-à-dire d'office et de leur propre autorité, sans aucune réquisition des parties en cause. Ils remplissaient les fonctions du ministère public.

Pierre de Juge, en 1610.

Maistre *Isidore de Juge*, en 1629.

Etienne Leymarie, du village du Soulié, cité comme témoin dans une reconnaissance faite le 19 juin 1688, par les habitants de Merlières, paroisse de Chasteaux et autres propriétaires du ténement de ce nom, envers Henri de Larochefoucauld, seigneur comte de Cousages (1). Mentionné aussi dans l'acte de baptême de sa fille Guilhemette, le dernier jour de mars 1688 et dans le mariage d'une autre fille, mais étant décédé, avec Pierre Leymarie, maître apothicaire du village de Laroche, en 1702 (2).

Jean Laroche, de Maslegrèze, mentionné comme témoin dans un mariage, le 15 juin 1694 et aussi, dans les mêmes conditions, le 25 février 1702, où il est dit oncle de la mariée, qui était Jeanne Leymarie, fille du précédent (3).

Je possède une lettre qui lui fut envoyée par « Charpantié, commis au greffe des Estats de la Vicomté, cottisateur du rolle de la paroisse de St-Sernin » et qui porte comme adresse la suscription suivante : « à Monsieur Laroche, procureur d'office de Couzages, au Maslagrèze ». Elle n'est pas datée et donne des renseignements sur les impositions d'un habitant de la Bouquerie.

Porté sur le rôle des tailles de 1711, avec son titre de

(1) Archives de M. Marchant, de Bernou.
(2) Arch. communales de Saint-Cernin.
(3) Archives municipales de St-Cernin.

procureur d'office de Cousages, il est taxé à « sept livres dix sols plus à la descharge de Leymarie du Soullier quatorze sols (1) ».

Nous le retrouverons plus tard parmi les notaires de la paroisse.

Jean de Jaubert, sieur du Burg, du village de Boissières, dont voici copie de la nomination : « Nous Henry Larochefoucauld chevalier seigneur comte de Cousages, Chavaniat, Claveliers, Brassat et autres places estant pleinement instruit des bonnes vies mœurs suffisances capacités religion catholique apostolique et romaine de Jean de Jaubert s^r du Burg, lequel ayant pour agréable et désirant luy faire plaisir en récompense des services que nous avons receus de luy et pourra donner à l'avenir, luy avons donné et pourveû par ces présentes signées et scellées de nostre sceau de la charge de nostre procureur d'office de nostre terre et seigneurie dudit Chavaniat vacante par le décès de feu Hélie Gautier enjoignant à nostre juge et tous autres officiers de l'installer et recevoir en la fonction et exercice de ladite charge. En foy de quoy avons signé ces présentes et fait apposer le scel de nos armes au chasteau de Cousages le vingtiesme may mil sept cent quatorze ». signé : Cousages de Larochefoucauld et, plus bas, par commandement de mon dit Seigneur de Cousages, de Laroche (2).

4° Procureurs en l'ordinaire.

Les simples procureurs, dits procureurs en l'ordinaire, étaient ceux qui se présentaient en jugement aux lieu et place des plaideurs. Ils instruisaient leurs procès et défendaient leurs intérêts. Ils ont été supprimés par la loi du

(1) Archives personnelles.
(2) Archives personnelles.

20 mars 1791 et remplacés par les avoués actuels, qui remplissent les mêmes fonctions.

Parmi eux, on peut citer *Pierre Leymarie*, habitant du village de Laroche, témoin dans une transaction du 7 avril 1685, passée par le notaire Leymarie, du même village et requérant dans une assignation donnée le 12 novembre 1699, à François Périer, de Coux, par le sergent Deshaut (1)·

Hérard Lafon, de Fournet, qualifié « procureur en les juridictions de Couzages et de Larche » dans un contrat de vente, passé au château de Pommier, le 12 mars 1680, par le notaire Leymarie, de Laroche (2). Il est aussi indiqué dans divers actes du 4 janvier 1691 à 1716, en particulier dans le mariage de son fils Pierre, le 27 février 1702, dans le baptême d'un enfant de ce fils ,le 22 mars 1705 (3) et dans une quittance du 19 juillet 1705, où il est dit « procureur extraordinaire de Cousages ».

François Leymarie, de Laroche, témoin dans un contrat d'obligation passé à Chartriers, le 20 décembre 1718, par le notaire Dufour.

Jean Leymarie, à Laroche, relaté le 19 juillet 1705 dans le baptême de sa fille Thoinette (4), et le 18 février 1707 dans un contrat de vente fait à St-Cernin par le notaire Laroche. Il sert de témoin dans un acte d'obligation par le même notaire, le 17 février 1720, au village de Laroche, et dans un autre contrat semblable, passé à Lajugie, le 5 juillet 1736, par le notaire Dufour. Inscrit sur le rôle des tailles de 1711 pour cinq livres onze sols (5).

Jean Franchie de Maslegrèze, témoin dans une obligation du dernier mars 1731, passée par le notaire Laroche, est

(1) Archives personnelles.

(2) Archives de M. de Laferrière, de Gourdon.

(3) Archives communales de St-Cernin.

(4) Archives communales de St-Cernin.

(5) Tous ces documents font partie de mes archives personnelles.

déjà désigné comme procureur extraordinaire de Cousages en 1724 (1).

Jean Laroche, aussi de Maslegrèze, mentionné comme témoin dans un contrat, passé à St-Cernin, le 16 novembre 1721, par le notaire Laroche et dans une quittance du 23 mars 1736, passée à Laroche par le notaire Dufour (1).

5° Greffiers.

Antoine Leymarie, de Laroche, mentionné le 6 août 1684, dans l'acte de décès de son père, François Leymarie, notaire et, le 25 février 1702, dans l'acte de mariage de son fils Pierre, apothicaire (2). On le trouve aussi dans un jugement de comparition rendu par François de Juge, sieur de Laferrière, le 2 juillet 1693 (3).

Jean Laroche, de Maslegrèze, indiqué le 4 janvier 1691, dans le baptême de son fils, appelé aussi Jean (4), le 23 février 1693, dans un acte de vente passé par un autre Laroche, notaire, habitant le même village, et, en 1716, dans une assignation donnée par Messire Henry de Larochefoucauld, demandeur en matière féodale, pour qu'il lui soit payé des arrérages de rentes (5).

6° Sergents.

Les sergents étaient des bas officiers de justice qui remplissaient autrefois les fonctions attribuées de nos jours aux huissiers. Nous pouvons citer :

François Deshaut, ou plutôt *Desjean*, du village de Laroche, qui donne le 11 mai 1702 une sommation à payer une obligation de 46 livres 10 sols, somme qui avait servi à régler les honoraires d'Anthoine Gouzon, maître chirurgien à Larche, le 1er avril 1681. Il est encore

(1) Archives personnelles.
(2) Archives communales de St-Cernin.
(3) Archives personnelles.
(4) Archives communales de St-Cernin.
(5) Archives personnelles.

mentionné, le 8 août 1706, dans l'acte de baptême de son fils François, le 1er mai 1708 (1), dans un acte de vente passé à St-Cernin par le notaire de Collier, de St-Pantaléon, et, le dernier jour de décembre 1716, dans une assignation faite au nom du comte de Cousages (2).

Léonard Salvelat, aussi de Laroche, porte au village de Chazat, le 27 mars 1724, une assignation où il se qualifie « sergent sauvegardien au Vicomté de Turenne, reçu et immatriculé au greffe sénéchal de Turenne » et, le 6 septembre 1736 et le 5 décembre 1742, dans deux autres assignations faites à La Bouquerie, il s'intitule « Sergent royal immatriculé en la cour royale du Port Ste-Marie et au greffe sénéchal de Turenne (2) ».

Il opérait aussi dans la juridiction voisine et nous le trouvons, le 11 octobre 1734, portant exprès à la ville de Larche, un exploit, où il se dit en outre immatriculé au Sénéchal de St-Robert (2).

Veuf de Louise Roume, décédée à Laroche, à l'âge de 50 ans, le 21 novembre 1745 et enterrée le lendemain dans l'église de St-Cernin (3), Léonard Salvetat se remaria, la 22 juin 1747, avec Louise Serre, veuve de Jean Chantalat, de Grammont, paroisse de Lissac, en même temps que sa fille Marie épousait le même jour, Jean Chantalat, fils de sa seconde femme (4).

Il est inscrit sur le rôle des impositions de 1740, à l'article 64, comme faisant valoir ses héritages et taxé à deux livres 14 sols pour la taille et à 36 sols pour la capitation. Le produit de sa profession est imposé de 12 sols (5).

Sur le rôle de la taille de 1753, il est porté au numéro 103, avec une diminution de moitié. Il n'est plus imposé que pour une livre 16 sols, dont une livre pour sa profession

(1) Archives communales de St-Cernin.
(2) Archives personnelles.
(3) Archives communales de St-Cernin.
(4) Archives communales de Lissac.
(5) Archives personnelles.

et il eut une remise de 4 sols pour cause de grêle. Sa diminution s'explique facilement par la comparaison des deux articles des rôles, qui fait voir sa propriété réduite de sept seterées et demi de bois taillis et de quatre journaux de vigne, remplacés par trois seterées et demi de champ froid, imposées à un sol (1).

Il figure aussi sur le rôle du vingtième de 1756, à l'article 74, pour la somme de 4 sols, plus un sol pour les quatre sols pour livre (1)

François Murat, toujours habitant le village de Laroche, est mentionné dans une assignation à comparaître devant le juge de Cousages, qu'il porte au village de Chazat, le 17 octobre 1749 et où il se qualifie « sergent reçu au greffe de la juridiction de Cousages ». Il était mort en 1753; car sa veuve seule figure sur le rôle des impositions de cette année (1).

<h3 align="center">7° Gardes.</h3>

Comme gardes, intéressant St-Cernin, on trouve *Léonard Pomarel*, du village d'Acher, témoin requis dans un testament fait audit village, le 13 novembre 1754, par le notaire Dufour. Il y est qualifié « garde chasse du Seigneur de Cousages » (1).

Jean Dupeyrou, du village de Lapalain, fut constitué pour garde des chasses, forêts, bois et rivières dans le duché de Noailles, terres et seigneuries en dépendant, par Monseigneur le duc d'Ayen et a été reçu audit état et commission, le 7 février 1759, par le juge de la châtellenie de Larche, après avoir prouvé par deux témoins qu'il était de bonne vie et mœurs et de religion catholique, apostolique et romaine (2).

Jean Eymard, originaire du Soulié, mentionné comme garde chasse du seigneur Comte de Cousages dans un acte

(1) Archives personnelles.
(2) Arch. départ. B, 1412.

de vente d'une pièce de terre, qu'il possédait aux appartenances du Soulié, fief du seigneur de Cousages, passé par Lamaze, notaire royal à Larche, le 20 mars 1788 (1).

Jean Veyssel, désigné comme « garde pour le roy des eaux et forêts establie en la ville de Brive », habitant du bourg de St-Cernin, dans un contrat de mariage fait à Chazat le 16 septembre 1766. Il est inscrit avec le même titre sur le rôle des impositions de 1771, porté sous le numéro 5 et taxé d'office comme exploitant ses héritages à 2 bœufs. Il paye 4 livres 8 sols pour la taille et 3 livres 12 sols pour la capitation (1).

8º Maître-arpenteur

Pierre Leymarie, habitant du village de Laroche, mentionné comme témoin, le 26 février 1729, dans un contrat de mariage, passé à Lajugie par le notaire Laroche (1).

9º Notaires.

Durant les XVIe et XVIIe siècles, la paroisse de St-Cernin a toujours été pourvue de notaire, dont on retrouve les noms dans de nombreux actes faisant partie de mes archives personnelles ou possédés encore par certaines familles et mis gracieusement à ma disposition.

Une remarque générale à faire à leur sujet, c'est que tous ces notaires font précéder leur nom de la particule « *de* », soit en la séparant, soit en l'unissant à lui et en employant dans ce cas une lettre majuscule. Et, à ce propos, rappelons ici que la particule « *de* » n'a jamais été un signe de noblesse. L'on dérogeait même à la noblesse en exerçant certaines charges, telles que celles de procureur, de greffier ou de notaire (2), et d'après un arrêt du conseil d'état du 4 juin 1668, « les notaires même avant l'année 1560 seront censés

(1) Archives personnelles.
(2) Ordonnance de Saint Louis de 1256.

avoir dérogé à la noblesse et exercé une profession roturière ».

En tout cas, les notaires devaient avoir une conduite irréprochable ; car, suivant les règlements de police de la Vicomté, « les fonctions de no^re estant importantes au public, nous déclarons que s'il arrive qu'aucun de ceux qui ont esté cy devant pourveus ou qui pourront l'estre cy après par nous devienne suspect par deffaut d'exactitude, débauche, fréquentation des cabarets ou autrement sur les plaintes qui nous viendront après avoir pris les instructions telles que nous verrons suffisantes nous revoquerons les provisions accordées, affin que le public soit servy par des personnes de confiance et de probité » (1).

A leur décès, toutes leurs minutes devaient être versées entre les mains du notaire-greffier des Etats de la Vicomté par leurs veuves ou leurs héritiers, qui paraissent avoir négligé et parfois même refusé de remplir cette obligation. Mais ils y furent contraints par arrêts du Parlement de Bordeaux, que nous fait connaître cet « Extrait des Registres du Parlement », qui précède une « assignation à comparoir », donnée au petit-fils d'un de ces notaires :

« Veu par la Cour la Requeste à Elle présentée par Godefroy Maurice de la Tour d'Auvergne Viscomte de Turenne, Pair et Grand Chambellan de France, Gouverneur et Lieutenant Général pour le Roy au haut et bas Auvergne : rendante à ce qu'ayant fait expédier ses provisions de Notaire, Gardenotte, et Greffier des Estats dudit Viscomté de Turenne, en faveur d'Antoine Girbaud qui jouit et exerce depuis long temps led. Office, lequel Office ayant esté confirmé dans tous ses attributs par divers Arrets de la Cour donnez avec les predecesseurs dud. Girbaud, et entre autres celuy qui veut qu'aprez le decez des Notaires de ladite Viscomté, les Registres et papiers publics qu'ils

<hr>

(1) *Bulletin de la Soc. scient. hist. et arch. de Brive*, t. III, p. 349, 1881.

délaissent, soient remis entre les mains dudit Girbaud, et dans le Greffe commun, pour estre expédié des coppies aux parties, et que la moitié des emolumens soient acquis aux veufves et héritiers, ausquels il est enjoint de faire ladite remise, avec deffences de faire expédier aucune coppie par autres Notaires; à quoy il est journellement contrevenu par lesdits détempteurs desdits Registres et papiers; et comme le Sieur Suppliant a baillé pouvoir à Me Joseph de Laplaigne de travailler à la liquidation de son Domaine de lad. Viscomté de Turenne, Terriers, Hommages et Reconnaissances, et de faire payer aux Tenanciers ce qu'ils peuvent debvoir par le Traité fait pour raison de ce, et confirmé par Arrest contradictoire avec le scindicq des Tenanciers de lad. Viscomté, et qu'il aye esté enjoint aux détempteurs des Tiltres et Archives de les remettre, la plus grande partie ont refusé de le faire aussi bien que les Notaires de lad. Viscomté d'expédier des Extraits des contracts de vente et autres actes qui soient necessaires aud. Laplaigne à raison desd. Terriers, Hommages, et reconnaissances : Ce qui oblige le suppliant d'avoir recours à la Cour, afin qu'il lui plaise enjoindre conformément aux provisions dudit Girbaud, Arrest de la Cour tant aux veufves, héritiers des Notaires décédez dans lad. Viscomté de Turenne, de remettre ez mains dudit Girbaud en lad. qualité de Greffier Gardenotte tous les Registres Cedes et papiers dépandans desd. Offices des Notaires, et qu'il soit fait deffences ausdites veufves, heritiers et détempteurs d'en faire expédier aucune expédition, et qu'il soit enjoint aux Notaires, Greffiers, d'expédier aud. Laplaigne les extraits des Actes et Contracts concernant led. Domaine et Viscomté de Turenne à la première requisition qui leur en sera faite, en les payant de salaire compétant, le tout à peine de mil livres, et du retardement de lad. liquidation, et en cas de refus luy permettre de les assigner en la Cour, et que l'Arrest qu'interviendra sera affiché aux lieux accoustumez de lad. Viscomté, lad. Requeste marquée Descayrac, respondue de l'Ordonnance de la Cour par le Procureur Général du Roy, que Veu les provisions concédées par le Suppliant et Arrests de la Cour dez 19 Aoust 1588. et 3 Février 1620. il n'empêche l'interinement de lad. Requeste signée de Pontac. Veu aussi lesd. provisions, Arrests desd. jours, et autres pièces attachées à lad. Requeste Dict a esté ,que la Cour ayant esgard à ladite Requeste, du consentement du Procureur Général du Roy, et conformement aux Arrests de la Cour desdits jours 1588. et 3. Fevrier 1620. Enjoint aux veufves, et héritiers des Notaires dans ladite Viscomté de Turenne de remettre entre les mains dudit Girbaud Greffier et Gardenotte de lad. Viscomté toutes les Cedes, Registres et papiers qui concernent lesdits Offices de Notaire, pour en estre par ledit Girbaud expédié des coppies nécessaires aux parties, à la charge par ledit Girbaud conformément ausd. Arrests de bailler la moitié desdits droits des expéditions ausdites veufves et héritiers. Enjoint aussi à tous Greffiers et Notaires de lad. Viscomté d'expédier audit Laplaigne des Extraits des Contracts et actes concernant lesdits Domaines, en les payant de salaire compétant : le tout à peine de mil livres, et d'estre réponsables du retardement de ladite liquidation, et en cas de refus Ordonner qu'ils seront assignez en la Cour : Permet au Suppliant de faire lire ,publier et afficher le present Arrest dans les lieux accoustumez de ladite Viscomté de Turenne.

Prononcé à Bourdeaux en Parlement le 9. juillet 1672. Collationné, Signé de Montalier (1).

Messieurs de Pontac, premier Président. Geneste Rapporteur. Espices un Escu ».

Parmi les notaires de la paroisse de St-Cernin on trouve :

(1) Archives personnelles.

Jehan de Dautrement, habitant le village de Dautrement, mentionné dans un acte reçu par lui le 10 janvier 1573 et dans d'autres de 1596 et 1599.

Pierre de Veyssier, notaire tabellion royal, a passé un acte, le 26 novembre 1596, « fait à Fournet dans ma maison» Il reçoit aussi au bourg de St-Cernin, le 28 octobre 1619, un acte portant vente par Pierre Valière, notaire à Chasteaux à Jacques Marchant, procureur à Larche, d'un jardin sis à Larche et l'un des témoins est encore un notaire, François Leymarie, du village du Soulié. On le trouve encore signalé dans des contrats de 1622 à 1631.

François de Leymarie, du Soulié, mentionné ci-dessus est aussi indiqué dans des actes du 27 avril 1598 et du 15 janvier 1606.

Jehan de Jaubert, qui se qualifie « notaire tabellion royal » commence ainsi un contrat de vente du 26 novembre 1604 : « Sachent tous présents et advenir que au village de Boissières paroisse de Saint Sernin de Larche bas Limosin et dans ma maison avant midy ». Mais il était pourvu de sa charge avant cette date puisqu'il avait déjà rédigé un autre acte « fait et passé au lieu de Saint Sernin de Larche et dans la maison de Jehan Juge de Laferrière, après midy le vingt deuxième jour du mois de juin mil cinq cent quatre vingt dix neuf ».

De 1613 à 1617, il passe toute une série d'actes pour de nombreux achats de terrains que fait son collègue du village de Laborie de Chartriers et qui sont relatés dans un manuscrit volumineux portant pour titre : « Livre de raison pour M. Anthoine Verlhac, notaire tabellion royal » et la date 1613, surmontant trois fleurs de lys.

Le 23 janvier 1629, il écrit encore un contrat « au lieu de Saint Sernin de Larche bas Limousin et dans la maison de maistre Isidore de Juge ,procureur d'office de Couzaiges, après midy ».

Il était marié avec Louise de Pouch, sœur de Jean Jacques

du Pouch, docteur en médecine à Larche, qui lui lègue une somme de 600 livres et divers immeubles par testament du 6 février 1643.

Autre *François de Leymarie*, notaire royal, du village de Laroche, mentionné dans de nombreux actes à partir de 1653. Voici son acte de décès : « le sixième jour du mois d'Aout 1684 est décédé en la communion de notre mère Ste-église après avoir reçu tous les sacrements Mre François de Leymarie notaire Royal du vilage de Laroche, lequel fut enterré dans l'église de St-Sernin, ce que Mr Antoine de Leymarie son fils greffier de Cousages qui a signé avec moy a attesté et François Couderc du vilage de Chazat gendre dud. feu Leymarie qui a aussi assisté au convoi a déclaré ne scavoir signé de ce enquis par moy. Cailar » (1).

Etienne Leymarie, son frère, lui succéda : mais il ne vécut pas bien longtemps et son beau-frère, *Jean Laroche*, du village de Maslegrèze, déjà procureur d'office de Cousages, prit alors la charge de notaire et devint le « garde note de feu M. Etienne Leymarie, vivant notaire », comme il se qualifie dans un acte de vente qu'il reçoit le 23 février 1693.

On le trouve mentionné dans un grand-nombre d'actes qu'il rédige jusqu'en 1733, date de son décès qui est ainsi relaté « Me Jean Laroche, veuf, notaire et procureur d'office du village de Malegrèze pr^te par^se mort le dix et neufvième may mille sept cens trente trois âgé de soixante huit ans ou environ a été enterré le lendemain du même mois dans l'église de ladte par^se en présence de Guillaume et de Jean Nicoulau frères, de Jean Peyrelevade et de Jean Mercier qui n'ont su signer de ce par moy requis. Beauzelle » (2).

Il est fort probable que cette étude fut supprimée à la mort de Jean Laroche, en exécution du vœu émis par les

(1) Archives communales de St Cernin.
(2) Archives communales de St-Cernin.

Etats tenus à Turenne, le 14 juillet 1722, tendant à « réduire le nombre des notaires sur l'ancien pied » (1). Elle dut être réunie à celle de Peyrefumade, dont nous voyons le titulaire se qualifier notaire au duché de Noailles et à la châtellenie de Cousages, dans une quittance du 20 mai 1787, passée audit village de Peyrefumade.

Jacques Pomarel, fils de François Pomarel, avocat en Parlement et juge ordinaire des terres et châtellenie de Larche, Terrasson et Nadaillac, duché de Noailles, et de Catherine Puyjalon, son épouse, habitant Pazayac, avait épousé, le 9 décembre 1766, Catherine Laroche, fille de Pierre Laroche, sieur de Lacombe, M^e apothicaire à Laroche. Il est désigné lui-même comme habitant de ce village dans l'acte de vente d'un pré lui appartenant, ledit acte passé à Lajugie, paroisse de Chasteaux par le notaire Dufour, le 24 juin 1767.

Il fut établi d'abord en qualité de commis du Receceur des consignations, Election de Sarlat, dans la juridiction de Chavagnac et partie de celle de Larche (2). Mais il change bientôt de situation, car il est désigné comme notaire, résidant à Peyrefumade, dans un acte de vente fait à Rignac, le 21 décembre 1770, par Lamaze, notaire aux duchés de Noailles et d'Ayen.

En 1779, le 6 juillet, on trouve mentionnée sur le registre de la juridiction de Larche l'installation de Jacques Pomarel, notaire, comme procureur d'office de ladite châtellenie, par suite des lettres à lui accordées, le 17 juin précédent, par Monseigneur Le Maréchai duc de Noailles (3).

C'est en cette qualité que son nom figure parmi ceux des délégués choisis pour porter à l'assemblée de la Sénéchaussée de Brive le cahier des plaintes et doléances de la ville et de la communauté de Larche, établi le 8 mars 1789.

(1) René FAGE. *Les Etals de la Vicomté de Turenne*, t. II. p. 273.
(2) Archives départementales de la Corrèze, B, 1420.
(3) Archives départementales de la Corrèze, B, 1432.

Il est encore désigné comme notaire, habitant à Peyrefumade, le 7 février 1792, dans une quittance faite dans ce village par Lamaze, de Larche, mais seulement en qualité de témoin. Son étude devait donc être supprimée à cette date.

Le 30 ventose an II (20 mars 1794), il présentait au comité de surveillance de la commune de Larche un certificat de civisme qui fut accepté au visa et mourut à Peyrefumade à l'âge de 68 ans environ, le 16 ventose an VI (7 mars 1798 (1). Jacques Pomarel fut donc le dernier notaire résidant dans la paroisse de St-Cernin.

Sa femme, Catherine Laroche, est aussi décédée à Peyrefumade, à l'âge de 55 ans, le 12 brumaire an IX (3 novembre 1800) (2).

(1) Archives communales de Larche.
(2) Archives communales de Larche.

CHAPITRE XII

La famille de Juge de Laferrière.

La famille de Juge de Laferrière a occupé une situation trop en vue dans le pays durant près de quatre siècles pour qu'un chapitre spécial ne lui soit pas consacré dans cette étude. Ses membres ont successivement rempli des charges honorables dans la magistrature, dans l'armée et dans le clergé et jouissaient à St-Cernin d'un respect bien légitime et d'une considération bien justifiée par leur bienfaisance et les nombreux services qu'ils rendaient à la population.

Ils habitaient le bourg de St-Cernin, dès le XVe siècle, dans un bâtiment carré d'une assez grande importance, avec tour au midi renfermant un escalier de pierre et ne le quittèrent qu'en 1846 pour aller se fixer dans une autre résidence de la famille, au château de Gourdon, près Chamboulive (1). Leur demeure de St-Cernin, aujourd'hui bien délabrée, est devenue la propriété de l'évêque de Tulle, qui l'a transmise par testament au baron de Rolland de Blomac, au château de la Grénerie, commune de Salon-la-Tour.

Le plus anciennement connu de cette famille est *Estienne de Juge* (2), que l'on trouve mentionné dans divers actes d'arrentement et d'investiture qu'il passe, du 22 février 1477 au 1er décembre 1503, avec Philippe de Pommier, seigneur dudit lieu, le prieur de Brive, le seigneur de

(1) Canton de Seilhac (Corrèze).
(2) La plupart des renseignements qui suivent m'ont été fournis par M. Armand de Juge de Laferrière, de Gourdon, auquel je tiens à adresser ici mes bien sincères remerciements pour son extrême obligeance et l'empressement qu'il a mis à me communiquer ses vieux papiers de famille.

Peyrefumade et quelques autres. Ces contrats furent reçus par les notaires Sutoris, Regnialdi, Prolhac, Marcello et Grangis.

François de Juge, fils du précédent est investi par Philippe de Pommier de certaines possessions de fondalité par contrat reçu par le notaire Dautrement, le 1er décembre 1514 et, de cette époque au mois d'août 1550, il passe d'autres actes devant les notaires Beaudenon et Leymarie.

Bernard de Juge, son fils, était capitaine et marié avec Anne de Chabannes. En 1572, il reconnut au Seigneur de Pommier le ténement de Matagot par un acte reçu par Montel. Il vendit une maison dans le bourg de St-Cernin par acte passé par Leymarie et acheta du Seigneur de Pommier, par contrat reçu par Valière, une terre joignant le bourg de St-Cernin. On le trouve encore comme témoin le 4 octobre 1594, dans une procuration donnée en son château par la dame de Chavagnac au sieur de la Verrie et, le 25 août 1597, dans une transaction passée par Leymarie.

Pierre de Juge, fils de Bernard, mentionné comme témoin, le 18 juillet 1610, dans un acte de subrogation, passé à St-Cernin, dans sa maison; en 1614 et en 1616, dans deux quittances faites par le notaire Jaubert et, le 9 novembre 1629, dans le contrat d'affermage des terres de Cousages et de Chavagnac.

Procureur d'office de la juridiction de Cousages, il avait épousé Magdeleine de Saint-Chamans, fille de Pierre de Saint-Chamans, écuyer et de Marguerite de Cornil, demeurant au château de Chaussenepouls, paroisse de Cressensac, en Quercy. Le contrat de mariage fut passé par le notaire du Batut, le 4 août 1604, en présence de noble Armand de la Porte, escuyer, seigneur dudit lieu, de noble Joseph de Maynard, escuyer, seigneur de Chaussenepouls, et de noble Théodore de Poulant, escuyer, seigneur de Saunix, en Saintonge, témoins qui ont signé avec lesdits époux futurs.

Isidore de Juge, désigné comme procureur d'office de Cousages dans un acte passé en sa maison, au lieu de St-Cernin, le 23 janvier 1629, par Jaubert, notaire tabellion royal au village de Boissières.

Armand de Juge, déjà lieutenant de la juridiction de Cousages, fut nommé juge en 1652 et reçut à cet effet la commission suivante :

« Nous Henry de Larochefoucauld, seigneur et baron d'Arlet, Chaneliers, Auron, Brassat, Couzaiges, Chavaniac et autres nos places déclarons que en récompense des bons et agréables services que nous avons reçus et espérons recevoir à ladvenir de Maistre Armand de Juge, lieutenant en nostre justice de Chavanac de la preuve desquels l'avons relevé et relevons nous estant rendus bien certains de sa bonne vie et mœurs et probité, à ses considérations nous lui avons donné et octroyons nos offres de juge de nos terres de Couzaiges et de Chavaniac avec les mêmes gaiges accoutumés honneurs prérogatives privilèges et immunités acquises aux dicts offres de même que les précédents juges en ont jouy pendant sa vie durant nous voulons et entendons que pour l'exerssisse diceulx il se fasse recevoir quand bon lui semblera, avecq commandements à tous nos officiers des dittes terres de le vouloir le recognaistre pour juge et à tous nos justiciables aussy et non d'autre car tel est nostre plaisir. Donné dans la ville de Brioude où nous faisons présantement nostre demeure fait et apposé le seel de nos armes et fait contresigner de nostre secretaire ce troisième jour du mois de janvier mil six cents cinquante deux ». signé Henry de la Rochefoucauld ; mon dit par Monseigneur, signé : Saunat.

Une nouvelle commission de juge de Cousages ou provision, conçue à peu près dans les mêmes termes, lui fut octroyée, le 1er octobre 1659, par le Comte François de Larochefoucauld.

Fils de Pierre de Juge et de Magdeleine de Saint Chamans, il se maria avec Catherine de Deschamps, de la paroisse de Turenne et son contrat de mariage fut passé par le notaire Delaleu ou Delalin, le 17 août 1631.

Parmi les enfants, nés de ce mariage, sa fille Catherine épousa Aymar Lapeyre, sieur de Daumaves, fils de Pierre Lapeyre, bourgeois, habitant la paroisse d'Altillac, en Limousin et le contrat fut reçu par de Leymarie, notaire à Laroche, le 3 avril 1659.

Devenu veuf quelques temps après, il maria sa seconde fille, Marguerite avec Hélie Gauthier, procureur d'office de la juridiction de Chavagnac, habitant à la Fauconnie et le contrat eut lieu à St-Cernin, le 23 août 1665. Il fut aussi passé par le notaire de Leymarie, en même temps que celui d'une troisième fille, Magdelaine, qui épousa, ce même jour, Jehan Laingii, fils de Jehan Laingii, bourgeois du village de la Plagne, paroisse de Gigniac en Quercy et de Marie de Laval.

Mentionné sur les registres de catholicité de la paroisse de Chavagnac, comme parrain d'Herman Gauthier, son petit-fils, le 24 janvier 1668, on le trouve encore désigné mais porté décédé, dans une citation du 13 octobre 1672 de Jean du Fraysse, seigneur de Pommier, au sujet de rentes sur Malagot.

Hélie de Juge, frère du précédent, était prêtre en Périgord et se trouve mentionné comme parrain d'une fille d'Armand de Juge, le 11 janvier 1677 (1). Il fit son testament, le 14 avril suivant. Je vais en relater les principales clauses, qui nous le feront connaître comme bienfaiteur de la paroisse de St-Cernin, en même temps qu'elles nous indiqueront divers autres membres de cette famille :

(1) Archives communales de St-Cernin.

« Au nom de Dieu, amen. Sachent tous présents et advenir qu'aujourd'huy quatorzième jour du mois d'avril mil six cent septante sept, régnant Louis quatorzième roy de France et de Navarre, dans la maison presbitérale de St-Barthélemy de Bellegarde en Périgord, juridiction de Mompon, sénéchaussée de Libourne, a esté présent messire Hélie de Juge, prêtre, docteur en théologie, prieur séculier de Mongause et vicaire général de Monseigneur de Villiers-Lafaye, évesque de Périgueux, lequel en témoignage de sa foi, etc......

premièrement veut et ordonne que son corps en quelle part qu'il décède soit enbaumé et mis dans un coffre et emporté au lieu de St-Sernin de Larche, Vicomté de Turenne, en Limousin et inhumé aux tombeaux et monuments de ses parents dans la chapelle de nostre Dame, proche de l'autel où ont été ensevelis et unis les corps de feu Bernard de Juge, capitaine, son grand-père, de Pierre de Juge, son père et de Armand de Juge, son frère aisné, juge de Cousages et Chavagnac,

et que par son héritier bas-nommé luy soient rendues telles et semblables obsèques qu'il luy plaira s'en remettant entièrement à sa bonne volonté et à la recognoissance des biens que je lui ai faicts pendant ma vie.

Item donne et lègue la somme de trois cents livres aux pauvres de la paroisse de St-Sernin de Larche pour leur estre distribuée devant la porte de son héritier bas-nommé.

Item dit et déclare avoir François de Juge, son frère cadet, bachelier en théologie, curé de Veaunac, et lieutenant en l'officialité de Périgueux, le recommandant avec grande tendresse à mon héritier bas-nommé, lui donne......

Item dict le dict testateur avoir Hélie de Juge son neveu prieur de Lugaignac et bachelier en théologie à qui il fait don et donation......

Item dict le dict testateur avoir Armand de Lagarde

son nepveu, fils de François de Lagarde et de Françoise de Juge, sa sœur, auquel il donne et lègue......

Item en tous chascuns ses autres biens meubles et immeubles noms raisons et actions a faict et institué son héritier universel et par luy nommé son très cher nepveu François de Juge de Laferrière, fils d'Armand de Juge, juge des terres de Cousages et de Chavagnac et de damoiselle Catherine Deschamps et veut que le présent testament soit le dernier de ma dernière volonté.

En témoignage de quoy j'ay signé de Juge prieur testateur ».

François de Juge, cité dans ce testament, est mort, étant toujours curé de Veaunac et a été enterré dans l'église de St-Cernin, dessous le grand autel, le 28 novembre 1683, en présence de Messire François de Juge, son neveu, juge de Cousages et d'Hélie Gauthier, procureur d'office de Chavagnac (1), aussi son neveu.

François de Juge, sieur de Laferrière, fils d'Armand de Juge, est le premier qui ajouta à son nom celui de Laferrière, par suite très-probable de la possession d'un domaine qu'il avait au lieu de Ferrières, aujourd'hui commune de Chartriers.

Licencié es-lois, il fut nommé juge de Cousages le 12 juillet 1663, par François de Larochefoucauld, « en reconnaissance des services qui ont été rendus par Me Armand de Juge son père et du consentement d'y celuy » est-il dit dans la lettre de provisions.

Il se maria avec Marguerite de Laval, fille de François de Laval, sieur de Fasimbal en Quercy, et son contrat de mariage fut passé par le notaire Delaubertie, le 24 juillet 1672, en présence de noble Gabriel de Peyrefumade, habitant son château de Peyrefumade, paroisse de St-Cernin.

Sa fille aînée, Peyronne de Juge, demoiselle de Marquay,

_____

(1) Archives communales de St-Cernin.

épousa Jean du Pouch, écuyer, sieur de La Vivie, fils de noble Jean du Pouch, écuyer, sieur de Valon et de dame Isabeau de St-Superi, dame de St-Cyprien, habitant à Larche. Le contrat fut passé à St-Cernin, le 17 février 1697, par le notaire De Laroche.

Son autre fille, Marguerite, devint la femme de Mathias La Roche, fils de Jacques La Roche, sieur de Bordebul et de Marguerite de la Porte, habitant du lieu de la Grillière, près Terrasson et le contrat fut reçu, le 27 janvier 1705, par le notaire Broussard.

Entre temps, les bonnes relations de la famille de Laferrière avec le seigneur de Cousages n'avaient fait que s'accentuer et celui-ci, en témoignage d'estime et d'amitié pour le juge de sa juridiction, lui donna la déclaration suivante : « Je veux et j'entends que François de Juge Sieur de Lafferrière, mon juge de Couzages et Chavaniac, continue à prendre le bois de son chauffage dans ma forêt et biens de Couzages et Chavaniac, lui et les siens à perpétuité ainsi et tout de mesme comme lui et ses autheurs en ont jouy depuis l'année mil six cent six jusques à présent. Et en foi de quoy j'ai signé ces présentes à Couzages le septième juillet mil sept cent quatre, en présence des soussignés ». signé : Lille de Peyrefumade, Courtioux et Couzages de Larochefoucauld.

François de Juge est aussi mentionné dans un acte d'hommage au Vicomte de Turenne, que je reproduis ici à titre documentaire :

« Aujourdhuy dix-huitième jour du mois de novembre mil six cent quatre vingt dix huit dans le château de Turenne en Limozin après midy, régnant Louis quatorzième du nom, Roy de France et de Navarre, pardevant le Notaire et Greffier du Domaine de la Viscomté de Turenne soussigné et en présence des tesmoins bas nommez a été personnellement constitué M. François de Juge Sieur de la Ferrière juge de Couzages habitant de sa maizon de St-Sernin de Larche lequel estant en présence de François de la Serre, escuier. Seign^r de St-Dionis (1) et de s^t Martin (2), séneschal de la présante vicomté Commissaire nommé et député pour la réception des Foy et Hômage deus dans l'estandûe de la présent Viscomté, par Très-Haut et Très-Puissant Prince Monseigneur *Godefroy Maurice de la Tour d'Auvergne*, par la grâce de Dieu, Souverain *Duc de Bouillon* Viscomte de Turenne, Duc d'Albret et de Chasteau Tierry, Comte d'Evreux, d'Auvergne, du bas Armagnac, de Baumont et de Négrepelysse, Viscomte de Gastilhon, Baron de la Tour de Montgascon, et de Casilhac, Pair Grand Chambellan de France, Gouverneur et Lieutenant Général par le Roy du haut et bas pays et Province d'Auvergne, assisté de Me Pierc Castaing Procureur substitué de mond. Seigneur Duc suivant l'Acte du vingtiesme janvier mil six cent quatre vingt dix huict receu par Me Cazenove Notaire Royal de Bourdeaux stipulant et acceptant, estant ledit sieur de la Serre assis sur un Fauteuil auquel ledit sieur de la Férière a dit et remontré qu'en ladite qualité d'hômager il tient jouit et possède dans lad. Viscomté au titre d'acquisition (suit ici l'indication détaillée de divers tènements des fiefs de Pazayac, de Peyrefumade, de Cousages, de Pommier et le village de Chaussou paroisse de Chartriers), le tout relevant à Foy et Hômage de sadite Altesse comme Viscomte dudit Turênne et estant adverti de la publication desdits Hômages deus à sadite Altesse par les diligences faites à la requeste du sieur Procureur domanial, poursuite et diligence dudit Procureur substitué il n'aurait voulu manquer à son devoir et pour s'en acquiter il serait venu exprez pour rendre même et pareil Hômage que ses prédecesseurs avaient rendu

<hr>

(1) St-Denis-près-Martel (Lot), dont François de la Serre était co-seigneur.

(2) St-Martin-des-Farges, aujourd'hui disparu, était dans la paroisse de St-Denis et se trouvait entre la gare actuelle et Marbot.

pour lesdits Fiefs leurs appartenances et dependences en faveur de son altesse par le curateur du seig[r] de Couzages le vingt quatrième febvrier 1692 offrant d'en rendre et prester le serment de fidélité en tous ses chefs sur laquelle remonstrance ledit sieur de la Serre audit nom a déclaré être prest de le recevoir sur toutes les charges et conditions essentielles et accidentelles de la nature des Fiefs du droit de Francfief et de tous les autres droits et devoirs acquis à sad. Altesse et desquels elle a accoutumé de jouir suivant et conformément à l'Acte general par lequel les Hômages de sad. Altesse ont commancé qui a été veu et leu par ledit sieur de la Ferière et s'estant ledit sieur de la Ferière mis à genoux, sans chapeau, menteau, ceinture, espée ny esperon, en la manière accoustumée, et tenant les mains jointes en celles dudit sieur de la Serre audit nom a fait et rendu les Foy et Hômage et Serment de fidélité qu'il doit et est tenu rendre et faire à sad. Altesse comme Viscomte de Turenne pour raison des choses cy dessus exprimées sous la redevance de l'ommage lige avec serment de fidélité payable à muance de Seigneur et de Vassal promis et juré moyennant son dit serment qu'il sera bon fidelle et loyal Vassal de sadite Altesse et de ses successeurs à l'advenir Viscomtes dudit Turenne et de leur procurer de tout son pouvoir la conservation de leur vray honneur biens privilléges l'honorer et respecter luy donner tout ayde conseil et secours quand il en sera requis et generallement faire et acquiesser les choses portées et contenues au serment de fidélité aux charges et conditions que dessus et des droits de sadite Altesse tant ordinaires qu'extraordinaires et à luy deus et accoûtumez d'estre rendus desquels il est en bonne et véritable possession et tout autrement ainsi que plus au long est porté par ledit Acte général sans entendre par le dit sieur de la Serre audit nom comprendre les autres biens nobles Cens et Rentes que ledit sieur de la Férière peut posséder au delà des choses cy dessus exprimées pour raison de quoy il sera tenu de raporter les Contracts et Actes ce concernant pour qu'à la veûe d'iceux sad. Altesse puisse exercer ses droits de retention suivant la coutume et uzage dudit Viscomté et outre sera ledit sieur de la Férière tenu de bailler sa nommée adveu et denombrement des choses cy dessus exprimées circonstances et dépendances aux termes portés et contenus dans l'Acte et publication desdits Hômages suivant l'ordre y exprimé avec les pièces justificatives dans quarante jours ez mains desdits sieurs Procureurs domanial et substitué pour estre par eux contredit et publié en l'audiance et en suite vérifié par mondit sieur le Séneschal pour estre ledit adveu et denombrement inséré au pied du présent Acte pour servir à future mémoire et à faute de ce sera procédé par saizie sur le tout et les fruits régis par Commissaires jusques à entière satisfaction et le tout sans préjudice à sad. Altesse de ses plus amples droits et arrérages d'iceux si aucuns en sont deus et de ceux d'autruy et d'en pouvoir faire demande à l'avenir auxquels il n'en fait préjudice ny par le présent Hômage ny par quel laps de temps qui puisse courir duquel il ne se pourra induire aucune valable prescription comme estant continuellement et perpetuellement interompue par la foy et serment que ledit s^r de La ferière preste et doit à sadite Altesse sous lesquelles conditions ledit sieur de la Serre audit nom a fait lever ledit sieur de Laferière iceluy embrassé au nom de sadite Altesse et a promis ledit Hommager de faire semblable hommage tant luy que ses successeurs à toute mutation de Seigneur et de Vassal aux susdits devoirs à peine de tous dépans dommages et interests lequel a fait élection de domicile et constitué son Procureur à l'effet de l'execution des présentes Me Guillaume Bellonie, Procureur au Siège Senechal de la présent ville à quoy il a obligé ses biens qu'il a sousmis renoncé juré du quoy présents à ce Crozat, sieur de...... et Jacques Sclafer praticien habitant de la présant ville temoinz requis quy ont signé avec led. de la Serre, de la Ferière, Castaing, Bellonie procureur susdit, Crozat prezant, Sclafer presant et moy ». Signé : Sclafer, no^{re} et greffier du domaine de la Vicomté de Turenne.

François de Juge, sieur de Laferrière est mort en 1714.

Jean de Juge, sieur *de Laferrière et de Marquay*, fils aîné du précédent, né à St-Cernin le 14 juillet 1684 et baptisé le 18 juillet par Cailar, vicaire. « Il fut présenté aux fonts baptismaux par M. Jean Laval, sieur de Fasimbal, conseiller et magistrat au présidial de Brive parrain et demoiselle Magdeleine de Juge, de la paroisse de Gigniac en Quercy, marraine » (1).

Reçu avocat en parlement le 3 mai 1708, il épousa, en 1712, Louise Gauthier, de la paroisse de Terrasson. Son contrat de mariage fut passé à St-Cernin par le notaire Laroche, de Maslegrèze et la bénédiction nuptiale fut aussi donnée à St-Cernin, le 12 juillet, par Mercier, vicaire, « avec le consentement par écrit du sieur curé de Terrasson qui est attaché au présent registre et après avoir publié trois fêtes ou dimanches consécutifs sans qu'on ait découvert d'autre empêchement que celui de consanguinité dont les parties ont obtenu dispense de nôtre St-père le pape dûment fulminée par M. l'official de Sarlat » (2).

Cette même année 1712, il fut nommé juge à la juridiction de Cousages, en remplacement de son père et devint en 1715 conseiller du roi en la sénéchaussée et siège présidial de Brive. Je donne ici la copie du brevet qui lui fut délivré à ce sujet sur parchemin mesurant 0^m,65 sur 0^m,40, aux armes de France, avec timbre en noir portant en exergue « lett. de chancel. gén. de Paris », car il nous fera connaître les conditions à remplir par les candidats à cette charge :

(1) Archives communales de St-Cernin.
(2) Archives communales de St-Cernin.

Louis, Par la grâce de Dieu, Roy de France et de Navarre, à tous ceux qui ceci présenté verront, Salut, scavoir faisons que pour l'entière confiance que nous avons en la personne de notre aimé Me Jean Dejuge de La ferrière avocat en parlement et en sa seure suffisance, capacité et expérience, fidélité et affection à notre service, pour ces causes nous lui avons donné et octroyé, donnons et octroyons par ces présentes ,l'office de notre conseiller en la sénéchaussée et siège présidial de Brive que tenait et exerçait feu Me Pierre Léonard, dernier paisible possesseur d'iceluy et à présent vacant par son décès, pour led. office avoir, tenir et doresnavant exercer, en jouir et uzer par ledit de Juge de La ferrière, à titre de survivance au moyen de la finance par luy payée en nos revenus casuels conformément à notre édit du mois de décembre 1709, aux honneurs pouvoirs, fonctions et privilèges, exemptions, prérogatives, prééminences, rang, licence, voix délibérative, gages, droits, fruits, profits, revenus et émolumens audit office apartenants, tels et tout ainsy qu'en a bien et duement jouy ou dit jouir led. Pierre Léonard, tant qu'il nous plaira, pourvu toutes fois que led. de Juge de Laferrière ait attaint l'age de vingt-cinq ans accomplis, requis par nos ordonnances suivant son extrait baptistaire en datte du quatorze juillet mil six cent quatre vingt quatre duement légalisé, pourvu aussy qu'il n'ait en lad. sénéchaussée et siège présidial aucun parent ny allié au degré prohibé par nos ordonnances suivant le certificat du sept septembre dernier et qu'il ait satisfait aux clauses et conditions portées par notre déclaration du mois de novembre 1690, concernant les études de droit, le tout cy attaché sous notre contrescel à peine de nullité des présentes, de sa réception et perte dud. office à notre proffit :

Si donnons en mandement au Sénéchal de Brive ou son lieutenant et gens tenant le Siège présidial audit lieu qu'après qu'il leur sera aparu des bonnes vie, mœurs, âge de vingt

cinq ans susd. conversation et religion catholique, apostolique et romaine dud. de Juge de Laferrière et de lui pris
et recû le serment en tel cas requis et accoutumé, ils le
reçoivent et instituent en possession dudit office, l'en
faisant jouir et uzer ensemble des honneurs, pouvoirs,
fonctions, privilèges, exemptions, gages, droits et autres
avantages susd. plainement et paisiblement et à luy obéir
et entendre de tous ceux et ainsi qu'il appartiendra ès
choses concernant led. office, Mandons en outre à nos
aimés et féaux conseillers, présidents, trésoriers de France
et généraux de nos finances à Limoges que par les receveurs payeurs des gages dud. Présidial ou autres comptables
qu'il appartiendra ils fassent payer contant audit de
Juge de Laferrière lesdits gages et droits doresnavant
par chacun an aux termes et en la manière accoutumée
à commencer du jour de sa réception, raportant copie
de laquelle et des présentes duement collationnées pour
une fois seulement avec quittance dudit Juge de Laferrière
sur ce suffisante, nous voulons lesdits gages et droits être
passés en la dépense des comptes de ceux qui en auront
fait le payement par nos aimés et féaux conseillers et gens
de nos comptes à Paris, auxquels mandons aussi le faire
sans difficulté, car tel est notre plaisir.

En témoin de quoy nous avons fait mettre notre scel
à ces présentes données à Paris le douzième jour du mois
de novembre l'an de grâce mil sept cent quinze et de notre
règne le premier ».

Suit le procès verbal d'installation qui eut lieu à Brive,
en la chambre du conseil, le 24 janvier 1716, signé par
le président Neufville et le greffier Monjanel.

Ce Jean de Juge de Laferrière est mort à St-Cernin,
le dernier jour de janvier 1745, à l'âge de 61 ans et a été
inhumé le même jour dans l'église. « Présents à son enterrement ont été un grand nombre de personnes et particulièrement les deux marguilliers, sçavoir Jean Bourdarie

et François Bigeat, de ce requis par moy Leymarie, prêtre, vicaire desservant St-Sernin » (1).

Sa femme, Louise Gauthier, mourut aussi à St-Cernin, le 26 décembre 1766, à l'âge de 77 ans, et fut ensevelie le lendemain dans l'église (1).

De nombreux enfants étaient nés de leur mariage. Parmi les filles, Jeanne épousa, le 17 décembre 1733, Martin Duroc de Lamaze, avocat à Pazayac; Elisabeth se maria, le 4 mars 1753, avec Léonard Dufour, Procureur d'office de Lissac, habitant le Sorpt, paroisse de Chasteaux; Marguerite devint la femme de Jean Beauregard, du bourg de Pazayac, le 25 août 1761, et enfin, Pétronille s'unit avec Pierre Bosredon, chirurgien à Varetz, le 2 décembre 1772 (1).

Jean de Juge de Laferrière, dit Henry, sieur *de Nougeyrol*, frère du précédent, né en 1686, était sous-lieutenant dans le régiment de Gâtinais en 1707 et prenait part au siège de Toulon, l'année suivante. Il se trouvait en 1709 à Sézanne en Dauphiné, où il fut blessé d'un coup de feu au bras droit. En 1711, il devient sous-lieutenant des grenadiers et lieutenant en 1713. Il est à la prise de la Seu-de-Urgel en 1714 et au siège de Barcelone en 1715. Replacé dans le bataillon de milice de Limoges en 1717, il vient en congé de convalescence à St-Cernin en janvier 1719; mais, en 1720, il est retourné dans le régiment de Gâtinais et se trouve dans les lignes de Velles et du comté d'Avignon durant une épidémie de peste.

En 1734, il reçoit sa nomination de capitaine ainsi libellée: « Louis par la grâce de Dieu Roy de France et de Navarre, à notre cher et bien aimé le capitaine de Juge de Laferrière, Salut. Etant nécessaire de pourvoir à (illisible) des comptes du bataillon de milice de Brie de notre généralité de Limoges et désirant de la remplir d'une personne qui s'en

<hr>

(1) Archives communales de St-Cernin.

puisse bien acquitter, nous avons estimé que nous ne pouvions faire pour cette fin un meilleur choix que de vous pour les services que vous nous avez rendus dans toutes les occasions qui s'en sont présentées où vous avez donné des preuves de votre valleur, courage, expérience en la guerre, vigilance et bonne conduite et de votre fidélité et affection à notre service à ces causes et autres, à ce nous mouvant, nous avons commis, ordonné et estably commettons, ordonnons et establissons par ces présentes signées de notre main Cap^{ne} de lad. Comp^{ie} laquelle vous commanderez, conduirez et exploiterez sous notre autorité et celle du s^r de Brie commandant dud. Bataillon , la part et ainsi qu'il vous sera par nous et nos lieutenants généraux commandé, ordonné pour nous servir et nous vous ferons payer ensemble les officiers, sergents et soldats de lad. compagnie des états, appointements et soldes qui vous seront et à eux dues pour notre service, Tenant la main à ce qu'elle vive en si bon ordre et police que nous n'en puissions recevoir de plaintes. De ce faire vous donnons pouvoir, commission, autorité et mandement spécial. Mandons aud. s^r de Brie commandant dud. Bataillon et en son absence à celui qui le commande de vous recevoir et faire reconnaître en lad. charge et à tous qu'yl appartiendra qu'à vous en ce faisant soit obéy Car tel est notre plaisir.

Donné à Versailles le premier jour de janvier de l'an de grâce mil sept cent trente quatre et de notre règne le dix-neuvième ». signé : Louis. - Par le Roy (Illisible).

Il remplit les fonctions de capitaine de milice à Limoges durant vingt années et, le 16 avril 1754, il est nommé capitaine des grenadiers postiches du bataillon de milice de la même ville. Mais, quelques jours avant, ses longs et loyaux services avaient reçu leur récompense, certes bien méritée et il lui était décerné la croix de l'ordre de St-Louis, que le roi lui annonçait par la lettre suivante :

« Mons. Jean de Juge de Laferrière, la satisfaction que j'ay de vos services m'ayant convié à vous associer à l'ordre militaire de St-Louis, je vous écris cette lettre pour vous dire que j'ai commis le s^r de la Gardelle commandant du bataillon de milice de ma généralité de Limoges et chevalier dudit ordre pour, en mon nom, vous recevoir et admettre à la dignité de chevalier de St-Louis et mon intention est que vous vous adressiez à luy pour prêter en ses mains le serman que vous êtes tenu de faire en lad. qualité de chevalier dud. ordre et recevoir de luy l'accollade et la croix que vous devez dorénavant porter sur l'estomac attaché d'un ruban couleur de feu, voulant qu'après cette réception faite vous teniez rang avec les autres chevaliers dud. ordre et jouir des honneurs qui y sont attachés. Et la présante n'étant pour autre fin je prie Dieu qu'il vous ait Mons. Jean de Juge de Laferrière en sa sainte garde.

Ecrit à Versailles le 13 avril 1754 ». Signé : Louis.

Il rejoignit donc son poste le 2 mai, et, ce même jour, le décret royal ci-dessus recevait son exécution, dont il était dressé ce procès-verbal :

« Nous, chevalier de l'ordre royal de St-Louis, commandant le bataillon de milice de Limoges, certifions à tous ceux qu'il appartiendra avoir resçu au nom du Roy et du pouvoir qu'il nous en a donné chevalier de l'ordre royal et militaire de St-Louis, le deux de may, Monsieur de Laferrière capitaine des grenadiers postiches au bataillon de Limoges. En foy de quoy nous lui avons donné le présent certificat pour servir à telle fin que de raison. Fait à Limoges signé de notre main et scellé de nos armes ». Signé : La Gardelle.

Mais notre capitaine était déjà vieux et infirme et ne pouvait guère plus suffire aux nécessités d'un service actif. Aussi, le 30 décembre 1757, reçoit-il de M. de Paulmy la décision suivante : « Le Roy ayant bien voulu, Monsieur, sur le compte que je lui ai rendu de vos services et de l'impossibilité où vous estes de les continuer par raport à vos infirmités, vous accorder pour votre retraite une place en l'hôtel royal des Invalides, je vous en donne avis et suis, Monsieur, votre très-humble et très-affectionné serviteur ».

Enfin, le 29 décembre 1764, le Baron d'Espagnac, son compatriote de Brive, gouverneur des Invalides, lui annonce le certificat de sa retraite pour en faire établir la liquidation. Il se retira à Larche, où il mourut le 24 mai 1765 (1).

Jacques de Juge de Laferrière, frère des deux précédents, né à St-Cernin le 10 avril 1690, fut baptisé trois jours après, avec Messire Jacques de Laval pour parrain et damoiselle Peyronne de Juge pour marraine (2). On le retrouve mentionné, durant les années 1706 et 1707, dans diverses lettres du chevalier de St-Viance, maréchal de l'ordre de Malte, lui indiquant les démarches à faire pour être admis dans cet ordre, les frais d'admission et de voyage pour se rendre à Malte par Marseille; dans une commission sur parchemin, aux armes et scel du vénérable chapitre de Lyon, adressée par le frère Jean de la Beaume de Forsat, chevalier de l'ordre de St-Jean de Jérusalem à M^{rs} les commandeurs de la Renaudie, chevalier du Saillant, de Geoffre et Ragon pour les inviter à se réunir au moins deux à l'effet de procéder aux preuves paternelles et maternelles dudit Jacques de Juge; dans une requête de ce dernier aux dits commissaires pour les prier de désigner le jour de leur réunion et dans leur réponse, fixant le 21 décembre 1706 pour les preuves paternelles à St-Cernin dans la maison de François Gauchet et de là à Gignac, au logis d'Etienne Delmon, pour les preuves maternelles.

(1) Archives communales de Larche.
(2) Archives communales de St-Cernin.

Enfin toutes ces démarches furent couronnées de succès et, le 30 avril suivant, fut promulguée la bulle de son Eminence le grand maître de l'ordre, écrite en latin sur trois feuilles différentes et revêtues du grand cachet en relief pour approuver la réception de Jacobus de Juge en qualité de frère servant d'armes.

François Marquay, sieur *de Juge*, que nous retrouverons à l'article consacré aux médecins de Saint-Cernin.

Jean de Juge de Laferrière, sieur *de Larebière*, né à St-Cernin, le 19 juillet 1720, était le fils de Jean de Juge, sieur de Laferrière et de Marquay, conseiller du roi à Brive et de Louise de Gauthier et le frère de François Marquay, sieur de Juge, Docteur en médecine.

Mentionné au séminaire de Sarlat dans un contrat du 23 novembre 1743, par lequel son père lui établit un titre clérical de pension annuelle et viagère (1), il se qualifie vicaire de Vitrac, diocèse de Sarlat, dans l'acte de mariage de sa sœur, Pétronille de Juge avec François Maigne, du village de Marquoil, paroisse de Lavilledieu en Périgord, qu'il vient célébrer à St-Cernin, le 12 février 1749 (2).

Devenu curé de St-Vincent-de-Paluel, diocèse de Sarlat, il procède encore à St-Cernin, au mariage de sa sœur Marguerite avec Jean Beauregard, de Pazayac, le 25 août 1761, au baptême d'une fille de son frère, Louise, le 7 janvier 1764 et il est le parrain d'une autre fille du même, Léonarde-Marianne, le 2 mai 1770 (3).

Il refusa le serment constitutionnel prescrit par la loi du 26 décembre 1790, ne se soumit pas à la loi de déportation du 26 août 1792 (4), mais resta au milieu de ses paroissiens, où il fut arrêté dans le courant de 1793. Traduit

(1) Ce titre clérical, qui était exigé des candidats à la prêtrise, devait assurer à son titulaire un revenu annuel de 50 livres en province et de 150 livres à Paris (Dictionnaire de Trévoux).

(2) Archives communales de St-Cernin.

(3) Archives communales de St-Cernin.

(4) Collection des lois de 1792, t. X.

devant le tribunal criminel de la Dordogne, siégeant à Périgueux, il fut condamné à mort le 14 messidor an II (2 juillet 1794) comme prêtre réfractaire et exécuté le lendemain.

François de Juge de Laferrière, frère du précédent, est né à St-Cernin, le 24 octobre 1721 et fut baptisé le 26 sous le prénom de Mathias, ayant pour parrain Mathias Laroche et pour marraine Marie de Monvau. Il est porté aussi décédé à St-Cernin et y demeurant, le 28 thermidor an XII (16 août 1804) avec la profession de « curé », âgé de 83 ans (1).

Jean de Juge de Laferrière, né à St-Cernin le 5 février 1730, fut baptisé le même jour et eut pour parrain le précédent, son frère Jean de Juge, alors écolier et pour marraine Jeanne de Juge.

Il fit ses études de droit à la Faculté de Toulouse, où il obtint son diplôme de licencié le 13 juillet 1751, fut reçu par la Cour en la fonction et exercice d'avocat en parlement de Toulouse, le 25 juin 1753 et fut nommé, à la mort de son père et en son remplacement, conseiller du Roy au Présidial de Brive par décret « donné à Versailles le sixième jour de septembre, l'an de grâce mil sept cent soixante et un et de notre règne le quarante-septième ». Sa réception eut lieu en la chambre du conseil de la sénéchaussée et siège présidial de Brive, le 7 décembre suivant, en présence de Hugues Beynette, président, Malden de la Bastille, lieutenant-général audit siège et Guillaume de Vielbanc.

Le 12 juillet 1763, il passe son contrat de mariage avec Marie-Thérèse de Pezet de Lisle, fille de Pierre et de Louise de Delfau, de Figeac, en Quercy ; mais celle-ci mourut à St-Cernin, l'année suivante, le 25 août 1764, âgée de 25 ans et fut ensevelie dans l'église, le lendemain (1). Il épousa en secondes noces, le 14 juin 1769, Marie-Anne

____

(1) Archives communales de St-Cernin.

de la Pomélie, fille de Messire Joseph de la Pomélie, Baron du Jayle, Seigneur de Chaverebière et autres lieux et de dame Léonarde de Carbonnières. Le contrat fut passé au château de Chaverebière, près Chamberet, par Pommier, notaire royal et Lamaze, notaire aux duchés de Noailles et d'Ayen.

Retiré à St-Cernin au moment de la Révolution, il fut nommé maire, lors de l'élection de la première municipalité, en 1790. Mis cependant en état d'arrestation ,le 13 frimaire an II (4 décembre 1793), sur l'ordre du comité central de Brive, il fut incarcéré dans la maison d'arrêt de cette ville et y fut maintenu malgré le certificat de civisme délivré par le conseil général de la commune de St-Cernin et visé par la société populaire de Larche, le 25 frimaire an II (16 décembre 1793.)

Mais sur de nouvelles et favorables instances de ses concitoyens, son ordre d'élargissement fut signé le 3 ventôse suivant (21 février 1794), par le citoyen Lanot, représentant du peuple, délégué dans les départements de la Haute-Vienne et de la Corrèze, et il fut placé sous la surveillance de la municipalité de l'Union, ci-devant St-Cernin.

On le retrouve, le 4 nivôse an IV (25 décembre 1795) mentionné dans l'acte de mariage de sa fille, la citoyenne Jeanne Laferrière avec Jean Vialard-Vergne, de Carlux et à partir du 4 messidor an VIII (23 juin 1800) il rédige les actes de l'état-civil en qualité de maire de la commune. Il est décédé à St-Cernin le cinquième jour complémentaire de l'an IX (22 septembre 1801) à l'âge de 71 ans (1).

Sa femme, qui l'avait suivi à St-Cernin, y fut arrêtée en qualité de sœur de l'émigré Jean-Baptiste de la Pomélie et conduite à la prison de Brive. Elle figure sur le registre d'écrou sous le n° 51, avec la mention : « La Laferrière , âgée de 59 ans, femme d'un ci-devant conseiller au Présidial, mère de deux filles et un garçon ». Mais une de ces deux

____

(1) Archives communales de St-Cernin.

filles, Marie-Anne-Eléonore, s'était déjà mariée à St-Sernin, le premier février 1790, avec Etienne Dufaure de Bellisle, licencié en droit, fils de Pierre Dufaure de Murat, conseiller du Roy, maître particulier des eaux et forêts du Limousin et de Cécile Dufaure de Sornesie, habitant à Voutezac (1). Mme Jean de Juge de Laferrière mourut à St-Cernin le 13 décembre 1817, à l'âge de 82 ans.

François de Juge de Laferrière, dit de Marquay, frère des deux précédents, est né à St-Cernin le 18 février 1732. Baptisé le lendemain, il eut pour parrain M. François Taxein, sieur du Mas et pour marraine Mlle Peyronne de Juge.

Inscrit le premier sur l'« état fait par les officiers municipaux de la commune de St-Sernin le 2e juin 1793 et le second de la république de tous les garçons depuis l'âge de seize ans de la taille de cinq pieds et au-dessus et d'après l'arrêté du directoire du département de la Corrèze du 29e may dernier » (2), on le trouve aussi mentionné comme célibataire, âgé de 62 ans, dans le registre du comité de surveillance de la commune de l'Union, cy-devant St-Cernin (2), (séance extraordinaire du 2 germinal an II (22 mars 1794). Il était alors détenu à la maison d'arrêt de Brive depuis le trois frimaire précédent (23 novembre 1793), en vertu de la loi des suspects et l'on demandait des renseignements sur sa situation et sa conduite politique (3). Voici la réponse qui fut faite à son sujet : « Nous ignorons les véritables motifs de son arestation, son unique profession a été avant et pendant la révolution celle de chasseur ou pêcheur en parcourant les biens de son frère et autres; cadet de maison son revenu est encore cellui d'une légitime de trois mille livres ou environ et une maison avec un petit jardin dans la commune de Larche qui peut lui donner

(1) Archives communales de St-Cernin.
(2) Arch. départ. I., 521.
(3) Voir plus loin, chap. XX.

annuellement un revenu de quarante livres ou environ, il a vécu indistinctement avec tout le monde et principallement avec les plus riches des environs et de notre commune et les prêtres et jadis bourgeois, il nous apparu prendre plaisir quand les nouvelles étaient bones en faveur des tirans coalisés contre nous, nous ignorons sil a signé des pétitions ou arretté liberticide ».

Il mourut à St-Cernin le 10 août 1818.

François-Marcellin de Juge de Laferrière, né à St-Cernin le 8 décembre 1772 et baptisé le 10, eut pour parrain le précédent François de Juge de Marquay, son oncle et pour marraine, Pétronille de Juge de Bosredon sa tante, habitant à Varetz. Il était le fils de Jean de Juge de Laferrière, conseiller du Roy à Brive et de Marie-Anne de la Pomélie. Incorporé, le 22 ventôse an II (13 mars 1794) au 24e régiment de chasseurs à cheval, il est bientôt nommé maréchal des logis et prend part aux campagnes d'Espagne et d'Italie, où il reçut un coup de sabre à la main droite, qui le rendit incapable de se servir de son arme et le fit réformer le 20 messidor an VI (9 juillet 1798), avec certificat constatant « qu'ayant servi dans le régiment depuis l'époque de sa formation avec zèle et exactitude, il a su mériter la confiance de ses chefs et l'amitié de ses camarades ».

Rentré dans ses foyers il épouse, le 22 novembre 1802, Anne Marie-Thérèze de Clédat, fille de feu Henry-Victor de Clédat et de Marie-Thérèze de Grandchamp, d'Uzerche. Nommé entreposeur des tabacs à Brive en 1811, il fut maire de St-Cernin de 1808 à 1817 et de 1821 à 1825, et il occupa le poste de juge de paix du canton de Larche depuis 1824 jusqu'à sa mort qui survint le 26 mars 1845.

Son fils, *Léonard-Gabriel-Jacques-Edouard de Juge de Laferrière*, né à Brive le 29 vendémiaire an XII (22 octobre 1803), épousa le 21 février 1830 Marie Joséphine Coralie Germain de la Pomélie, sa cousine, fille d'Antoine Philippe Germain de la Pomélie et de Marie Joséphine de Tessonnières, au château de Montjoffre, près St-Léonard (H^te Vienne). Il fut maire de St-Cernin de 1825 à 1837, donna sa démission de conseiller municipal en 1846 et quitta la commune l'année suivante pour aller habiter celle de Chamboulive, au château de Gourdon, dont il avait hérité de son oncle maternel, l'abbé de Clédat-Gourdon, châpelain du roi Charles X. Il y est décédé le 30 juin 1880.

Un autre fils du juge de paix de Larche, *Gabriel Martial, dit Marcy de Juge de Laferrière*, né à Brive le 9 février 1806, entra dans l'administration des Eaux et Forêts et se maria à Angoulême, le 12 novembre 1834, avec Marie-Anne-Adolphine Vallade-Lacaut, fille de feu Guillaume Germain Vallade-Lacaut et de Jeanne Marchais de Laberge. Il était alors garde général. Devenu inspecteur et chevalier de la Légion d'honneur, il est décédé le 9 mai 1891, à Périgueux, où il avait pris sa retraite.

Il avait un fils, *Hubert-Gabriel-Victor-François-Henri de Juge de Laferrière*, né à Angoulême le 29 septembre 1835. Resté célibataire, il est décédé à Migné (Vienne), le 4 avril 1893.

François-Marie-Armand de Juge de Laferrière, le propriétaire actuel du château de Gourdon, est le fils de Léonard-Gabriel-Jacques-Edouard de Juge de Laferrière. Né à St-Cernin le 19 mai 1831, il a épousé, le 21 août 1866, Marie-Aimée Odette des Roches de Chassay, fille de Fernand des Roches de Chassay et d'Elisabeth Le Roy de Lenchères, au château du Poirier, canton de Montemboeuf (Charente).

Marie-Louis-Jacques de Juge de Laferrière, fils ainé du précédent, né au château de Gourdon, le 25 mai 1868, s'est marié le 15 avril 1902 avec Valérie-Marguerite de Montréal, fille de Louis de Montréal et de Marie-Charlotte de Boiry, au château de la Vialle, canton de Châteauneuf-la-Forêt (H^te Vienne).

Marie-Gabriel-Robert de Juge de Laferrière, fils cadet, né à Gourdon le 2 mai 1870, a épousé, le 25 novembre

1895, Marie-Yvonne de Juglart de Lardinie, fille d'Arthur de Juglart de Lardinie et de Marie-Sophie de Saint-Etienne, au château du Puy-haut, canton de Villebois-Lavalette (Charente).

Plusieurs enfants sont déjà nés de ces mariages et tout permet de présager sûrement l'heureuse continuité de cette ancienne famille de St-Cernin. C'est le vœu bien sincère que je me permets de lui adresser ici, en souvenir des relations cordiales qui existaient autrefois entre nos deux familles.

Les armoiries des de Juge de Laferrière sont ainsi mentionnées par MM. Ph. de Bosredon et E. Rupin, dans leur magnifique ouvrage sur la *Sigillographie du Bas-Limousin*, sous le numéro 670 : « fragment de cachet ovale, de 22 millimètres environ sur 20, plaqué sur un testament du 28 décembre 1764. – Pas de légende – dessin : sur un cartouche, écusson ovale, d'argent à trois mouchetures d'hermine. Couronne de comte.

CHAPITRE XIII

Le château et les Seigneurs de Pommiers.

A 150 mètres d'altitude et à quelques centaines de mètres du bourg de St-Cernin ,tout près de la falaise de rochers qui limite la vallée de la Couze à l'ouest, se dresse le château de Pommiers, vieille demeure seigneuriale du XIVe siècle, siège d'un ancien fief hommagé au Vicomte de Turenne en 1459, 1609 et 1696. Aussi figure-t-il, comme vassal laïque, au nom de M. de Beausoleil, sur l'« état des terres et fiefs les plus distingués qui relèvent de la vicomté de Turenne » (1).

Les seigneurs qui l'habitaient, simples écuyers, c'est-à-dire au dernier rang de la noblesse (2), n'ont pas joué un rôle bien important. Cependant ils furent très probablement contemporains des croisades et eurent un représentant à la montre d'Eymoutiers. On les trouve sur un rôle de 1560 portés pour la somme de 30 sols et le seigneur de Pommiers est inscrit sur le « rolle de la noblesse du bas Lymosin pour l'assemblée des Etats provinciaux du Bas-Limousin tenue à Tulle, au mois de mars 1588, pour élire les députés aux Etats généraux convoqués à Blois ». Il ne s'y rendit pas et la mention « deffaut » se trouve à côté de son nom (3).

Il y a lieu de croire qu'ils vivaient assez retirés dans leur château, se contentant de toucher les rentes et autres droits attribués à leur fief, qui ne s'étendait que dans les

(1) Arch. nat. titres domaniaux. Corrèze. Q, 143.

(2) Les écuyers ne pouvaient porter que des éperons blancs, tandis que les chevaliers, immédiatement au-dessus d'eux, avaient leurs éperons dorés. (DENISART, *Collection de décisions nouvelles*, V° Nobles)

(3) *Documents sur l'histoire du Limousin*, publiés par G. Clément Simon, p. 341.

environs, dans certaines dépendances des villages du Soulié, de Maslegrèze et surtout de la Bouquerie. Ils tenaient dans la paroisse de St-Cernin une métairie franche avec 30 livres de rente (1).

Voici les noms de ceux que j'ai pu découvrir :

Bernard de Pommiers, mentionné sous le nom de Bernardus de Pomers dans la charte 791, vers l'année 1080, et dans la charte 523, en 1104, dans le cartulaire d'Uzerche, publié par M. Champeval.

Guillaume de Pommiers, Guillelmo de Pomeriis, cité comme un des témoins dans l'acte d'hommage rendu à Regnauld de Pons, Vicomte de Turenne, par Hugues de la Roche, abbé de Terrasson, le mercredi, vigile de la chaire de St-Pierre (2), l'an du Seigneur, mil trois cent soixante, au château de Terrasson (3).

Phelip de Pommiers, escuier en brigandines, salade, vouge, espée et dague. Telles sont les indications qui sont mentionnées à son sujet dans le rôle des nobles du haut et bas pays de Limousin, reçus en la montre d'Eymoutiers, revue militaire la plus ancienne de la noblesse du Limousin, qui eut lieu le mercredi, 2 janvier 1470 (4).

Ce Philippe de Pommiers est encore désigné dans un acte d'arrentement et d'investiture qu'il passe avec Estienne de Juge, le 22 février 1477 et dans un contrat de vente reçu par le notaire Dautrement, le 1er décembre 1514, dans lequel il donne une investiture de fondalité (5).

François de Pommiers, mentionné pour 30 sols sur le rolle de la cotisation de la noblesse du Bas-Limousin pour les frais faits par ses députés aux Etats généraux d'Orléans,

---

(1) CLÉMENT-SIMON. *La Vicomté de Limoges.*
(2) 21 février 1360.
(3) Archives des Basses-Pyrénées, E, 867.
(4) Archives des Basses-Pyrénées, E, 651.
(5) Arch. de M. de Laferrière.

en 1560 (1). Il donne une quittance de lods et rentes, le 14 août 1572, au sujet de la vente d'une maison par acte reçu par le notaire Valière, le 26 juin 1571, et il figure dans un contrat d'hypothèque sur le moulin des Paillards, en date du 15 juin 1580.

Jean de Pommiers, figure, le 4 avril 1588, dans une reconnaissance des tènements de Matagot et de Talasche à lui faite pardevant de Jaubert, notaire à Boissière, par Pierre de Juge, procureur d'office de Cousages et François Leymarie, notaire faisant pour Demonteil (2) ; — dans un contrat de vente d'une terre située dans le ténement de Chouquet et de Couse, passé dans la maison noble de Pommiers, le dernier jour de janvier 1605, par Dautrement, notaire à Dautrement (3) ; — dans un reçu de lods et rentes du 30 novembre 1630.

Gabrielle de Pommiers, fille du précédent, avait épousé *Germain du Fraysse*, de la famille des du Breuil de Beausoleil, sieur du Fraysse ,de la paroisse de Salon et c'est par ce mariage que furent introduits à Pommiers les Seigneurs de Beausoleil, qui ajoutèrent désormais à leur titre celui de Seigneurs de Pommiers. Ce mariage nous est révélé : 1º, par un contrat concernant la rente due sur le moulin de St-Cernin et passé au château de Pommiers, le 13 janvier 1646, par François Deleymarie, notaire à Laroche. Les contractants qui y figurent sont « damoizelle *Gabrielle de Pommiers*, veuve de noble Germain du Fraysse, en son vivant escuyer, seigneur de Beausoleil et noble *Jehan du Fraysse*, escuyer, seigneur de Beausoleil, fils audit feu seigneur et à lad. damoiselle d'une part et François de Juge, habitant St-Cernin », et 2º, par un autre contrat,

---

(1) Arch. de M. de Lespinasse de Pebeyre. Copie de l'époque publiée par Clément-Simon, in *Bull. de la Soc. scient. hist. et arch. de Brive* T. XI, p. 306, 1889.

(2) Archives de M. de Laferrière.

(3) Archives de M. de Laferrière.

reçu aussi au château de Pommiers par le même notaire, le 2 décembre 1648, au sujet des rentes du ténement de la Vergne, paroisse de Lafeuillade, en Périgord, et dans lequel on trouve « *Jehan du Fraisse*, escuyer, seigneur de Beausoleil et damoizelle *Gabrielle de Pommier*, veuve à feu noble Germain du Fraisse, escuyer, seigneur de Beausoleil, mère et fils » (1).

Jehan du Fraysse, écuyer, seigneur de Beausoleil et de Pommiers, passe encore, le 18 novembre 1654, pardevant le même notaire Leymarie et avec Armand de Juge, procureur d'office en la juridiction de Cousages, un contrat au sujet de la rente concernant le moulin de Jacques Cœur, à St-Cernin (2). Il est aussi indiqué dans divers actes du 17 janvier 1672 au 30 juillet 1683, soit comme contractant, soit en qualité de témoin.

Marguerite du Fraysse est décédé à Pommiers le 25 juillet 1678 et a été inhumée dans l'église, le lendemain (3).

Charles du Fraysse est témoin dans un mariage du 29 avril 1677, et parrain de Charles-Louis du Fraysse, le 16 mars 1684. On le trouve aussi mentionné, mais décédé, dans un contrat d'afferme du moulin de St-Cernin, passé au bourg par De Laroche, notaire à Maslegrèze, le 14 janvier 1704. Il y est qualifié seigneur de Montgalliard, et capitaine dans le régiment de Piémont (4).

Louis du Fraysse, écuyer, seigneur de Beausoleil, avait épousé dame Claude de la Mothe, dont il eut les quatre enfants suivants :

François du Fraysse, baptisé le 14 février 1682, eut pour parrain, Messire François Bourgeade, prêtre, docteur en

(1) Archives de M. de Laferrière.
(2) Archives de M. de Laferrière.
(3) A moins d'indications contraires, les renseignements suivants sur la famille du Fraysse sont extraits des archives communales de St-Cernin, *in* Registres de catholicité.
(4) Archives de M. de Laferrière.

théologie et curé de Mansac, et pour marraine Jeanne de
Moriolles, dame de Flaumon.

Charles-Louis du Fraysse, présenté aux fonts baptismaux, le 16 mars 1684, par noble Etienne de la Mothe,
écuyer, seigneur de Meyssac, qui a tenu à la place de Charles
du Fraysse, écuyer, seigneur de Mongaillar, parrain et
dame Louyse d'Hautefort, dame de la Mothe, marraine.

François du Fraysse, baptisé le 1er mars 1688, a eu pour
parrain François du Fraysse, écuyer, sieur de Peyrière et
pour marraine d^lle Anne de la Mothe de Flaumon, damoiselle de Neyrat, lequel enfant naquit le 21 février dernier.
Léonard Bourgeade, sieur de Lavarde, a porté pour ledit
sieur de Peyrière, malade.

Léonard du Fraysse, né le 20 février 1689, eut pour
parrain Léonard Bourgeade, sieur de Lavarde, paroisse de
St-Pantaléon et pour marraine d^lle Françoise de la Mothe.
En 1720, il était devenu, capitaine d'artillerie et signait :
« Le chevalier de Beausoleil ». Il était donc monté d'un
degré dans l'ordre de la noblesse (1). Il mourut à Pommier,
le 3 février 1774, à l'âge de 85 ans et fut inhumé le lendemain dans l'église de St-Gernin.

Vers 1710, *Charles-Louis du Fraysse*, le second fils de
Louis du Fraysse et de Claude de la Mothe, alors âgé de
26 ans, épousa Marguerite de Fontanges, fille de Charles de
Fontanges, chevalier, seigneur du Chambon et de Marguerite de Bonneval, résidant au château de Chambon, paroisse
de Neuvic. De ce mariage sont nés six enfants :

Marie-Aymé du Fraysse, née en 1712, mentionnée comme
« fille aînée et héritière du seigneur du Fraysse », dans un
traité d'arrangement de famille, passé en double au château
de Pommier, le 10 novembre 1763 (2), fut la dernière de

---

(1) Le titre de chevalier n'était pas héréditaire, mais tout à fait
personnel.

(2) Archives de M. de Laferrière.

cette famille qui habita Pommiers, où elle mourut célibataire, le 18 janvier 1781, à l'âge de 69 ans et fut enterrée le lendemain dans le cimetière de St-Cernin.

Antoine du Fraysse, né le 25 août 1716, fut baptisé le 7 octobre suivant et eut pour parrain noble Antoine de Fontanges, de la paroisse de Neuvic et pour marraine noble Henriette du Fraysse.

Juliette-Henriette du Fraysse, baptisée le 4 novembre 1718, avec noble Léonard du Fraysse pour parrain et dame Juliette de Loupiac, épouse du seigneur de Chambon pour marraine, à la place d'Henriette du Fraysse. Elle vécut en désaccord avec sa mère et ses sœurs, qui habitaient Pommier et se retira avec sa marraine, au château du Chambon, paroisse de Neuvic. Elle engagea même un procès avec ses sœurs et le traité, dont il vient d'être question, avait précisément pour objet de l'éteindre : « dit a été et convenu qu'ayant soumis la décision du procès qu'elles avaient pendant au siège sénéchal de Brive à l'avis et arbitrage qui en serait fait par M. Dubois, seigneur de St-Hylaire sur les pièces et actes à lui produits et l'estimation des biens dont s'agit au procès faite par experts convenus entre parties ayant été procédé à la liquidation de leurs droits respectifs » etc. — Juliette du Fraysse habitait encore le Chambon, le 21 mai 1770, et elle y donnait procuration à un sieur Louis Dumas, procureur en la juridiction de Neuvic, pour « recevoir et se faire payer de la demoiselle de Pommier de Beausoleil sa sœur aînée de toutes les sommes qu'elle luy doit de ses droits légitimaires et autrement de quelle manière que ce soit tant en capital qu'intérêts » (1).

Léonard du Fraysse, baptisé le 5 mai 1720, reçut son prénom du capitaine d'artillerie, son oncle et parrain et eut pour marraine Mme Élisabeth de Broliadie, de Meyssac.

Henriette du Fraysse, baptisée le 12 décembre 1721, eut

(1) Archives de M. de Laferrière.

pour parrain Jean de Fontanges, chevalier de l'ordre de Jérusalem et pour marraine d^lle Henriette de la Mothe, demoiselle du Vialar; mais lesdits sieur de Fontanges et d^lle de la Mothe ont prié M. Jean de Juge, lieutenant dans le régiment de Gatinais et Mlle du Fraysse de tenir pour eux.

Marie du Fraysse, baptisée le 3 janvier 1726, avec son jeune frère Antoine pour parrain et sa sœur Marie-Aymé pour marraine. Non mariée, on la trouve mentionnée dans les registres de la juridiction de Larche, le 22 novembre 1758, au sujet d'une réclamation devant le juge pour obtenir « le paiement de certain blé par elle prêté à Blaise Sage, laboureur » (1). Elle figure aussi dans le traité d'arrangement de famille du 10 novembre 1763, signalé plus haut, avec la qualification de fille puinée du seigneur du du Fraysse. Elle est décédée à Pommiers, le 3 juin 1764 et a été inhumée le lendemain dans l'église de St-Cernin.

Charles-Louis du Fraysse est mort à Pommiers, le 8 janvier 1753 et a été inhumé le lendemain dans l'église, dans les tombeaux de ses prédécesseurs; sa femme, Marguerite de Fontanges lui survécut pendant près de vingt années; elle s'éteignit aussi à Pommiers, le 24 avril 1772, à l'âge de 80 ans et fut aussi ensevelie dans l'église.

Les armes des du Fraysse de Beausoleil nous sont révélées par un cachet ovale de 22 millimètres sur 18, apposé à un testament de Marie Aymé du Fraysse de Beausoleil, du 26 mars 1774, reçu par Me Lamaze, notaire royal des sénéchaussées de Brive et de Sarlat. Il n'y a pas de légende et le dessin nous montre un écu en losange, d'argent à trois fasces ondées d'azur, accosté de deux palmes. Couronne de comte (2).

(1) Archives départementales de la Corrèze, B, 1411.
(2) Ph. DE BOSREDON. *Notes pour servir à la sigillographie du bas-Limousin, in Bulletin de la Société scient. hist. et arch. de Brive*, t. V, p. 270, 1883.

C'est à la suite de ce testament que Marie-Aymé du Fraysse, alors seule à Pommiers, fit venir avec elle celui qu'elle désignait pour son héritier, son cousin Messire *Léonard Dumas, seigneur de Dagnac*, époux de Marie-Suzanne de Maussac, née à Collonges, aujourd'hui canton de Meyssac (Corrèze), le 7 février 1740, et fille de noble Jean de Maussac et de Louise Michel de Leyrat (1). Mais, il n'y vécut pas longtemps et y mourut le 18 juin 1781 âgé de 55 ans. Son corps fut inhumé le lendemain dans le cimetière.

Le matin même de sa mort, assisté de Mᵉ Lamaze, son procureur, il avait mandé en son château de Pommiers le juge Henry Marchant pour lui exhiber des lettres de répudiation de l'hérédité de la demoiselle de Beausoleil, sa cousine, parceque « cette hérédité lui serait plus onéreuse que profitable par les diverses charges, dettes et hypothèques dont elle est affectée ». Il en requit l'enregistrement, et déclara ne pouvoir signer à cause de sa maladie et grande faiblesse. Sur quoi, déclare le juge, « avons donné acte de l'exhibition des lettres en répudiation de la susd. hérédité et de la susd. réquisition ; en conséquence ordonnons que les lettres en répudiation seront enregistrées au présent greffe et dans le moment où nous allions signer avec notre greffier, l'état dud. sʳ Daignat empirant, nous nous sommes aperçus qu'il était pour ainsy dire à l'agonie et sans connaissance, dont et de quoi nous avons dressé notre procès-verbal pour servir ainsy que de raison » (2).

Sa veuve, désignée partout sous le nom de *Marie de Maussac de Dagnac*, vit alors retirée en sa demeure avec sa fille Marie-Charlotte, dont la tutelle lui fut dévolue par le conseil de famille, réuni à St-Cernin, en la chambre où s'exerce la justice, le 9 octobre 1783, après qu'elle eut

(1) Archives communales de Collonges.

(2) Archives de la Corrèze, B, 1815

prêté serment devant Henry Marchant, juge des terres et châtellenies de Cousages « de régir et gouverner les biens de lad. pupille en bonne mère de famille, son bien procurer et son mal éviter » (1).

On les retrouve assez souvent mentionnées l'une et l'autre comme marraines de jeunes fillettes des paysans d'alentour. Marie de **Maussac** figure sur la liste des procurations des membres de la noblesse pour se faire représenter à l'assemblée générale des trois ordres, tenue à Tulle le 16 mars 1789, ce qui prouve qu'à cette époque le droit de vote était permis aux femmes, au moins à celles de la noblesse.

Sa procuration fut donnée, le 5 mars 1789, en l'étude de Me Delpeuch, notaire royal à Brive, en faveur de messire Daniel Joseph Sclafer de Chaunat, chevalier, habitant de la ville de Turenne, qui était constitué son procureur général et spécial pour comparaître en ladite assemblée et concourir à l'élection des députés de son ordre (2).

Mais, en 1793, elle fut signalée au comité de surveillance du canton de Larche, qui, dans sa séance du 10 brumaire an II (1er novembre 1793) déclara suspecte à la République la citoyenne Maussac, veuve Daignac et sa fille, cidevant nobles, domiciliées dans la commune de St-Cernin, un frère et un oncle émigrés, et décida qu'il sera tout de suite décerné des mandats d'arrêt contre les susnommées et qu'elles seront conduites à la maison de réclusion du district de Brive par les soins des officiers de la garde nationale de la commune.

Marie de Maussac est décédée à Pommiers le 1er mars 1809, à l'âge de 69 ans.

Avec elle se termine l'occupation du château par ceux qu'on appelait les Seigneurs de Pommiers. A partir de cette époque, cette demeure resta inhabitée par ses propriétaires

(1) Arch. de la Corrèze, B, 1456.
(2) Archives de la Corrèze. B, 955-956.

et tomba dans le délabrement le plus complet. Elle appartint successivement aux familles de Laferrière et Lagorse, qui y logeaient des métayers. Devenue la propriété de M. Devillegoureix, le château fut entièrement restauré en 1894, sous la direction de M. Fournet, architecte à Brive, qui en fit l'habitation confortable d'aujourd'hui.

CHAPITRE XIV

Nous avons vu dans le chapitre X que les impôts ne cessaient de s'accroître et que la situation devenait particulièrement gênée durant la dernière période de l'administration du Vicomte de Turenne. Les Etats de la Vicomté essayaient bien de résister à ses dilapidations, en refusant de lui voter tous les subsides qu'il réclamait; car le pays était à bout de forces et ne pouvait plus suffire aux dépenses de son gouvernement. Au lieu de tenir compte de la patience et de la misère des populations, au lieu de mettre un frein à ses dépenses et à ses dissipations, le Vicomte, qui vivait déjà éloigné de ses domaines, s'en désaffectionna entièrement, oublia tout le passé de gloire et de prospérité de sa maison et, pour éviter la honteuse banqueroute, il vendit ses territoires au roi de France.

Il y eut bien quelques protestations parmi les vicomtins, qui ne voyaient pas sans déplaisir la disparition de leurs anciens privilèges et se doutaient bien que ce changement de maître n'allait pas diminuer leurs charges. Mais les plaintes ne furent pas écoutées; désormais, partie intégrante du royaume, la Vicomté fut rattachée à la généralité de Limoges et dépendit de l'élection de Brive.

I. — *Circulaire pour la levée des impôts.*

L'administration royale s'occupa dès lors d'organiser les impôts dans l'ancienne Vicomté et adressa dans toutes les paroisses une circulaire,dont l'exemplaire destiné à celle de St-Gernin porte le nº 129 (1). En voici la copie :

ELECTION DE BRIVE. — TAILLE 1740

DE PAR LE ROY

LOUIS-URBAIN AUBERT, Chevalier, Marquis de Tourny, Baron de Nully, Seigneur de Pressaigny, Laqueudaix, Thil et autres lieux, Conseiller du Roy en ses conseils, Maître des requêtes ordinaire de son Hôtel, Intendant de Justice, Police et Finances en la Généralité de Limoges.

Pierre-Joseph-Léonard, Ecuyer, Seigneur de Fressanges, Conseiller du Roy, Président-Trésorier général de France au Bureau des finances de cette Généralité.

Et les Président, Lieutenant et Elus en l'Election de Brive.

Aux Consuls, Collecteurs, Syndics, Manans et habitans de St-Sernin.

SA MAJESTÉ par ses Lettres Patentes données à Versailles le 23 Août 1739. signées LOUIS; Et plus bas, PAR LE ROY; PHELYPEAUX, VÛ au Conseil, signé D'ORMESSON, scellées du grand Sceau de cire jaune, enregistrées au Controlle General des Finances & au Bureau des Finances de cette Généralité. à Nous adressantes, NOUS ayant Mandé & Ordonné d'imposer & faire lever pour l'année prochaine *mil sept cens quarante* sur ses Sujets contribuables aux Tailles de ladite Election la somme de *Deux cens quatre-vingt-quinze mille sept cens soixante-treize liv. douze sols,* tant pour le principal de la Taille, que crûês & autres Impositions y jointes; (& dont les Paroisses de la Vicomté de Turenne dépendantes de ladite Election doivent supporter celle de (*Quarante mille neuf cens soixante livres*) NOUS avons fait le Département de ladite somme sur toutes les Villes, Bourgs, Paroisses, et Enclaves de ladite Election, & avons trouvé que vous en devez payer pour vôtre portion la somme de sept cens cinq livres dont cependant (attendu la diminution de quatre vingt cinq livres qui vous a été repartie pour votre cotte part de celle de *Soixante-Seize mille cent soixante-dix livres douze sols,* accordée par Sa Majesté sur la Taille de ladite Election) Il ne sera imposé que celle de Six cens vingt livres laquelle sera par vous Collecteurs assise sur tous

(1) Archives personnelles.

les Contribuables de vôtre Paroisse, & payée és mains du Receveur des Tailles de ladite Election en exercice ladite année 1740. en son Bureau, en quatre payemens égaux, dont le premier echoira au premier Decembre prochain, le second au dernier Février, le troisième au dernier Avril, & le quatrième au premier Octobre de ladite année 1740. à peine par vousdits Collecteurs d'y estre contraints, même par corps.

VOUS IMPOSEREZ en outre & retiendrez par vos mains pour vôtre droit de Collecte *six deniers* pour livre de la derniere somme ci-dessus, moyenant quoy vous ne pourez prétendre aucune diminution de vos Cottes.

PLUS VOUS IMPOSEREZ pour le Droit du Sceau dud. Rolle, suivant la Declaration du Roy du 20 Mars 1708. Sçavoir pour les Rolles dont les Impositions tant ordinaires qu'extraordinaires sont au dessous de 400, liv. *trois livres.* Pour ceux depuis 400 liv. jusqu'à 1000 liv. *quatre livres.* Pour ceux depuis 1000: liv. jusqu'à 2000. liv. *six livres.* Pour ceux depuis 2000. liv. jusqu'à 3000. liv. *huit livres.* Et pour ceux depuis 3000. liv. & au-dessus à quelque somme qu'ils puissent monter, *douze livres* : ensemble les 4. sols pour livre desdits Droits ordonnez par Arrests du Conseil des 5 & 18 Mars 1718.

PLUS VOUS IMPOSEREZ la somme de *Quarante sols* pour les Droits de Quittances rétablis au profit des Receveurs des Tailles par l'Article III. de l'Edit du mois d'Octobre 1726, suivant l'arrest du Conseil du I Decembre audit an.

VOUS serez tenus de faire publier le present Mandement le premier Dimanche d'après qu'il vous aura été remis, à l'Issûë de la Messe de Paroisse ou de Vêpres, en presence du plus grand nombre des Habitans assemblez à cet effet, & de procéder dans la quinzaine au plus tard à la Confection de vôtre Rolle que vous ferez double, en papier timbré, écrit lisiblement, signé ou marqué de vous, les pages de l'un & de l'autre conformes, sans rature, chiffre, ni abréviation : vous mettrez au pied de chaque page en chiffres le total des sommes y portées, et à la fin du Rolle, le montant de chaque page par recapitulation pour former la somme totale d'iceluy, avec mention du nombre des Cottes qu'il contiendra, & de la quantité de Feux dont vôtre Paroisse sera composée.

Vous employerez dans votre Rolle tous les domiciliés en vôtre Paroisse, & autres qui sans domicile y feront valoir des biens s'ils n'ont pas remplis les formalitez prescrites par les Declarations du Roy des 16 Novembre 1723 & 17 Fevrier 1728. Sçavoir, parmy les Taillables, tous ceux qui sont sujets à la Taille, même les Mandians & Invalides que vous tirerez à *néant* & dans un Article separé, à la fin du Rolle, les noms des Seigneurs, Ecclesiastiques, Nobles, & autres Exempts & Privilegiez, avec mention des causes de leurs exemptions, des Domaines ou Fonds qu'ils font valoir en vertu de leurs Privileges, & du labourage ou consistance d'iceux, a peine de 50 livres d'amende.

Vous énoncerez à chaque Cotte les nom, surnom, qualité & profession du Cottisé, s'il est Laboureur, Vigneron, Marchand, Artisan, Journalier, Juge, Notaire, Greffier, Sergent, Procureur de Seigneurie, Fermier ou Métayer d'Ecclésiastiques, Gentilhommes, Privilegiez, Officiers de Justice ou autres. Vous detaillerez à l'égard des Exploitations dequoy elles seront composées, en Terres labourables, Prez, Vignes, Châtaigneres, & autre nature de Fonds, ensemble la quantité de Bœufs ou Vaches qui ont coûtume d'y estre entretenus, & en cas que quelque Cotte fût établie à raison d'Heritages devenus incultes en tout ou partie, vous en ferez mention à ladite Cotte, le tout à peine de dix livres d'amende.

Vous ne confondrez point la Taxe d'un Fermier ou Métayer pour raison de sa Ferme ou Métairie avec celle qu'il doit porter eu égard à ses biens propres. Vous distinguerez aussi la Taxe d'Industrie d'avec celle qui a rapport à l'exploitation des Fonds : C'est-à-dire que si un Taillable qui exploite des Terres en proprieté ou à titre de Ferme, exerce quelque Profession, ou Metier, ou fait quelque commerce autre que le debit des fruits & denrées qui croissent sur ses Fonds, il sera taxé pour raison desd. Profession, Metier, ou Commerce par des Cottes separées, ou par des articles differens dans la même Cotte. A plus forte raison ne comprendrez vous pas sous une seule Cotte le Proprietaire et le Métayer .Vous ordonnons de les taxer distinctement & separément, le tout sous la même peine de dix livres d'amende.

Vous ne pourez diminuer vos Cottes, ni celles de vos Parens jusqu'au degré de Cousin germain inclusivement, si ce n'est que la Taille eût été diminuée, auquel cas vous pourez prendre vôtre portion de diminution au marc la livre, & la donner de même à vos Parens, ou si ce n'est que vous ou eux eussiez souffert quelque notable perte, pour raison de laquelle il eut été jugé par les Elûs, au nombre de trois au moins, que diminution dût être faite sur vos Cottes ou sur les leurs, à peine de payer le double de la diminution desdites Cottes par forme d'amende qui sera appliquée au profit de la Paroisse, & en déduction de la Taille de l'année suivante. En cas d'augmentation sur la Taille, Vous enjoignons, sous la même peine, d'augmenter vos Cottes & celles de vos Parens au marc la livre.

Afin d'empêcher lesdits abus, Vous ordonnons de designer vos parens jusqu'au degré de Cousin germain sur vôtre Rolle par une Notte faite à la marge à côté des Articles qui les concernent, en ces termes, *Parent de*   (tel)   *Collecteur*, & de faire transcrire à la suite dudit Rolle l'Extrait de vos Cottes de la presente année, à peine de vingt livres d'amende.

Vous faisons deffenses de taxer les Collecteurs sortans de Charge, & les Taillables qui auront fait signifier leurs translations de domicile, à plus grandes sommes que celles ausquelles ils étoient imposez si non en cas d'augmentation de Taille, ou que leurs facultez eussent augmenté : Et dans ce dernier cas vous specifierez en quoi consiste cette augmentation.

Vous deffendons d'avoir égard lors de la confection de vôtre Rolle à aucun contract d'Abonnement, Transaction où autres Actes tendans à diminution de taille des Contribuables faits entr'eux & les Habitans de vôtre Paroisse, de quelque nature que lesdits Actes puissent estre, à peine de payer solidairement avec eux le double de la diminution que vous leur aurez mal à propos faite ou continuée, dont le montant sera appliqué au profit de la Paroisse en déduction de la Taille de l'année suivante.

Vous deffendons aussi de composer avec aucun Taillable pour le reglement de sa Cotte, d'en exiger ou recevoir en cette consideration ou autre, aucunes sommes, presens, ni buvettes, à peine d'estre procedé contre vous extraordinairement.

Vous deffendons en outre, & sous la même peine d'Imposer autres ni plus grandes sommes que celles portées par le present Mandement sous pretexte de frais de voyage, verification, port de Rolle, façon & papier timbré d'iceluy, ou pour toute autre cause que ce puisse estre.

Vôtre Rolle ainsi fait, vous le porterez sans differer à un Officier de l'Election pour estre par luy verifié & rendu executoire sans frais, & ensuite au Bureau du Controlle pour y estre scellé conformement à l'Edit du mois de Novembre 1698 à peine de 100 livres d'amende, Au cas que nous ordonnions la confection dudit Rolle d'office, vous vous rendrez devant le Commissaire qui aura été par Nous nommé à cet effet aux Jour & Lieu qu'il vous indiquera.

Afin que chaque Contribuable soit informé de la somme à laquelle il sera imposé, & ait à y satisfaire dans les termes marquez, vous lirez ou ferez lire vôtre Rolle, à l'issûe de la Messe de Paroisse ou de Vêpres le premier Dimanche d'après qu'il vous aura été remis vérifié, à peine de dix livres d'amende.

Vous deffendons de vous servir de papiers volans, vulgairement appellez Brouïllards ou Cartipaux, pour faire la levée de vôtre Rolle, vous enjoignant de marquer & croiser à la marge d'iceluy en presence des Contribuables ce que vous recevrez d'eux à peine de faux.

Vous deffendons de faire pour le payement de Cottes aucune compensation de Collecteur à Collecteur, ou de Particulier à Particulier à peine de 20 livres d'amende pour chaque contravention.

Vous deffendons d'employer aucuns deniers de vôtre Recouvrement à vos affaires particulieres, ou autrement les dissiper à peine d'être procedé contre vous extraordinairement.

Tous les Cottisez seront contraints au payement de leurs Cottes, nonobstant oppositions ou appellations quelconques, & sans préjudice d'icelles, à la diligence de vousdits Collecteurs pour ceux qui auront été par Vous taxez, & à celle des Receveurs des Tailles pour ceux qui auront été par Nous taxez d'Office, & ce par saisie de leurs meubles, grains, fruits, & autres effets, même du cinquième des Chetels.

S'il survient quelque opposition de partie à partie à l'execution du Rolle, ou que quelques Particuliers se prétendent surtaxez, dans le cas où leurs Cottes auront été par Vous reglées, ils seront tenus de se pourvoir à l'Election *En Surtaux* dans trois mois du jour de la verification du Rolle, & lors qu'ils auront été par Nous taxez d'Office, Ils se pourvoiront pardevant Nous, pour leur estre fait droit dans le delai porté par la Delaration du Roy du 7 Decembre 1715.

Vous serez dispensez de faire controller les Exploits, Procès Verbaux Saisies et Arrests, Executions, Ventes, Commandemens, & autres Actes et Procedures faites à Vôtre Requête contre les Contribuables pour le payement de leurs Cottes, à l'exception neanmoins des Exploits qui contiendront assignation ou saisie entre les mains de personnes tierces, lesquels seront sujets au Controlle.

Vous enjoignons de representer vôtre Rolle aux Huissiers de Tailles toutes les fois qu'ils le requerceront, pour estre par eux calculé, & un Extrait de la Recette faite sur icelui porté au Receveur des Tailles.

OFFICIERS DE L'ELECTION.

Les Officiers de l'Election seront tenus de calculer, verifier & rendre executoires les Rolles au plus tard dans les trois jours de la remise qui leur en aura été faite par les Collecteurs, à peine de payer leur sejour & de demeurer responsables en leurs propres & privez noms du retardement des deniers de la Taille. Seront tenus pareillement de parapher tous les feüillets desdits Rolles, & d'en remettre trois jours après les minutes à leurs Greffes.

Ne pourront faire par eux-mêmes, ni engager par voyes indirectes les Collecteurs à faire aucuns changements sur l'Imposition ou Cotte des Taillables, sauf à faire droit sur l'opposition des Parties dans les délais portés par les Reglemens, sans retardation du payement qui sera fait par provision.

Le Procureur du Roy de ladite Election tiendra la main à ce que les Collecteurs travaillent à la confection de leurs Rolles de la Taille ans la quinzaine du jour que le present Mandement leur aura été remis, & fera condamner, à la diligence des Receveurs des Tailles, en 20. livres damende ceux qui n'y auront point satisfait.

Ledit Procureur du Roy Nous envera un Extrait du Registre du Greffe, contenant les jours de la verification & de l'apport desd. Rolles.

RECEVEUR DES TAILLES.

Pour parvenir à l'imposition et levée des sommes ci-dessus, Nous ordonnons au Receveur des Tailles en exercice ladite année 1740. d'envoyer incessamment, & dans la huitaine au plus tard, le present

Mandement aux Collecteurs qui doivent estre en charge suivant l'ordre des Tableaux et les Actes de nomination qui ont dû estre remis au Greffe de l'Election, en execution des Declarations du Roy des 1 Août 1716, 24 May 1717 & 9 Août 1723. & de nôtre Ordonnance du 15. May dernier, ou à ceux qui auront été par Nous nommez d'Office, faute par les Habitans de s'être conformez aux Reglemens ci-dessus.

Sera tenu ledit Receveur des Tailles d'inserer dans la derniere Quittance qu'il donnera aux Collecteurs, que la partie qu'il recevra d'eux fait le parfait payement de l'Imposition, & de donner ausdits Collecteurs une Quittance des frais qu'ils auront payé.

HUISSIERS DES TAILLES.

Faisons deffenses aux Huissiers des Tailles ou Fusiliers de se charger d'aucuns Deniers des Collecteurs ou Contribuables pour les porter à la Recette, même d'en recevoir ou exiger sous prétexce de leurs frais, dont ils seront payez par les Receveurs des Tailles, suivant la Taxe qui en sera faite par les Officiers de l'Election : ausquels Receveurs lesdits frais seront remboursez par lesdits Collecteurs; & à ceux-ci par les Contribuables, chacun à proportion de sa part afferente en ladite taxe.

Leur faisons pareillement deffenses de se faire traiter par les Collecteurs ou Contribuables, boire avec eux, recevoir aucuns presens, entreprendre la levée d s Tailles directement ou indirectement, & pour raison de ce, de faire aucun abonnement ou convention avec lesdits Collecteurs, à peine dans tous les cas cy-dessus d'estre procedé contr'eux extraordinairement.

Deffenses à toutes personnes de s'entremettre pour le fait des Tailles.

Faisons deffenses à tous Ecclésiastiques, Gentilshommes, Seigneurs de Paroisses, Officiers des Elections, Receveurs des Tailles, Huissiers et Sergens employez aux Recouvremens, & autres personnes de quelque qualité & condition qu'elles soient, de faire proceder en leur presence, maisons ou lieux à eux appartenants, à la confection des Rolles, de s'immiscer ni de troubler les Collecteurs dans les fonctions de leurs charges, sous quelque prétexte que ce puisse estre, de prendre connoissance de leur assiete et imposition directement ou indirectement, pour les engager par autorité, menaces, voyes de fait, ou autrement, à taxer à des Taux modiques leurs Fermiers, Métayers, ou autres, de retirer dans leurs Châteaux & Maisons, les bestiaux, grains, fruits, meubles & effets des Contribuables, d'empêcher l'execution & saisie desdits biens faute de payement des deniers Royaux, & enfin de commettre aucune violence contre lesdits Collecteurs ou ceux qui seront preposez au recouvrement desdits Deniers, sous les peines portées par les Reglemens.

Privilèges des Ecclésiastiques, Gentilshommes & autres.

Ne seront compris dans vôtre Rolle, qu'au Chapitre des Exempts, les Ecclesiastiques, les Gentilhommes, les Officiers des Cours Supérieures, les Tresoriers de France, les Officiers des Elections qui resident dans leur Ressort, les Officiers de la Maison du Roy, les Commensaux des Maisons Royales, & autres Officiers dont les Priviléges n'ont point été revoquez, ensemble leurs Veuves, & celles des Veterans, pourvû qu'ils ne fassent aucun Acte de dérogeance à leurs Privileges.

Les Officiers Commensaux pour joûir de l'exemption de Taille doivent estre employez dans les Etats enregistrez à la Cour des Aydes comme faisant un Service actuel, & avoir au moins *soixante livres de Gages.* Doivent declarer chaque année par Acte authentique, qui sera publié au Prone de la Messe Paroissiale, le Quartier ou Semestre pendant lequel ils doivent servir, & le jour de leur départ. A leur retour ils rapporteront un Certificat de Service, qu'ils dénonceront comme cy-dessus au Corps des Habitans de leur Paroisse; & six mois après, une ampliation signée du Tresorier ou autre Payeur, de la Quittance qu'ils auront donnée de *soixante livres de Gages* & audessus, avec un Extrait de l'Etat envoyé à ladite Cour des Aydes. Et faute par eux de satisfaire à tout ce que dessus, ils seront imposez à la Taille.

Lesdits Officiers Commensaux ne pourront faire exploiter par leurs mains qu'une Ferme ou Métairie du labourage de *deux charrûes* dans une même Paroisse : s'ils en possedent davantage, ils seront tenus de les donner à Ferme à Gens Taillables; si non, & à faute de ce, ils seront imposez à proportion des heritages qui excederont la valeur desdites deux charruës, sans que, cela puisse leur estre imputé à dérogeance.

Les Ecclesiastiques ont la liberté de faire valoir par Valets une Ferme ou Métairie du labourage de *quatre charrues,* soit de leurs biens propres, soit de leurs Benefices, dans une même Paroisse; & ceux qui excederont lad. exploitation, seront imposez pour le surplus. Les Gentilhommes ont la même faculté pour tous les biens à eux appartenants, même ceux d'acquets; & si les uns ou les autres prennent des biens à Ferme, ils seront, comme derogeants à leurs Privileges, imposez pour raison d'icelles Fermes ainsi que les autres Taillables.

Les Fermiers et Sous-Fermiers des Droits du Roy, leurs Commis ou Proposez, residans dans vôtre Paroisse, ne seront point cottisez, à moins qu'ils ne l'ayent été avant leur Commission, ou qu'ils ne s'y soient mariez depuis, y ayent acquis des biens immeubles, ou en cas de commerce & trafic.

Seront imposez dans vôtre Rolle les Habitans des Villes franches & abonnées, lesquels feront valoir des heritages à eux ou à autrui dans vôtre Paroisse, quand même ils le seroient déja ailleurs où ils auroient des Fermes ou feroient d'autres exploitations.

Nominations des Collecteurs.

S'il survient des contestations pour raison des nominations des Collecteurs par Nous faites d'Office, les Parties se pourvoiront pardevant Nous dans la quinzaine du jour de la signification qui leur aura été faite desdites nominations, passé lequel temps elles n'y seront plus reçûes.

A l'Egard des Procès resultans des Nominations de Collecteurs faites en execution des Declarations du Roy des I Août 1716, 24 May 1717 & 9 Août 1723. & de notre Ordonnance du 15 May dernier, ils seront jugez aux Sieges des Elections dans le 15 Decembre, & par appel à la Cour des Aydes dans le 15 Janvier suivant au plus tard.

Translations de Domiciles.

Les Particuliers qui voudront déloger d'une Paroisse pour aller demeurer dans une autre, seront tenus de faire publier au Prône de la Messe Paroissiale leur délogement, de le faire signifier aux Habitans & au Syndic avant le premier Octobre de l'année qui précedera ledit délogement, de le faire juger ensuite, & de l'executer avant le premier Janvier suivant.

Comme aussi seront tenus dans le même délai d'aller declarer au Greffe de l'Election dans laquelle ils voudront demeurer, la Paroisse d'où ils sortent, la somme à laquelle ils y sont imposez, s'ils sont Laboureurs, ou de quelqu'autre Profession, combien ils y ont de charrues, à qui elles appartiennent, la Paroisse en laquelle ils vont habiter, la vacation qu'ils prétendent y professer, combien de charrues ils y feront valoir, & de qui ils les tiendront : lesquels Actes de translation de domicile seront enregistrez dans le premier Octobre en un Registre qui sera cotté et paraphé par le President & un Elû de l'Election, & remis és mains du Greffier, après avoir été par eux clos ledit jour premier Octobre, pour en estre delivré des Extraits à ceux qui les demanderont, moyenant deux sols pour chacun.

Ceux qui auront satisfait aux formalitez cy-dessus seront taxez; sçavoir, les Laboureurs et Fermiers exploitans qui cesseront de travailler à la culture des heritages de la Paroisse d'où ils seront sortis, pendant *une année*, & les autres Contribuables pendant *deux années* dans la Paroisse qu'ils auront quittée, après lequel temps ils seront imposez dans la Paroisse où ils auront transferé leur domicile.

Ceux qui continueront de faire valoir leurs heritages ou des Fermes dans la Paroisse d'où ils seront sortis, & qui exploiteront en même-temps une ou plusieurs Fermes dans la nouvelle paroisse où ils se seront établis, ensemble ceux qui se retireront en fraude dans une autre Paroisse pour estre imposez à des sommes plus modiques,

& continueront à faire valoir leurs heritages, ou à faire trafic & commerce dans la Paroisse d'où ils seront sortis, seront taxez dans l'une & dans l'autre Paroisse à proportion de la valeur de leurs èxploitations & du profit de leur commerce pendant tout le temps qu'ils continueront, encore que les Paroisses soient d'une même ou differente Election.

Les Habitans qui sortiront des Lieux taillables pour aller demeurer dans des Villes franches et exemptes de Tailles continueront d'être imposez dans lesdits Lieux taillables pendant *dix années*.

Ceux qui iront dans les Villes ou Lieux abonnez, pendant *cinq ans*.

Et ceux qui sortiront d'une Election pour aller demeurer dans une autre, pendant *trois ans*.

A l'égard des Particuliers qui ne changeront point de domicille, & qui feront valoir en d'autres Paroisses, soit de leur propre ou à Ferme d'autrui dans la même Election, ils ne seront imposez que dans la seule Paroisse de leur domicille actuel, suivant leurs facultez & le gain qu'ils pourront faire ausdites Fermes. Seront neanmoins tenus lesdists Particuliers de faire, avant le premier Septembre de chaque année, au Greffe de l'Election, leur declaration, qui contiendra le nom de la Paroisse de leur domicille, la qualité des biens qu'ils y possederont à titre de propriété ou de ferme, les noms des Paroisses où ils exploiteront d'autres biens, l'espece de terres qu'ils y occuperont, & le prix de leurs Baux : laquelle declaration ils feront signifier dans la huitaine aux Syndics et Collecteurs des Paroisses où ils exploiteront d'autres biens que ceux situez dans celle de leur domicille, faute de quoi ils seront imposez dans toutes lesdites Paroisses pour raison de leurs exploitations.

GEOLIERS.

Les Geoliers des Prisons ne pourront retenir pour les Gistes & Geolages, les Collecteurs, ou Solidaires emprisonnez pour fait de Taille à peine de punition corporelle, sauf à eux à se pourvoir par les voyes ordinaires & accoûtumées. Leur faisons deffenses d'exiger desd. Collecteurs ou Solidaires aucuns Droits d'Entrée & de Sortie, & de les laisser vaguer, sous quelque prétexte que ce soit, jusqu'à la Décharge de l'Ecrou, à peine d'être contraints ,en leur propre & privé nom, au payement des Causes de l'emprisonnement.

Fourage ou Quartier d'Hyver, etc.

PLUS VOUS IMPOSEREZ PAR LE MEME ROLLE, & par un Article separé, au marc la livre de la Taille, la somme de vingt trois livres pour vôtre part & portion de celle de *Trois cens deux mille deux cent cinquante livres quatorze sols onze den.* ordonnée être imposée sur tous les Contribuables aux Tailles de cette Generalité par Arrest du Conseil du 30 Juin 1739, tant pour subvenir à la dépense des Troupes, & tenir lieu des Impositions pour le Quartier d'Hyver de 1739 à 1740, qu'autres dépenses concernant la milice, mentionnées audit Arrest, y compris le Sol pour livre pour frais de Recouvrement, dont les Villes et Paroisses de la Vicomté de Turenne dépendantes des Elections de Brive & de Tulle doivent supporter celle de *Mille Sept cens quatre-vingt quinze lives dix sols.* Laquelle susdite somme vous remettrez dans les mêmes termes de la Taille entre les mains du Receveur des Tailles en exercice, à la déduction des quatre deniers pour livre que vous retiendrez par vos mains pour vôtre Droit de Collecte.

DE CE FAIRE donnons pouvoir à Vous Collecteurs en vertu de celui à nous donné par Sa Majetsé. Mandons au premier Huissier ou Sergent requis de faire pour l'execution du present Mandement tous Exploits, Actes & Contraintes necessaires nonobstant oppositions ou appellations, prise à parties, & autres choses à ce contraires, Fait & arresté au Bureau de ladite Election le 14 Octobre 1739.

Nous ordonnons que le Rolle de la Taille fait d'Office par Tarif sera continué dans la même forme par devant le sr Gaye, lieutenant de l'Election, que nous avons à cet effet commis. AUDEBERT DE TOURNY. Par Monseigneur : Dupin.

II. — *Le rôle des impôts de 1740.*

C'est donc sur les bases ci-dessus que fut établi le rôle des contributions de l'année 1740 dont je publie entièrement les préliminaires, malgré leur longueur, à cause des renseignements très précis qu'ils renferment sur la façon dont on calculait les impôts à cette époque et sur la quotité attribuée à chacune des matières imposables.

Les voici : (1)

Rolle fait par Clément de Gaye, conseiller du roy, lieutenant général civil et criminel en l'élection de Brive, de la taille et autres impositions y jointes, ordonnées être imposées sur tous les contribuables de la paroisse de Saint-Cernin, Vicomté de Turenne, Election de Brive, pour l'année prochaine mil sept cent quarante, suivant le mande-

(1) Archives personnelles.

ment signé de Monseigneur l'Intendant en date du 14 décembre 1739, lesquelles impositions montent

Sçavoir :

Le principal de la taille, déduction faite du moins imposé, six cent vingt livres,

Droit de collecte à 6 deniers pour livres, quinze livres dix sols,

Habillement des milices, vingt trois livres

Droit du sceau du présent rolle, sept livres quatre sols

Et Droit de quittance, quarante sols

Les dites sommes revenant à celle de six cent soixante sept livres quatorze sols.....................667^l,14^s.

D'une portion de laquelle somme de six cent soixante sept livres 14 s. a été par Nous Commissaire susdit fait une première répartition et distribution en présence de Jacques Sage, François Veyssier et Blaise Dheur, collecteurs en charge et des sieurs   (1)   principaux Habitants de ladite paroisse, sur tous lesdits Contribuables relativement et proportionnellement aux Héritages par eux faits valoir en propre, ou pour autruy, à leurs facultés personnelles et à leur industrie ;

Sçavoir, sur le propriétaire cultivateur à raison de 1 sol pour livre de revenu de ses Héritages, de façon que la seterée de terre étant dans la susdite Paroisse de cent trente neuf perches moins un   , et contenant 20,000 pieds de superficie.

Celle à froment qui ne rapporte que de deux années l'une, estimée quatre livres de revenu, est taxée à quatre sols

Celle à Seigle, Bled Noir, Baillarge et autres Grains, qui ne rapporte pareillement que de deux années l'une, estimée quarante sols de revenu, est taxée à deux sols

Celle de Jardinage ou à Chanvre qui rapporte tous les ans, estimée huit livres de revenu, est taxée à huit sols

(1) Les intervalles laissés en blanc le sont aussi dans l'original.

Celle de Chaume ou Retadis qui ne s'ensemence que de tems à autre et environ tous les quatre ans, estimée vingt sols de revenu, est taxée à un sol

Celle de Champ-froid estimée cinq sols de revenu jusqu'à la cinquantième dans le même domaine, est taxée à trois deniers; les   d'après ,estimées seulement chacune à   de revenu, sont taxées à   ; le surplus estimé à néant comme de nul produit.

Celle de Bois Châtaigner estimée trois livres de revenu est taxée à trois sols

Celle de Bois Taillis, essence de Chêne ou de Châtaigner, estimée vingt sols, est taxée à un sol

Celle de Bois d'Hautefutaye, estimée par rapport au Glandage et Paturage.........de revenu, est taxée à—— (cet article n'a pas d'application icy).

Celle de Pré est évaluée à une quantité plus ou moins grande de Foin suivant son produit et le Quintal de Foin estimé quinze sols est taxé à neuf deniers

Celle de mauvais Pré servant de pâcage, estimée trois livres de revenu, est taxée à trois sols

Le Journal de Vigne composé du quart de la seterée estimé quarante sols de revenu, est taxé à deux sols.

Sur le Colon-Fermier, Sous-Fermier ou Métayer à raison de 9 deniers pour livre du revenu des Héritages qu'il fait valoir; c'est-à-dire un quart moins que sur le propriétaire cultivateur, de façon que la seterée de Froment n'est taxée qu'à trois sols, celle à Seigle qu'un sol six deniers et les autres articles à proportion.

Les Fermiers sont taxés à raison de 1 denier pour livre du prix des Fermes uniquement composées de Domaines ou autres Biens-fonds faits valoir par des Colons, Sous-Fermiers ou Métayers cottisés aux 9 deniers pour livre (cet article n'a pas d'application icy).

Ceux des fermes dont toute l'exploitation consiste en Rentes, Dixmes, Agriers et autres revenus de la même nature, levés par lesdits Fermiers, sont taxés à raison de 3 deniers pour livre du prix des Baux (cet article n'a pas d'application icy).

Ceux des fermes composées, partie de Domaines, Prés, Vignes ou autres Fonds de terre par eux faits valoir, partie de Rentes, Dixmes, Agriers ou autres revenus de la même espèce par eux levés, et partie de Domaines ou autres Héritages faits valoir par des Colons, Sous-fermiers ou Métayers cottisés aux 9 deniers pour livre sont taxés, sçavoir pour la première partie aux 9 deniers pour livres; pour la seconde à trois deniers pour livre, et pour la troisième à 1 denier pour livre (cet article n'a pas d'application icy).

Ceux des Moulins à Bled, à Papier et à Tan, ceux des Forges, des Etangs, des Tuilleries et autres biens semblables sont taxés à 9 deniers pour livre du prix des Baux.

Les Preneurs soit par Adjudication en Justice, soit par convention volontaire d'une Levée de Dixmes, d'une Coupe de Bois Taillis, d'une Récolte de Foins, d'une Pesche d'Etang, d'une Vente de Fruits, ou autres revenus semblables sont taxés pour le profit qu'ils sont censés avoir fait dans l'exploitation de ces différents objets, à raison de 1 denier pour livre du montant desdites adjudications ou conventions (cet article n'a pas d'application icy).

Les Facultés Personnelles provenant des revenus de Biens fonds, autres que ceux déjà taxés sur les Propriétaires cultivateurs, soit que lesdits Biens-fonds se trouvent situés dans la susdite paroisse, ou le soient ailleurs, sont taxées à raison de 3 deniers pour livre, à l'exception de celles provenant des Loyers de Maisons, dont les Locataires ne portent point de Taxes pour raison desdits Loyers, lesquelles sont taxées à 1 sol pour livre, et de celles provenant de Fermes de Rentes, Dixmes, Agriers et autres revenus de même nature, dont les Fermiers ne portent de taxe qu'aux 3 deniers pour livre, lesquelles sont taxées aux

9 deniers pour livre, au moyen de quoy la Taille se trouve de 1 sol pour livre partagé entre le Propriétaire Contribuable et le Colon-Fermier, Sous-fermier ou Métayer sur tous les objets de revenus.

Les facultés Personnelles formées par Rentes constituées, par Rentes foncières, Secondes ou Seigneuriales non affermées, par Intérêts de deniers dûs, ou par Argent profitant dans le Commerce, sont taxées à raison d'un sol pour livre, avec cette modification en faveur de l'Argent dans dans le Commerce, que le revenu d'icelui n'est estimé que sur le pied du denier 20 du capital, ce qui sert de règle pour les Taxes au profit des Chetels sur les propriétaires d'iceux.

Les taxes d'industrie des Journaliers, des Artisans, des Gens de Métier, des Particuliers ayant Profession et des Laboureurs à Bœufs, sont réglées scavoir :

Celles des Journaliers sur le pied de 120 Journées utiles dans l'année, et à raison de 2 deniers pour livre du produit desdites 120 Journées, lesquelles sont estimées à   sols chacune.

Celles des Artisans et Gens de Métier sur le pied de 150 Journées utiles et à la même raison de 2 deniers pour livre du produit d'icelles, lesquelles sont estimées à différens prix suivant les différences des Arts et Métiers.

Celles des Particuliers ayant Profession, à la même raison de 2 deniers pour livre de ce qu'on estime que leur Profession leur peut produire annuellement le tout néanmoins avec l'attention de ne donner que les deux tiers, la moitié, le tiers, le quart, même le cinquième desdites Taxes d'Industrie à ceux desdits Contribuables, qui par leur âge, leurs infirmités ou leur nombreuse famille ne sont en état que d'en payer une desdites parties.

Celles des Laboureurs à Bœufs, qui, n'ayant pas assez de terre labourable pour occuper lesdits Bœufs, en tirent du profit en les employant à faire des Charois, sont réglées à 30 sols par paire de Bœufs (cet article n'a pas d'application icy).

Les Maisons et Dépendances d'Icelles, telles que Cours et Jardins à Légumes, sont comprises dans les Cottes des Propriétaires occupans, Bourgeois ou ayant une Profession honnête sur le pied de huit sols, dans celles des Artisans et Gens de Métier, Propriétaires-occupans sur le pied de 4 sols, et celle des Journaliers Propriétaires-occupans sur le pied de 2 sols.

Elles ne sont point comprises dans les Cottes de Locataires d'aucune espèce, attendu que loin de leur former un revenu, elles leur sont une charge, mais le prix des Baux desdites Maisons est taxé sur les Propriétaires bailleurs à raison de 1 sol pour livre.

Les Bastiments des Domaines, et dépendances d'iceux, tels que Cours. Bassecours et Jardins à légumes sont taxés sur les Propriétaires cultivateurs, scavoir : ceux des Domaines à 6 Bœufs 1 livre; ceux des Domaines à 4 bœufs 15 sols; ceux des Domaines à 2 Bœufs 10 sols; ceux des Domaines à 4 Vaches 6 sols; ceux des Domaines à 2 Vaches 4 sols et sur les Colons-Fermiers ou Métayers ils sont taxés à un quart de moins.

S'étant trouvé un Village dont les Brandes, séparées de celles du reste de la Paroisse, sont possédées en commun par les Habitants d'icelui, au moyen de quoy il n'a pas été possible de désigner dans la Cotte d'un chacun une quantité déterminée desdites Brandes, la jouissance du total a été taxée sur tous lesdits Habitants à raison de sols par paire de Bœufs, de sols par paire de Vaches, et de deniers par Mouton ou Brebis (cet article n'a pas d'application icy).

Lors de l'évaluation des différentes sortes d'Héritages de la Paroisse, on a eu égard aux Cens et Rentes Seigneuriales dont ils sont communément chargés, au moyen de quoy on n'en a point fait en particulier de déduction.

Les Particuliers taxés à raison de Facultés personnelles, ou d'Industrie, qui ont justifié de dettes leur formant une charge annuelle, ont été réduits en considération desdittes dettes, dans la même proportion du Tarif de leurs Taxes personnelles ou d'Industrie, C'est à Dire qu'un homme de profession ou un artisan taxé à 2 deniers pour livre du produit de sa Profession ou de son Métier, qui a justifié de dettes, déduction lui en a été faite à la même raison de deux deniers. Un propriétaire cultivateur taxé à 1 sol pour livre du revenu de ses Héritages, qui a aussi justifié de dettes, la déduction lui en a été faite à 3 deniers pour livre proportion de sa taxe de propriété, celle de Colonage n'étant pas susceptible de déduction. Un bourgeois taxé d'une part à 3 deniers pour livre pour facultez provenans de Domaines ou Héritages exploitez par Colons, et d'autre part à 1 sol pour livre d'intérêts à lui dûs, qui a justifié de dettes, la déduction lui a été faite à 1 sol pour livre jusqu'à concurrence des intérêts qu'il lève, et le surplus ne lui a été déduit qu'à 3 deniers, proportion de la taxe qu'il supporte pour ses domaines et Héritages exploités par Colons, sans qu'il ait été fait de semblables réductions à l'égard des Métayers, Fermiers ou Adjudicataires sur leurs cottes causées pour Colonage, profit de Ferme ou d'Adjudication.

Quoique les Bestiaux ne soient pas taxés nommément au présent Rolle, cependant comme ils se trouvent l'être réellement dans la taxe des Prez, des Pacages et des Landes qui ne servent qu'à leur nourriture; lorsqu'un propriétaire de Fond a justifié tenir à chetel des Bœufs, des Vaches, des Moutons ou autres Bestiaux, il lui a été fait sur sa Cotte une réduction à raison dudit chetel, sur le pied de 1 sol pour livre de son produit estimé au denier 20 du capital, ladite réduction égale à la taxe établie sur le Propriétaire dudit chetel pour le profit d'icelui.

Les Particuliers de Condition Taillable domiciliés hors la

paroisse et faisant valoir des Biens fonds en icelle, y sont taxés faute de donner Colon, et sous cette expression, faute de donner colon, sur le même pied des Colons, Fermiers ou Métayers cy-dessus, sans préjudice de leurs Taxes dans les Paroisses de leurs domiciles en qualité de Propriétaires desdits Fonds, et sur le pied cy-dessus des Propriétaires non cultivateurs.

Les Héritages qui se trouvent faire partie de Domaines situés dans d'autres paroisses voisines, et y avoir été taxés les années précédentes, soit en vertu de Sentence de réunion de cottes, soit par un usage ancien non abusif, ne sont point compris dans le présent Rolle et le seront dans ceux desdites Paroisses voisines, comme au contraire les Héritages situés dans des Paroisses voisines qui se trouvent faire partie de Domaines de celles-cy et avoir été taxés les années précédentes en vertu de Sentence ou par un usage non abusif, sont compris dans les Cottes desdits Domaines, et ne le seront point aux Rolles desdites Paroisses voisines.

Les Réserves Légitimes des Ecclésiastiques, Gentilshommes et Privilégiez, et les Domaines ou Héritages par eux faits valoir à leur main en conformité des Règlements, sont détaillez dans le Rolle, comme tous autres Domaines et héritages, et y sont employez seulement pour mémoire attendu le Privilège.

Les Ecclésiastiques faisant valoir des Biens fonds non sujets à leurs Priviléges et les Gentilshommes ou Privilégiez en faisant valoir excédant leurs Priviléges, sont taxés les premiers à raison des Biens fonds non sujets à leurs Priviléges, et les seconds à raison de l'excédent de leurs Priviléges sur le pied cy-dessus des Colons, Fermiers ou Métayers sous l'expression Faute de donner colon des Héritages cy-après non sujets à leurs priviléges, ou excédant leurs priviléges, mais ils ne sont point taxez en qualité de Propriétaires attendu que leurs facultés personnelles ne doivent point d'Impositions (cet article n'a pas d'application icy).

Quant aux Biens vacans, on a distingué ceux qui produisent sans culture, comme les Prez, les Châtaignères, etc. d'avec ceux qui en ont besoin pour rapporter, tels que les Terres labourables, les Vignes, etc. Les premiers sont taxez sous le nom des Propriétaires faute de donner colon, et sur le même pied que des Colons, Fermiers ou Métayers; les autres sont détaillés dans le Rolle et tirés seulement pour mémoire, attendu la vacance; par là les Propriétaires se trouvent invitez à remettre lesdits Biens en culture, et les Collecteurs n'hazardent point de perdre (cet article n'a pas d'application icy).

Et comme les cottes faites sur tous les Contribuables, conformément à ce que dessus, n'ont rempli de la susdite somme de 667^l 14^s que celle de quatre cents huit livres quatre sols, au moyen de quoy il se trouve de reste à imposer celle de deux cents cinquante neuf livres dix sols, Nous avons fait de cette dite dernière somme une nouvelle Répartition au marc la livre de la première, par un article particulier, inséré à la fin de chaque Cotte, sous la dénomination de 2e Répartition

Plus Nous avons imposé par un Article séparé et au marc la livre de la Taille la somme de quatre cents trente deux livres pour la capitation de l'année 1740 (1).

Auxquelles Répartitions Nous avons procédé ainsi qu'il s'ensuit :

Suivent ici 140 articles, avec un nombre égal de contribuables, qui produisent les sommes suivantes, représentant la totalité des impositions de l'année 1740 pour la paroisse de St-Cernin.

____

(1) Cet impôt de la capitation, qui frappait tous les contribuables selon leur rang, leur état et leurs facultés ne fut perçu dans la Vicomté qu'après sa réunion à la couronne. C'était la contribution personnelle et mobillière de nos jours.

$$1° \text{ Taille} \begin{cases} 1^{ere} \text{ répartition } 408^l,4^s \\ 2^e \text{ répartition } \quad 259,10 \end{cases} 667 \text{ livres } 14 \text{ sols}$$

2° capitation................ 432 —

total...... 1099 livres, 14 sols.

Quant aux collecteurs en charge, désignés ci-dessus, nous les retrouvons dans le rôle, avec les renseignements suivants :

Jacques Sage, laboureur à Chazat, inscrit sous l'article 16, à la 1re répartition pour 4 livres 9 sols 6 deniers, à la 2me pour 2 livres 18 sols 6 deniers; soit au total sept livres huit sols, et en outre, pour la capitation, cinquante sols.

Blaise Dheur, laboureur à la Bouquerie, porté à l'article 20, à la 1re répartition pour 2 livres 12 sols; à la 2me, pour 1 livre 15 sols; total quatre livres sept sols, et pour la capitation, trente sols.

François Veyssier, laboureur à la Bouquerie, figure à l'article 22, à la 1re répartition pour 3 livres 3 sols; à la 2me pour 2 livres 1 sol, total cinq livres quatre sols et pour la capitation, trente cinq sols.

Sont portés pour mémoire seulement et entièrement exempts d'impôts les articles suivants :

Art. 4. Héritages du sieur Vauzelle, vicaire desservant la présente paroisse : maison et jardin à légumes.

Art. 30. Héritage du sr du Fraysse, écuyer seigneur de Beausoleil dont il jouit à sa main : château, cour et jardin - quatre séterées de terre à froment, — une séterée un quart de terre à méture, — Cent cinquante séterées de bois taillis, — treize séterées de pré du revenu de 150 quintaux de foin, — dix journaux de vigne — (mémoire, attendu le privilège).

Mais son domaine du Causse, porté à l'article 31, sous le nom du métayer, François Leymarie, est taxé à 5 livres 9 sols de taille et à 3 livres 11 sols pour la capitation.

III. — *Ordonnance pour la nomination des collecteurs pour l'année 1741.*

Il fallut aussi pourvoir au remplacement des anciens collecteurs, désignés suivant les règles de la Vicomté. On envoya donc aux paroisses, dans le courant de l'année 1740, les instructions nécessaires pour cette opération. L'ordonnance les renfermant était conçue en ces termes : (1)

De par le Roy.

Louis-Urbain Aubert, chevalier, Marquis de Tourny, Baron de Nully, Seigneur de Pressaigny, Laqueudaix, Thil et autres lieux, Conseiller du Roy en ses conseils, Maître des requêtes ordinaire en son Hôtel, Intendant de Justice, Police et Finances en la Généralité de Limoges.

Aux Sindics, Consuls et Collecteurs en charge la présente année 1740.

Estant nécessaire de pourvoir à la nomination des collecteurs de l'année prochaine mil sept cens quarante-un.

Article premier.

Nous Ordonnons que dans toutes les paroisses de cette généralité il sera incessamment procédé au recollement des Tableaux faits en exécution des Déclarations du Roy des 1 Aout 1716, 24 May 1717 et 9 aout 1723 et de nôtre Ordonnance du 25 juin 1734 pour être les Habitants Taillables décédez, ou ceux qui auront acquis quelque exemption de Collecte, ôtez desdits Tableaux, comme aussi pour y ajoûter ceux qui seront devenus sujets à ladite Collecte; lesquels recollements seront remis dans le quinze juillet prochain aux Greffes des Elections par les Syndics et Collecteurs desdites Paroisses en charge la présente année à peine de 50 livres d'amende.

II. — Seront aussi tenus lesdits Syndics et Collecteurs d'envoyer aux Greffes desdites Elections, avant le premier

---

octobre prochain, un Extrait desdits Tableaux recollés, signé d'eux, dans la forme portée par le modèle cy-après transcrit, contenant les noms des Habitants qui devront être Collecteurs l'année prochaine mil sept cens quarente-un, pour le choix desquels leur deffendons, sous les mêmes peines que dessus, de déranger l'ordre desdits Tableaux.

III. — Leur ordonnons de procéder en même temps, et par un Acte séparé, à la Nomination d'un Syndic capable et intelligent, dont ils feront choix dans le nombre des Habitans qui composent la première des trois colonnes du Tableau ; en observant néanmoins de ne prendre aucun de ceux qui auront été nommés collecteurs dans les deux années précédentes, ou qui seront en rang de passer à la Collecte dans les deux suivantes, laquelle Nomination sera par eux portée aux Greffes des Elections dans le même délay que les Extraits des Tableaux par la Nomination des Collecteurs.

IV. — Les contestations qui pourront naître à l'occasion desd. Tableaux ou Recollement, seront portées suivant l'article III de la déclaration du Roy du 9 aout 1723 aux Elections, et par appel à la Cour des Aydes dans les temps prescrits par les anciens Règlements.

V. — Enjoignons aux Procureurs du Roy des Elections de tenir la main, chacun en droit soi, à l'exécution de nôtre présente Ordonnance, et de nous envoyer après le 15 juillet prochain, un Etat des Paroisses dont les Syndics et Collecteurs n'auront point satisfait à ce qui leur est prescrit, et pour les y obliger dans la quinzaine suivante, feront lesdits Procureurs du Roy toutes poursuites et diligences en tel cas requises et ordinaires.

VI. — Enjoignons pareillement aux Receveurs des Tailles en exercice l'année prochaine 1741 de faire incessamment passer aux Syndics et Collecteurs de chaque Paroisse de leur Election nôtre présente Ordonnance, pour y être lue et publiée à l'issue de la Messe Paroissiale, ou de Vêpres,

le premier jour de Dimanche ou de Fête après la réception,
à ce que personne n'en ignore : Leur enjoignons aussi
de nous avertir de toutes les contraventions à icelle qui
pourraient venir à leur connaissance.

VII. — Ordonnons au surplus que nôtre Ordonnance du
25 juin 1734 sera exécutée selon sa forme et teneur dans
toutes les Paroisses où il n'y aurait point encore été
satisfait, à quoy Enjoignons aux Officiers des Elections
de tenir la main. Fait ce 15 May 1740.

Signé, Aubert de Tourny
et plus bas, Par Monseigneur, Dupin.

Cette ordonnance est suivie d'un « modèle des recolle-
mens ordonnez par les Déclarations de Sa Majesté des
1er aout 1716 et 24 May 1717» et d'un « Formulaire de l'Extrait du Tableau, contenant les noms des Habitants
qui doivent être collecteurs pour l'année 1741 pour être
remis au greffe de l'Election avant le premier octobre,
suivant l'article VII de la Déclaration du Roy du premier
aout 1716 ».

CHAPITRE XV

I. — Impôt de la milice en 1750.

La milice était une troupe d'infanterie qui s'organisait
dans chaque province du royaume au moyen des hommes
fournis par les villes et les paroisses, proportionnellement
au nombre de leurs habitants. Ces recrues étaient désignées
par le sort parmi les garçons bien constitués de 16 à 40
ans, dont la taille était au moins de cinq pieds. Par l'ordonnance du Roi du 27 février 1726, les milices de France
formaient 100 bataillons de 12 compagnies comprenant
chacune 50 hommes.

Les paroisses devaient subvenir aux frais d'équipement
des miliciens et plusieurs d'entre elles étaient groupées
sous le nom de communauté pour couvrir cette dépense.
Le document suivant (1) nous fait connaître la communauté
dont faisait partie Saint-Cernin en 1750 et la somme imposée pour cet objet :

« Nous commissaire du Roy pour la levée de la Milice,
en conséquence du pouvoir à nous donné par M. l'Intendant de cette généralité, avons nommé d'office pour contribuer par égale portion avec les sindics des communautés
de Larche, Saint-Cernin et Ferrières et ses adjoints, à
l'avance de l'Equipement de deux Miliciens que ladite
communauté doit fournir et des anciens Miliciens servant
pour ladite Communauté et autres frais évalués à treize
livres par Milicien, les nommés Jean Leymarie pour Saint-

____

(1) Archives personnelles.

Cernin et Antoine Sage, de Dautrement pour Larche, principaux Habitants de ladite communauté, auxquels nous enjoignons de payer leur part et portion de ladite dépense lors de l'Assemblée de la Milice, à peine d'y être solidairement contraints par établissement de garnison; sauf le remboursement qui en sera donné à leur profit. Fait à Larche le troisième mars mil sept cent cinquante ». Signé : Salès, subdélégué commissaire du Roy pour la Milice.

L' état des garçons de la paroisse de Saint-Cernin devant concourir à la formation de la milice, établi par village, comprend 34 noms, dont deux sont portés déserteurs. Il y eut un grand nombre d'exemptions, car onze seulement furent désignés comme miliciables et durent tirer au sort. Ce fut un nommé Jean Lachèze, de Maslegrèze, qui porta le billet sur lequel était inscrit le mot « milicien » et qu'on appelait le billet noir; il fut, par conséquent, déclaré milicien de la paroisse.

La liste se termine par cette observation écrite de la main du subdélégué et signée par lui : « tous les garçons qui ont été marqués pour tirer le sort payeront trois livres et tous les autres indifféremment quarante sols à peine de garnison ». C'était sans doute un moyen employé pour faire rembourser aux répondants, syndics et nommés d'office, cités plus haut, les sommes qu'ils avaient dû avancer.

Ces versements ne s'opéraient pas toujours sans difficultés; mais on ne plaisantait guère avec les récalcitrants et plusieurs des jeunes gens de Saint-Cernin, qui ne s'étaient pas exécutés, supportèrent des frais s'élevant généralement à vingt sols et trois d'entre eux subirent même des saisies d'objets divers énumérés de la sorte : à l'un, trois plats d'étain; à un autre, un chaudron de cuivre et au troisième, trois assiettes et une écuelle. Le syndic, Jean Verlhac, répondit pour la contribution de deux livres et une livre de frais d'un de ces garçons et lui évita ainsi la saisie, que le subdélégué intraitable n'aurait pas manqué de lui infliger, Seul, celui qui est « tombé au sort » est exempt de toute contribution.

II. — Le Rôle de 1753.

Le rôle de l'année 1753 (1) a été établi par le commissaire, de Gaye et arrêté à Brive le 6 décembre 1752. Il comprend 170 articles représentant 152 contribuables de la paroisse et 18 forains. Il a donné lieu aussi à deux répartitions et chaque article porte un certain dégrèvement accordé pour grêle, survenue par conséquent durant le cours de l'année 1752.

Les impôts de la paroisse se décomposent ainsi qu'il suit :

1ere Répartition. — 841 livres 7 sols 6 deniers.

2eme Répartition. — 42 livres 1 sol

Total.....883 livres 8 sols 6 deniers.

Le montant de la réduction pour grêle s'élève au chiffre total de 156 livres 10 sols, ce qui donne pour la totalité de la taille réellement payée pour cette année la somme de 726 livres 18 sols 6 deniers.

Un seul collecteur, Jacques Sage, laboureur à la Bouquerie, se trouve mentionné sur le rôle, à l'article 21 et imposé à la 1re répartition de 10 livres 18 sols, à la 2me de 6 sols, avec une réduction pour grêle de 1 livre 1 sol, ce qui réduit son chiffre d'impôts à la somme de 10 livres 3 sols.

Mais le nom d'un second collecteur, Jean Verlhac, celui qui dut certainement recevoir tout l'argent des contribuables, nous est fourni par la collection des reçus(2) au nombre de onze, qui lui furent délivrés du 29 décembre

(1) Archives personnelles.
(2) Archives personnelles.

1752 au premier janvier 1754 et qui attestent qu'il a versé pendant ce temps à Lansade, Receveur Ancien des Tailles de l'Election de Brive, la somme de 695 livres, plus 13 livres 11 sols pour frais taxés, plus 2 livres pour droits de quittance, au total 710 livres 11 sols. La différence avec le total du rôle représente la remise faite aux collecteurs.

La capitation, dont il n'est pas question sur le rôle, fut aussi payée durant cette année par la paroisse et donna sans doute lieu à un rôle spécial, ainsi que d'autres impôts dont il est parlé dans les reçus du Receveur sus-mentionné. C'est ainsi que l'on trouve au bas de l'un deux, celui du 1er juin « plus reçu la somme de cinq livres quinze sols pour l'équipement des miliciens imposé ladite année avec la capitation, dont quittance ».

La capitation, en effet, décrétée par Louis XIV, en 1695, pour subvenir aux frais de guerre, était un impôt dont personne ne pouvait être exempté. Il était entièrement distinct de la Taille et se levait sur chaque habitant, taillable ou non taillable, à raison de son travail, de son industrie, de sa charge ou de son rang. Il a été remplacé par la contribution personnelle et mobilière, que nous payons aujourd'hui.

Mais, dans le rôle de 1753, sont toujours portés pour mémoire, avec la mention « exempts et privilégiés » :

Art. 4. Héritages appartenant au sieur Leymarie, vicaire desservant la paroisse.

Art. 42. Héritages appartenant au sieur du Fraysse, écuyer, seigneur de Beausoleil, dont il jouit à sa main par domestique.

Art. 105. Jean Veyssière et François Pitance, domestiques non mariés, faisant valoir un moulin appartenant à M. de Cousages, du revenu de 240 livres (mémoire).

III. — La Capitation en 1754

Si le rôle de cet impôt a disparu, il nous reste les neuf quittances (1) délivrées au collecteur, Jean Verlhac, par

(1) Archives personnelles.

Lansade, qui est toujours Receveur Ancien des Tailles de l'Election de Brive. La première est du 1er février 1754 et la dernière porte la date du 19 août suivant, avec la mention « le collecteur faisant le final payement de la capitation ». Une simple addition nous indique que cet impôt s'élevait pour la paroisse de Saint-Cernin à la somme de 504 livres « y compris huit livres huit sols pour la remise du collecteur », plus 13 livres 2 sols pour frais taxés·

Il y a une augmentation sensible de la capitation depuis 1740 ; car, à cette époque, elle ne s'élevait qu'à 432 livres.

IV. — Le Collecteur de 1755.

Les fonctions de collecteur n'étaient pas très avantageuses et les nombreux dérangements et les ennuis inévitables, qui devaient certainement s'en suivre, n'étaient guère récompensés par la remise de six deniers pour livre dont ils jouissaient suivant l'ordonnance du 14 octobre 1739, ni par les quatre sous par jour s'ils étaient à cheval ou deux sous seulement, s'ils allaient à pied, que leur attribuait l'ordonnance de Charles V, du 21 novembre 1379, pour se rendre au bureau du Receveur de l'Election et y faire leur versement, quatre jours au plus après l'échéance du terme. Aussi cet emploi de collecteur n'était-il pas recherché par tous, et si l'un d'eux était désigné hors de son tour, il ne manquait pas d'adresser une réclamation pour faire rectifier l'erreur commise. C'est ainsi qu'en 1754 fut envoyée cette supplique à Monseigneur l'Intendant de la Généralité de Limoges (1) :

« Supplie humblement François Veyssié travailleur habitant du village de la Boucarie, paroisse de Saint Sernin de Larche, disant qu'il se trouve compris dans la seconde colonne du tableau de lad. Paroisse pour passer à la collecte l'année 1751 et en effet il a fait les fonctions de collecteur

____

(1) Archives personnelles.

lad. année. Cependant il se trouve encore compris dans led. tableau et dans la troisième colonne par une méprise pour passer à la collecte l'année prochaine 1755, comme il paraît sur les extraits dud. tableau cy joints et pour éviter cette injustice, il a recours à vous Monseigneur afin que ce considéré vous ordonniés que Léger Bigeat du village de Chazat de la troisième colonne destiné dans led. tableau pour passer à la collecte l'année 1756 remplassera le suppliant pour passer à la collecte l'année prochaine 1755, le suppliant continuera ses vœux pour la conservation de sa Grandeur ».

L'Intendant ne pouvait rester insensible à de pareils sentiments ; aussi s'empressa-t-il d'écrire sur cette pièce la note suivante : « Renvoyé au s[r] Salès, notre subdélégué à Brive pour, sur l'avis du s[r] Lansade Receveur des Tailles, rendre au supliant la justice qui luy sera due. Fait à Limoges le 9 déc. 1754 », Signé : De Chaumont.

Le sieur Salès, à son tour, ajoute : « soit la présente requête communiquée au sieur Lansade Receveur des Tailles en exercice pour l'année mille sept cents cinquante cinq, pour son avis à nous rapporté être ordonné ce qu'il appartiendra. Fait à Brive le 12 déc. 1754 ». Signé : Salès, subdélégué.

Immédiatement au-dessous, on lit : « Vu l'exposé en la requette de l'autre part ensemble le tableau des habitans de la paroisse de Saint Sernin de Larche du 31 avril 1749 par lequel il conste que François Veysssier est désigné à la troisième colonne pour la fonction de collecteur adjoint pour l'année 1751 ensemble le préambule du Roolle dans lequel il est dénommé pour consort lad. année avec Jean Dupeyroux porte Roolle et la nomination qui a été faitte de sa personne pour passer à lad. collecte l'année prochaine mil sept cent cinquante cinq, signé de Leymarie syndic, le soussigné estime que led Veyssier en doit être déchargé et Léger Bigeat du village de Chazat qui devait passer suivant le rang du tableau en 1757 doit faire les fonctions de troisième collecteur au lieu et place dud. Veyssier ». signé : Lansade.

La décision ne se fit pas attendre : « Vû la req^{te} cy dessus, l'ordonnance à nous addressée par M. l'Intendant, la note cy dessus de soit communiqué au s^r Lansade Receveur, son avis mis ensuite, ensemble le tableau de St-Sernin de Larche, nous avons déchargé et déchargeons François Veyssié suppliant de faire la collecte de lad. paroisse pour mille sept cents cinquante cinq, et avons nommé et nommons à son lieu et place Léger Bigeat du village de Chazat porté au tableau pour l'année mille sept cents cinquante sept afin d'en faire les fonctions pour mille sept cents cinquante cinq, fait à Brive le seize décembre mille sept cents cinquante quatre ». Signé : Salès, subdélégué.

Ainsi, voilà une réclamation qui est à Limoges le 9 décembre, renvoyée à Brive le 12, elle passe du bureau du subdélégué à celui du receveur, d'où elle revient audit subdélégué, qui rend sa décision le 16. Sept jours ont suffi pour solutionner cette question. Remarquons qu'il s'agit de l'année 1754 et demandons-nous si, à notre époque de bureaucratie intensive, les affaires sont instruites et réglées avec une pareille célérité. La réponse est trop aisée pour qu'il soit utile d'insister. Un trop grand nombre de contribuables en font chaque jour l'expérience et connaissent la sage lenteur et les formes administratives qu'ils doivent subir pour les questions les plus simples.

VI. — Le rôle du Vingtième de l'année 1756.

Le vingtième était un impôt spécial et supplémentaire qui frappait les revenus de tous les habitants. Sa dénomination même en indique la quotité; elle était égale au vingtième de ces revenus. Etabli en 1750 pour l'acquittement des dettes de l'Etat, il fut aussi décrété en 1756, mais augmenté de quatre sols pour livre. Le système des centimes additionnels était né et devait parcourir une longue carrière.

Ce vingtième de l'année 1756, pour la paroisse de Saint-Cernin, fut établi sous le numéro 122, sur un « Rolle fait par Nous Jacques Louis de Chaumont de la Millière, chevalier seigneur de Vallançay, Luçay, d'Argeville et autres lieux, conseiller du Roy en ses conseils, Maître des Requêtes ordinaires de son Hôtel, Intendant de Justice, Police et Finance en la Généralité de Limoges, des sommes qui doivent être levées en exécution des Edits du Roy des mois de May 1749 et Décembre 1746, sur tous les Biens-fonds, Maisons, Seigneuries, Fiefs, Cens, Rentes, Fermes, Domaines, Terres, Prés, Bois, Vignes, Marais, Pacages, Usages, Etangs, Rivières, Moulins, Forges, Fourneaux et autres Usines, Redevances, Dixmes, Champars, Droits Seigneuriaux, Péages, Passages, Droits de Ponts, Bacs et Rivières, et tous autres Droits et Biens situés dans la paroisse de St-Sernin, Election de Brive et y possédés par des Particuliers tant pour le vingtième du revenu desdits biens de l'année 1756, que pour les quatre sols pour livre en sus d'icelui ainsi qu'il en suit ». (1)

On trouve là l'énumération de 127 articles, représentant autant de contribuables, avec l'indication en toutes lettres de leur contribution, qui est répétée en chiffres dans deux colonnes occupant le côté droit de la page, l'une pour le vingtième, l'autre pour les quatre sols pour livre. « Revenant toutes les sommes contenues au présent Rolle à celle de trois cent sept livres dix neuf sols.

Sçavoir :

Pour le Vingtième deux cent cinquante six livres quatorze sols et pour les quatre sols pour livre en sus d'icelui cinquante une livre cinq sols AU Payement desquelles sommes tant en principal que quatre sols pour livre,

____

(1) Archives personnelles.

es y dénommés, leurs représentans ou ayant cause à quelque titre que ce soit, leurs Fermiers, Régisseurs, Loca-aires, et autres débiteurs, seront contraints par les voyes ordinaires et accoûtumées, comme par les propres deniers et affaires de Sa Majesté, entre les mains et sur les quittances de Jean Verlhac,

Par Nous préposé pour en faire le recouvrement en quatre termes égaux ès mois de Janvier, Avril, Juillet et Octobre de ladite année 1756 et ce par préférence à toutes créances, douaires et autres dettes privilégiées ou hypotequaires de quelque nature qu'elles soient, même aux autres deniers de Sa Majesté, sera ledit préposé tenu d'en faire le recouvrement à la remise de quatre deniers pour livres et au surplus de payer le montant dudit Rolle, ès mains du Sr Receveur des Tailles en exercice de ladite année 1756, huitaine après les susdits termes échûs, à peine d'y être contraint en son propre et privé nom, comme pour les propres deniers et affaires de Sa Majesté, et sera le présent Rolle remis à la diligence dudit Sieur Receveur audit Préposé, lequel sera tenu de le faire publier à la porte de l'Eglise de ladite Paroisse après la Messe du Dimanche ou Fête qui suivra ladite réception, à ce que personne n'en puisse prétendre cause d'ignorance, et que chacun des Redevables ait à s'y conformé. Fait et arrêté par Nous Intendant susdit ce premier janvier mil sept cent cinquante six ». Signé : de Chaumont, et plus bas : « Par Monseigneur » Signé : de Beaulieu.

Ces prescriptions ne furent pas très exactement suivies par le collecteur Jean Verlhac, qui, au lieu d'opérer par trimestre, fit des versements mensuels et inégaux, ainsi qu'en témoigne la série des reçus à lui délivrés par Laumond, commis à la Recette des Tailles de l'Election de Brive. La dernière quittance de cinquante six livres quinze sols pour reste du vingtième porte la date du 31 janvier 1757 (1).

(1) Archives personnelles.

CHAPITPE XVI

I. — Rôle de la taille, de la taxe militaire et de la capitation pour 1771.

Les préliminaires de ce rôle présentent des différences notables avec ceux publiés plus haut de celui de 1740, et des évaluations nouvelles y sont indiquées pour les diverses matières imposables. Il est donc intéressant de les reproduire ici, afin que le lecteur puisse établir entre eux une comparaison utile et juger de l'augmentation qui s'est produite durant cette période trentenaire.

Voici donc, établi sous le numéro 122, le Rolle (1) fait par Nous, Antoine Louis de Salès, Ecuyer subdélégué Commissaire nommé par Monseigneur l'Intendant pour procéder à la Répartition de la Taille et autres Impositions y jointes, ordonnées être assises et levées sur tous les Contribuables de la Paroisse de St-Sernin de Larche, Election de Brive, pour l'année prochaine mil sept cent soixante onze suivant le Mandement signé de Monseigneur l'Intendant, en date du 4 9bre 1770, lesquelles Impositions montent. Savoir :

Principal de la Taille.............. 735¹

Droit de collecte à 6 deniers pour livre. 18¹ 7ˢ 6d

Et Droit de Quittance.............. 2¹

Imposition militaire................ 93¹

Lesdites sommes revenant à celle de..848¹ 7ˢ 6d

(1) Archives personnelles.

d'une portion de laquelle somme de huit cent quarante huit livres sept sols six deniers a été, par Nous Commissaire susdit, fait une première Répartition et Distribution en présence de Pierre Leymarie, praticien, Elie Leymarie et Jean Leymarie, Collecteurs en charge, sur tous lesdits Contribuables relativement et proportionnément aux Héritages par eux faits valoir en propre, ou pour autrui, à leurs Facultés personnelles, et à leur Industrie; SAVOIR :

1. Sur le Propriétaire cultivateur à raison de 3 sous pour livre du revenu de ses Héritages, de façon que la Seterée de terre étant dans la susdite Paroisse de 3,200 pas en quarré, et contenant 20,000 pieds de superficie, est estimée, SAVOIR :

Celle de Terre labourable 1ere qualité estimée 3l est taxée à 9s

Celle de la 2e qualité estimée 1l 10s est taxée à 4s 6d

Celle de la 3e qualité estimée 1l est taxée 3s

Celle de Chaume ou Retadis estimée — est taxée à —

Celle de Champfroids estimée 2s 3d est taxée à 4d

Celle de Bois Taillis 1ere qualité estimée 15s est taxée à 2s 3d

Celle de la 2e qualité estimée — est taxée à —

Celle de Bois Chataigner 1ere qualité estimée 1l 10s est taxée à 4s 6d

Celle de la 2e qualité estimée — est taxée à —

Celle de la 3e qualité estimée — est taxée à —

Celle de Pré 1ere qualité estimée 7l est taxée à 1l 1s

Celle de la 2e qualité estimée 5l 10s est taxée à 16s 6d

Celle de la 3e qualité estimée 4l est taxée à 12s

Celle de Pacage estimée 2l est taxée à 6s

Le Journal de Vigne 1ere qualité, composé du quart de la seterée estimé 1l est taxé à 3s

Celuy de la 2e qualité estimé — est taxé à —

2. Sur le Colon, Fermier, Sousfermier, ou Métayer, à raison de deux sous pour livre du revenu des Héritages

qu'il fait valoir; c'est-à-dire un tiers moins que sur le Propriétaire Cultivateur.

3. Les Fermiers dont toute l'exploitation consiste en Cens, Rentes Seigneuriales, Rentes Secondes, Dixmes, Droits de halle, Agriers et autres revenus de même nature, par eux levés, sont taxés à raison de 4 deniers pour livre du prix de leurs Baux. Mais dans le cas que ces Fermiers sousafferment ces objets en tout ou partie ladite Taxe de 4 deniers pour livre est divisée entre le Fermier principal et le Sousfermier à raison de 2 deniers sur chacun d'eux pour les objets sousaffermés.

4. Ceux des Terres labourables, Prés, Vignes, Bois, Domaines, ou autres Bienfonds exploités par des Colons Sousfermiers, ou Métayers, cottisés aux 2 sous pour livre, sont taxés à 2 deniers pour livre du prix de leurs Baux.

5. Ceux des Fermes, composées partie de Terres labourables, Prés, Vignes, Bois ou autres Bienfonds par eux faits valoir, partie de Cens, Rentes, Dixmes, Agriers, ou autres revenus de même espèce par eux levés, et partie d'Héritages exploités par des Colons Sousfermiers ou Métayers cottisés aux 2 sous pour livre, sont taxés, savoir : pour la première partie aux 2 sous pour livre; pour la seconde aux 4 deniers pour livre, et pour la troisième aux 2 deniers pour livre.

6. Les Preneurs soit par Adjudication en justice, soit par convention volontaire d'une levée de Dixmes, d'une Vente de Fruits, ou autres revenus semblables, sont taxés pour le profit qu'ils sont censés avoir fait dans l'Exploitation de ces différents objets, à raison de 2 deniers pour livre du montant desdites Adjudications ou conventions.

7. Les Propriétaires de Moulins à Bled, à Papier, à Tan, de Forges, Fourneaux, Etangs, Droits de Bac et de Pesche dans les Rivières, Fours Bannaux, Tuilleries et autres biens semblables, qu'ils tiennent et font valoir par eux-mêmes, sont taxés à raison de 3 sous pour livre

du revenu évalué en considération des réparations auxquelles ces sortes de biens sont sujets aux deux tiers seulement de ce qu'ils seraient communément affermés sans charge de réparations sur les Preneurs et les Fermiers d'iceux aux 2 sous pour livre du revenu évalué de même aux deux tiers.

8. Les Propriétaires de Maisons, les occupans sont taxés pour raisons d'icelles et leurs dépendances telles que Cour et Jardin à légumes seulement, à raison de 3 sous pour livre de ce qu'elles devraient être communément louées et les Locataires d'icelles aux 2 sous pour livre du prix de leurs Baux.

9. Les Propriétaires Cultivateurs de Domaines sont taxés pour raison des Bâtiments desdits Domaines et de leurs dépendances réduites à Cour et Jardin pour légumes, savoir : ceux des Domaines ayant 4 Bœufs 30 sous, ceux des Domaines à 2 Bœufs, 4 ou 6 Vaches 20 sous ; ceux des Domaines ou Borderies à 2 Vaches 10 sous et les Colons, Fermiers ou Métayers sont taxés un tiers moins.

10. Les Facultés Personnelles provenant de Bienfonds donnés à Ferme, à moitié ou à Loyer, de Cens, Rentes Seigneuriales, Rentes Secondes, Dixmes, Agriers, ou autres revenus de la même nature en régie ou en Ferme, sont taxés au sou pour livre ; de même aussi celles formées par Rentes constituées, Intérêts de deniers dûs et Argent profitant dans le Commerce ; le revenu dudit Argent estimé sur le pied du denier vingt-cinq du Capital.

11. Les Taxes d'Industrie des Journaliers, Artisans, et gens de Profession, sont réglées, savoir, celles de Journaliers à la valeur de deux et demi de leurs Journées, autrement dit aux 6 deniers pour livre du produit de leurs Journées évaluées à 100 utiles par an. Celles des Artisans travailleurs sur la matière d'autrui et des Voituriers au double des Taxes des Journaliers ; celles des Artisans travaillans leur propre matière, au triple et celle des gens

de Profession, aux 6 deniers pour livre de ce qu'on estime que le revenu Industriel de leur Profession leur peut produire annuellement, de façon toutefois que ces dernières ne soient jamais moindres que du triple de celles des Journaliers.

12. Les Taxes d'Industrie des Journaliers sont augmentées du tiers, par chacun de leurs enfans, de l'âge de 16 ans faits travaillans avec eux, ainsi que celles des Artisans, tant pour chacun de leurs enfans dudit âge, que pour chacun de leurs Compagnons ou Apprentifs, et celles des Voituriers d'un 6e à raison de chacune de leurs Bêtes de Somme.

13. Au Contraire sont réduites, du tiers, des deux tiers les Taxes d'Industrie des Journaliers, Artisans, Voituriers, qui sont chargés d'enfans, au-dessous de 12 ans faits, savoir, du tiers lorsqu'ils en ont 2 jusqu'à 4, des deux tiers lorsqu'ils en ont 4 jusqu'à 6, et mises à néant lorsqu'ils en ont 6 et au-delà : ont été aussi de semblables réductions dans les cas où lesdits Journaliers, Artisans, Voituriers se sont trouvés par leur âge quoiquaudessous de 70 ans ou par des Infirmités habituelles, hors d'état de travailler une partie de l'année, et l'on a eu attention d'énoncer dans les Cottes les motifs desdites réductions.

14. Ne sont point taxés pour Industrie les Journaliers, Artisans, Voituriers ou gens de Profession septuagénaires, non plus que les Veuves, à moins qu'elles ne se soient trouvées avoir une Industrie propre, à raison de laquelle elles sont alors Imposées, mais moitié moins que les hommes en pareil cas.

15. Les Taxes d'Industrie des Journaliers qui exploitent en propre, ou pour autrui des Terres labourables ou des Vignes de 6 à 12 livres de revenu sont diminuées d'un tiers ; elles le sont des deux tiers, lorsque l'Exploitation est de 12 livres jusqu'à 18, et elles sont supprimées, lorsque l'Exploitation est au-dessus de 18 livres. Ces mêmes Classes

sont observées à l'égard des Artisans et des Voituriers dans la proportion de 8, 16 et 24 livres.

16. Lors de l'évaluation des différentes sortes d'Héritages de la Paroisse, on a eu égard aux Cens et Rentes Seigneuriales dont ils sont communément chargés; au moyen de quoy on n'en a point fait en particulier de déduction; mais les autres dettes annuelles de 5 livres et au-dessus valablement justifiées par les Contribuables, ont opéré sur leurs Taxes de Propriété ou Facultés personnelles une réduction au sou la livre, et sur celles d'Industrie aux 6 deniers, même proportion de ces Taxes, sans en avoir opéré sur celles d'Exploitation.

17. Les Particuliers de condition Taillable domiciliés hors la paroisse et faisant valoir des Bienfonds en icelle, y sont taxés faute de donner Colon, et sous cette expression, Faute de donner Colon, sur le même pied des Colons, Fermiers ou Métayers cy-dessus, sans préjudice de leurs Taxes, dans les Paroisses de leurs domiciles en qualité de Propriétaires desdits Fonds; et sur le pied cy-dessus des Propriétaires non cultivateurs.

18. Les Héritages de la Paroisse qui se trouvent faire partie de Domaines situés dans d'autres Paroisses voisines, et y avoir été taxés les années précédentes, soit en vertu de Sentence de réunion de Cottes, soit par un usage ancien non abusif, ne sont point cottisés dans le présent Rolle, et y sont employés seulement pour Mémoire. Comme au contraire les Héritages situés dans des Paroisses voisines, qui se trouvent faire partie de Domaines de celle-cy, et y avoir été taxés les années précédentes en vertu de Sentence, ou par un usage non abusif, sont Imposés dans les Cottes desdits Domaines, et ne le seront point aux Rolles desdites Paroisses voisines.

19. Les Reserves Légitimes des Ecclésiastiques, Gentilshommes et Privilégiés, et les Domaines ou Héritages par eux faits valoir à leur main par Valets de la qualité requise

et sans fraude, en conformité des Règlements, sont détaillés dans le Rolle, comme tous autres Domaines et Héritages, et y sont employés seulement pour Mémoire attendu le Privilège.

20. Les Ecclésiastiques faisant valoir des Biensfonds non sujets à leurs Privilèges, et les Gentilshommes ou Privilégiés en faisant valoir excédans leurs privilèges sont taxés, les premiers à raison des Biensfonds non sujets à leurs Privilèges, et les seconds à raison de l'excédant de leurs Privilèges sur le pied cy-dessus des Colons, Fermiers ou Métayers sous l'expression, Faute de donner Colon des Héritages cy-après non sujets à leurs Privilèges ou excédans leurs Privilèges, mais ils ne sont point taxés en qualité de Propriétaires, attendu que leurs facultés personnelles ne doivent point d'Imposition.

21. Quant aux Biens vacans, on a distingué ceux qui ne peuvent produire sans culture, comme les Terres labourables, les Vignes, etc., d'avec ceux qui n'en ont pas besoin pour rapporter, tels que les Prés, les Châtaignères, etc. Les uns et les autres sont détaillés dans le Rolle sur la tête des Propriétaires, mais les premiers sont tirés seulement pour Mémoire, afin de ne pas mettre les Collecteurs au hazard de perdre, et les derniers sont taxés au double de la Taxe d'Exploitation de ceux de même nature, c'est-à-dire aux 4 sous pour livre de l'estimation de ce qu'ils rendraient de Ferme, afin que les Collecteurs qui ont coûtume de percevoir leur produit en nature ou par Adjudication, en profitent moins, et que la Paroisse en soit d'autant soulagée.

Et comme les cottes faites sur tous les Contribuables conformément à ce que dessus n'ont rempli de la susdite somme de 848 livres 7 sols 6 deniers que celle de 749 livres 11 sols au moyen de quoi il se trouve de reste à Imposer celle de 98 livres 16 sols 16 deniers Nous avons fait de cette dernière somme une nouvelle Répartition au marc la livre de la première, par un Article particulier, inséré à la fin de chaque Cotte, sous la dénomination de 2e Répartition, laquelle se trouve être de deux sols six deniers pour livre de la dite première Répartition.

Plus Nous avons Imposé avec la Taille la somme de quatre vingt treize livres pour servir à la Dépense des troupes et tenir lieu de l'Imposition Militaire de 1770 à 1771.

Dans laquelle somme est comprise celle qui doit être payée pour la part et portion des Gratifications accordées aux Maitres de Poste de cette Généralité qui en ont fait l'option au lieu et place de leurs Privilèges suivant l'arrêt du 8 May 1742.

Ensemble celle qui doit être payée pour le Remboursement des avances faites par l'Entrepreneur qui a fait les Fournitures de Voitures et de Chevaux d'Ordonnance aux Troupes qui ont passé dans la Généralité.

Ensemble celle qui doit être payée pour la part de la somme Imposée pour la moitié des Gages attribués aux Offices des Etats Majors et Municipaux reservés aux Hôpitaux.

Ensemble celle qui doit être payée pour encourager la destruction de Loups.

Plus celle de six cent quatre vingt treize livres à laquelle monte la capitation de l'année 1771 y compris les 4 sous pour livre ordonnés être Imposés par arrêt du conseil du...

Auxquelles Répartitions Nous avons procédé ainsi qu'il s'ensuit.

Plus nous avons imposé avec la Capitation la somme de cinq livres dix sols pour le casernement de la maréchaussée de la province.

Suivent ici 170 articles, ne correspondant pas à un nombre égal de contribuables, car quelques-uns y sont inscrits sous plusieurs numéros et fournissant les sommes détaillées ci-après :

<table>
<tr><td>taille.............</td><td>848</td><td>livres 18 sols</td></tr>
<tr><td>capitation.........</td><td>693</td><td>livres</td></tr>
<tr><td>taxe militaire.......</td><td>93</td><td>livres</td></tr>
<tr><td>casernement........</td><td>5</td><td>livres 10 sols</td></tr>
</table>

total.....1,640 livres 8 sols

Bien entendu sont portés comme exempts :

Art. 4. Les Héritages appartenant à la cure (mémoire).

Art. 39. Réserves de la D^{elle} de Beausoleil (mémoire).

Art. 76. Le Seigneur de Cousages jouissant en privilège par sentence de l'Election. Batiment et jardin; 4 seterées de terre; 1 seterée 1/2 pré, au village de Laroche (mémoire).

Art. 104. Jean Veyssière et François Palina, domestiques du Seigneur de Cousages, exploitant un Moulin estimé 240 livres (mémoire).

Art. 125. Marguerite Leygonie, de Lachassagne, infirme et mendiante, possédant 1/2 seterée de terre, 2e qualité (mémoire de l'aveu des habitants).

Toutes les impositions du rôle ci-dessus furent recueillies et versées au Bureau de la Recette des Tailles de Brive par le collecteur Pierre Leymarie, de Fournet, jusqu'au mois de décembre de cette année 1771. La collection des quittances (1), délivrées pour les impositions de la Paroisse de Saint-Cernin et toujours signées par Lansade, démontre qu'il fit son dernier versement le 2 décembre. Pierre Leymarie mourut, en effet, le 23 décembre suivant, à l'âge de 35 ans et fut inhumé dans l'église.

Ce décès donna lieu à une vérification des comptes du collecteur, qui fut exécutée par Guillaume Lagorsse, huissier commis aux Tailles de l'Election de Brive. Il déposa, à la date du 16 février 1772, un rapport détaillé (1), comprenant le dépouillement des rôles de la paroisse, avec l'indication des sommes perçues sur la Taille, la Capi-

(1) Archives personnelles.

tation et le Vingtième, l'état des procès-verbaux, la vérification des quittances, d'où il conclut : « les dits rolles et quittances étant calculés j'ai trouvé court le collecteur ou ses héritiers de la somme de vingt quatre livres dix huit sols qui ont été comptés à Jean Verlhac collecteur nommé à la place de Pierre Leymarie par Gabrielle Romme sa veuve ainsy qu'il est porté par le procès-verbal de ce jourd'huy à St-Sernin le 16 février 1772 ».

Ce document nous indique aussi que l'imposition du vingtième fut appliquée, cette année ; mais il ne porte que la rentrée de onze articles du rôle, s'élevant à 31 livres 15 sols, sans nous faire connaître le montant de la totalité. Cependant trois reçus au nom de Jean Verlhac, qui avait pris la suite de Pierre Leymarie, vont nous fixer à ce sujet· D'après ces pièces (1), le collecteur a versé la somme de 460 livres 4 sols, plus 8 livres pour frais taxés, qui, ajoutés aux 31 livres 15 sols données par le précédent, donnent le chiffre de 499 livres 19 sols.

En comparant les chiffres de 1771 à ceux de 1740, on voit que, durant cette période de 30 ans, les charges publiques ont subi une augmentation considérable. La Taille qui, en 1740, était de 667 livres, a passé à 848 en 1771, avec un accroissement de 181 livres, et la Capitation s'est élevée de 432 à 693, grossie de 261 livres.

En y ajoutant les nouvelles taxes pour l'entretien des troupes et le casernement de la maréchaussée, les impositions totales, qui étaient en 1740 de 1,099 livres 14 sols, sont montées au chiffre de 1,639 livres 17 sols en 1771, c'est-à-dire que les contribuables payent 540 livres de plus, sans compter l'impôt du vingtième, qui ne fut établi qu'en 1750 et qui s'élevait alors à 307 livres 19 sols. Il a subi, lui aussi, une augmentation de 192 livres et nous le trouvons à 499 livres 19 sols. De telle sorte que la paroisse

(1) Archives personnelles.

de Saint-Cernin paye en 1771, 732 livres de plus qu'en 1740.

Un coup d'œil rétrospectif sur l'histoire de France à cette époque nous fournira l'explication de cet accroissement d'impôts, en nous faisant voir qu'il a toujours été vrai qu'une bonne politique est nécessaire pour avoir de bonnes finances.

Dès 1741, Louis XV s'engage dans la guerre de la Succession d'Autriche. Nous y trouvons bien quelque gloire et le Maréchal de Saxe gagne bien sur les Anglais la bataille de Fontenoy, en 1745; mais toutes ces luttes longues, sanglantes, onéreuses, ne nous donnent pas grand profit et ne finissent qu'en 1748, par le traité d'Aix-la-Chapelle, qui remet les choses dans l'état où elles se trouvaient auparavant. Le résultat fut nul pour la France, qui garda ses anciennes limites territoriales, après s'être épuisée en hommes et en argent.

En 1756, commence la guerre de sept ans, qui se termina par l'humiliant traité de Paris, en 1763, consacrant la perte de nos colonies, qui passèrent à l'Angleterre, en lui assurant l'empire des mers et la prépondérance en Europe. L'acquisition de la Lorraine (1766) et de la Corse (1768) n'en fut qu'une faible compensation.

Si, à tous ces désastres militaires, l'on ajoute les désordres et les scandales de la cour, les faiblesses condamnables de Louis XV pour Mme de Pompadour et pour Mlle du Barry, aux fantaisies de laquelle fut livré le trésor et qui avait le droit d'émettre sans contrôle et sans limite les ordonnances de payement, sans qu'on osa faire entendre une seule protestation, on ne s'étonnera pas que les finances fussent dilapidées et que les besoins, sans cesse croissants du trésor, rendissent toujours nécessaire l'augmentation des impôts.

II. — Les impôts de 1776. — Revision du Tableau des Collecteurs.

Il faut croire que les contribuables ne mettaient guère d'empressement à s'acquitter envers les collecteurs et que le zèle de ceux-ci laissait un peu à désirer puisqu'on apposa sur les murs de l'église cet avertissement manuscrit (1) :

Avis au Public

« Suivant des nouveaux ordres du Roy et du ministère il est ordonné à tous les contribuables nobles, privilégiés et taillables de l'Election de Brive de solder à l'avenir et à commencer du présent exercisse 1776 toutes leurs impositions dans l'espace de dix huit mois au plus tard à compter du premier janvier de la première année de chaque exercisse et aux collecteurs des paroisses d'en faire le recouvrement et le versement dans les bureaux des ᵣecceptes des tailles dans le même espace de dix huit mois à peine contre les collecteurs, ledit délay passé, de supporter en pured erte contre eux les frais de poursuite, contraintes et emprisonnement que leur négligence pourrait occasionner. Ils auront d'autant moins de raison de se plaindre de ce traitement qu'ils ne peuvent ignorer que les impositions de chaque exercisse doivent suivant les règlements rentrer dans les caisses royalles et que ce n'est que par grace que sa majesté veut bien leur accorder six mois en sus ».

Tout le monde dut s'exécuter de bonne volonté, conformément à cet avis, car on ne trouve aucune trace de frais pour procès-verbaux dans la collection des quittances (2) délivrées au collecteur de cette année, Jean Leymarie,

____

(1) Archives personnelles.
(2) Archives personnelles.

de la Draperie, par le receveur des tailles de l'Election de Brive et qui sont signées soit par Lansade, soit, pour la plus grande partie, par Ernault des Brusly. Trois seulement, celles de mai, juin et juillet, du vingtième et de la capitation, ont été délivrées par Lacroix, commis à la Recette.

A défaut du rôle, ces diverses quittances, au nombre de vingt-une, permettent de se rendre un compte suffisant des impositions de cette année 1776. Elles ont encore augmenté depuis cinq ans et s'élèvent au moins au chiffre de 1879 livres, car il pourrait bien manquer quelques-uns des reçus.

On procéda aussi à la révision et à l'établissement de la liste des contribuables aptes à devenir collecteurs, et il en fut dressé le procès-verbal ci-dessous par Lamaze, notaire royal à Larche :

« Aujourd'hui seizième juin mil sept cent soixante seize au bourg de St-Sernin de Larche en Limousin l'an mil sept cent soixante seize et devant la principale porte de l'église paroissiale au sortir de vêpres ont comparu pardevant le nore Royal des Sénéchaussées de Brive et Sarlat soussigné, Jean Leymarie marchand habitant du lieu de la Draperie, Jean Franchie travailleur habt du village de Maslagrèze, Jean Lestrade maréchal habitant du village de Laroche, le tout présente paroisse Collecteurs de lad. par. pour la présente année mil sept cent soixante seize, lesquels ont dit qu'en exécution des déclarations de sa majesté et ordonnance de Monseigneur l'intendant du premier may dernier, ils ont convoqué les habitans de la présente paroisse au son de cloche en la manière accoutumée pour procéder au recollement du tableau et colonnes de lad. paroisse pour en oter ceux qui se trouvent décédés, devenus septuagénaires, sortis de lad. paroisse ou qui ne sont plus en état d'être collecteurs, à cause de leur pauvreté, caducité et infirmités notoires et par les mêmes raisons ajouter dans ces présentes par articles séparé ceux des habitans de lad. paroisse qui sont devenus sujets à la collecte par majorité, mariage ou nouvelle habitation, laquelle assemblée lesd. collecteurs ont convoquée, le s^r Antoine Rebière m^e appoticaire du village de Fournet d. paroisse de St-Sernin sindic de lad. paroisse n'ayant pu convoquer lad. assemblée, à laquelle ont comparu s^r François Gauchet Bourg^s du présent Bourg, s^r Etienne Laroche aussi Bourg^s, François Deviers praticien du village de Fournet, s^r Joseph Laroche praticien habitant du village de Laroche, s^r Jean Coudert Bourg^s du village de Chazat, Jean Marjarit, trav. François Bigeat sonneur de cloches, Louis Debat lab· habitant du présent bourg, sieur Jacques praticien habitant dud bourg lesquels après lecture à eux faite desd. colonnes et recolement fait depuis led. établissement desd. colonnes ont dit qu'il n'y a aucun changement depuis le dernier recolement excepté que led. Antoine Rebière dud. village de Fournet taxé art. 146 est hors d'état de faire la levée des deniers royaux et par cette raison il ne doit point être nommé collecteur pour l'année prochaine comme il devrait l'être suivant l'ordre du tableau, et les susd. comparans ont tous unanimement nommé le s^r François Laroche Bourgeois du village de Maslagrèze taxé art. 36 pour faire les fonctions de sindic de la présente paroisse pour l'année mil sept cent soixante dix-sept, et Jean Laroche praticien dud. village de Laroche de la première colonne taxé art. 79 vingt huit livres six sols, François Gourdal travailleur dud. village de Laroche de la seconde colonne taxé art. 95 six livres dix sols, Léonard Roufignac trav· dud. village de Laroche de la troisième colonne taxé art. 98 cinq livres trois sols, que nous avons trouvé dans le cas cy dessus expliqué à l'effet de quoy nous avons arrêté le présent recolement pour être remis au greffe de l'Election de Brive pour par le greffier être fait mention sur l'original du tableau étant en son greffe desd. changemens

Et ont été les frais du présent acte montant à la somme de quatre livres avancés par lesd. Leymarie, Franchie et Lestrade collecteurs porte rolle, premier second et troisième. Fait et arrêté led. jour mois et an que dessus et ont lesd. Leymarie premier collecteur et autres hab^ts de la présente par^sse signé avec nous et non les autres pour ne savoir comme ils l'ont déclaré de ce par nous interpellés ».

Suivent les signatures de Leymarie, Laroche, Gauchet, Couderc, Laroche, Veysset, Deviers, Bigeat et Lamaze no^re royal.

« Controllé à Terrasson le 18 juin 1776. Reçu quatorze sols comp. les 8 sols » signé Marsillac (1).

III. — Rôle des impositions de 1784.

Ce document, établi sous le n° 122, comprend 168 articles, dont l'article 4, héritages appart. à la cure, l'art. 40, réserve de la d^elle de Beausoleil et l'art. 102, le Seigneur de Cousages sont déclarés exempts et portés pour mémoire.

Les contributions de cette année se décomposent ainsi qu'il suit : (2)

taille...................	822 livres
imposition militaire....	425 —
capitation...........	825 —
total.....	2,072 livres

IV. — Rôle des impositions de 1785.

Le rôle de 1785 (3), portant aussi le n° 122, renferme 167 articles, dont l'art. 4, héritages appart^t à la cure, l'art. 40, Réserves de Madame de Danial et l'art. 103, le Seigneur de Cousages ne sont encore indiqués que pour

(1) Archives personnelles.
(2) Archiv. départ. de la Corrèze, C, 219.
(3) Archiv. départ. de la Corrèze, C, 219.

mémoire. Les forains y sont spécialement mentionnés, de telle sorte que les contribuables habitant la paroise n'occupent plus que 146 articles.

les forains de Larche sont portés du nº 147 à 153
———de Chartriers ———   de 154 à 157
———de Chasteaux ———   de 158 à 162
———de Chavagnac ——— aux nºˢ163 et 164
———de Terrasson ——— au nº 165
———de Lissac ——— aux nºˢ166 et 167

Les impôts montent aux chiffres suivants, en diminution de près de 200 livres sur l'année précédente :

taille............ 745 livres 2 sols 6 deniers
imposition militaire 375   —
capitation........ 750   —

total......1,870 livres 2 sols 6 deniers.

V. — Rôle des impositions de 1786.

Le rôle (1) de cette année, toujours sous le nº 122, ne présente pas d'observations particulières. Il est en tous points semblable au précédent comme nombre d'articles et de forains et le chiffre des impositions ne subit guère de changement.

Il n'y a qu'une augmentation de cinq livres au chapitre de la taille, de telle sorte qu'on y trouve :

taille..............750 livres 5 sols
imposition militaire..375   —
capitation..........750   —

total.......1,875 livres 5 sols.

VI. — Les privilégiés de 1788.

La liste des privilégiés de 1788 (2), dressée à Brive le 7 janvier 1788, mentionne toujours les mêmes noms déjà

(1) Archiv. départ. de la Corrèze, C, 219.
(2) Archiv. départ. de la Corrèze, C, 195.

désignés sur les rôles antérieurs, avec les indications ci-dessous :

Le curé de la paroisse, 1/2 séterée. Montant de l'estimation porté par l'abonnement des héritages affranchis, 9 livres.

La Dame de Dampnia. 180 séterées, 216 livres.

M. de Cousages, à Paris, un moulin, 160 livres; observat. M. de Cousages jouit le moulin par Valette, du Revenu de 160 livres le 1/3 déduit.

CHAPITRE XVII

Ordonnance du Roi concernant les embaucheurs et les fauteurs de
Désertion. — Les tirages au sort en 1786, 1787 et 1788.

A propos de l'impôt de la milice de 1750, nous avons vu
que deux des jeunes gens, inscrits sur l'état des garçons de
la paroisse de St-Cernin devant concourir à la formation
de la milice, sont portés comme déserteurs. Il faut croire que
leur exemple était suivi dans un grand nombre de paroisses;
car le Bureau d'Agriculture de Brive, dans sa séance du
15 février 1766, constate qu' « on a observé que le bruit de
nouvelle milice fait fuir tous les jeunes gens de nos campagnes, qui vont se trouver avec moins de bras, au moment
où elles en auraient davantage besoin pour réparer les
dommages causés par le froid excessif de l'hiver » (1).

La désertion devenait un véritable danger pour la sécu-
rité de l'Etat; aussi, le 12 septembre 1776, le roi rendit à ce
sujet une ordonnance, qui ne manquerait pas aujourd'hui
de calmer l'ardeur et le prosélytisme des rédacteurs et
distributeurs du trop fameux manuel du soldat, édité par
la fédération des Bourses du travail de France et des
colonies. Elle fut imprimée sous forme d'affiche, sur deux
colonnes, et apposée dans toute l'étendue du royaume.
Voici la copie de celle qui fut adressée « au sindic de la
paroisse de St-Sernin de Larche pour faire afficher » : (2)

ORDONNANCE DU ROI
Concernant les Embaucheurs et Fauteurs de Désertion.
Du 12 septembre 1776.
DE PAR LE ROI.

(1) Registre des délibérations du Bureau d'Agriculture de Brive.
Archives communales de Brive, II II, 3.
(2) Archives personnelles.

Sᴀ Mᴀᴊᴇsᴛᴇ́, après avoir établi un nouvel ordre de peines contre les Déserteurs de ses troupes, a cru devoir aussi expliquer ses intentions à l'égard des Embaucheurs et des Fauteurs de Désertion ; en conséquence, Sᴀ Mᴀᴊᴇsᴛᴇ́ a ordonné et ordonne ce qui suit :

Article premier.

Sᴀ Mᴀᴊᴇsᴛᴇ́, ayant remis le crime de désertion commis par les Soldats, Cavaliers, Dragons et Hussards de ses Troupes, tant Françaises qu'Etrangères, avant le premier janvier dernier, défend à ses Juges de faire ou continuer aucunes poursuites contre ceux qui auraient été les Instigateurs ou Fauteurs de désertions commises avant ladite époque.

2.

Sera réputé Embaucheur, et puni comme tel, quiconque, par promesses, menaces ou autrement, aura sollicité un Soldat, Cavalier, Dragon ou Hussard des Troupes de Sa Majesté à déserter, sans que la peine puisse être remise ou modérée, dans le cas où le Déserteur aurait prévenu sa condamnation par un retour volontaire à son régiment.

3.

Sera pareillement réputé Embaucheur, et puni comme tel, quiconque n'étant pas autorisé par Sa Majesté à faire des recrues pour le service Etranger, aura sollicité à entrer dans ledit service un sujet de Sa Majesté non engagé dans ses Troupes.

4.

Ceux qui solliciteront un Soldat, Cavalier, Dragon ou Hussard à déserter à l'ennemi, en temps de guerre, seront punis de mort.

5.

Ceux qui solliciteront un sujet de Sa Majesté non engagé à son service à passer au service ennemi, en temps de guerre, seront punis de mort.

6.

Ceux qui solliciteront un Soldat, Cavalier, Dragon ou Hussard à déserter à l'Etranger, en temps de paix, seront condamnés aux Galères pour trente ans.

7.

Ceux qui solliciteront un sujet de Sa Majesté non employé à son service à passer à celui de l'Etranger, en temps de paix, seront condamnés aux Galères pour vingt ans.

8.

Ceux qui solliciteront un Soldat, Cavalier, Dragon ou Hussard à déserter pour passer dans un autre Régiment des Troupes de Sa Majesté, ou pour demeurer dans ses Etats, sans s'engager de nouveau à son service, seront condamnés aux Galères pour dix ans.

9.

Les articles 4, 5, 6, 7 et 8 ci-dessus seront exécutés, même au cas où les sollicitations pratiquées par l'Embaucheur n'auraient été suivies d'aucun effet.

10.

Les complices des Embaucheurs seront condamnés aux peines portées contre lesdits Embaucheurs par les articles 4, 5, 6, 7 et 8 ci-dessus.

11.

Ceux qui s'opposeront à la capture d'un Déserteur, ou qui, après qu'il aura été arrêté, le retireront des mains des Conducteurs, seront condamnés : savoir, dans le premier cas, aux Galères ; et dans le second, aux Galères à perpétuité.

12.

Ceux qui, en exécution des articles précédens, seront condamnés à la peine des Galères, seront flétris des lettres G. A. L.

13.

SA MAJESTÉ défend très-expressément à tous ses sujets, de quelque qualité et condition qu'ils soient, de donner retraite aux Déserteurs, et de faciliter leur fuite par quelque voie que ce soit, à peine de cent cinquante livres d'amende contre chacun des contrevenans, laquelle amende sera appliquée, savoir : un tiers à l'Hôpital du lieu ou au plus prochain, un tiers aux Cavaliers de Maréchaussée qui auront fait la capture desdits Déserteurs, lequel tiers leur tiendra lieu de la gratification de cinquante livres, à eux attribuée par l'Ordonnance de Sa Majesté du 12 décembre dernier; et l'autre tiers à celui qui aura dénoncé les contrevenans aux dispositions du présent article; et dans le cas où il n'y aura point de dénonciateur, l'amende de cent cinquante livres sera appliquée, moitié à l'Hôpital du lieu ou au plus prochain, et moitié aux Cavaliers de Maréchaussée.

14.

SA MAJESTÉ défend très expressément à tous ses sujets de quelque qualité et condition qu'ils soient, d'acheter, troquer ou garder, à titre de gage, nantissement ou autrement, les chevaux, habillements, armes et équipages des Cavaliers, Dragons, Soldats ou Hussards, servant dans ses Troupes; à peine, aux contrevenans, de confiscation, et de quatre cent livres d'amende contre chacun d'eux, applicable, pour un quart, à ceux qui les auront dénoncés, pour un autre quart, à l'Hôpital du lieu ou au plus prochain, et pour le surplus aux Cavaliers de Maréchaussée qui auront arrêté le Soldat, Cavalier, Dragon ou Hussard auxquels appartiendront lesdits habillements, armes, équipages ou chevaux, ou qui auront découvert ceux qui les tiennent de lui ; et dans le cas où il n'y aura point de dénonciateur, ladite amende de quatre cents livres sera appliquée, moitié à l'Hôpital du lieu ou au plus prochain, et moitié auxdits Cavaliers de Maréchaussée, qui, au moyen de cette portion de ladite amende, ne pourront répéter la gratification de cinquante livres, mentionnée à l'article précédent.

15.

Sa Majesté ordonne que les articles 3 et 7 de la Déclaration du 5 février 1731, seront exécutés selon leur forme et teneur ; en conséquence, que les Prévots des Maréchaux connaîtront, en dernier ressort, privativement à tous autres Juges, des crimes des embaucheurs ou fauteurs de désertion.

16.

Lorsqu'il écherra seulement de condamner en l'amende prononcée par la présente ordonnance, contre les fauteurs de désertion, il ne pourra être décerné, contre l'accusé, d'autre décret que celui d'ajournement personnel, lequel sera converti en décret de prise de corps, si l'accusé ne se représente pas.

17.

Dans le cas de l'article précédent, les formalités prescrites par les Ordonnances, seront observées en ce qui concerne, tant le jugement de la compétence, que l'instruction qui doit précéder le jugement définitif ; le procès néanmoins ne pourra être réglé à l'extraordinaire, même lorsque l'accusé sera contumax.

18.

Lorsque l'accusé contre lequel il n'échet de prononcer d'autre peine que celle de l'amende, aura subi l'interrogatoire qui précède immédiatement le jugement définitif, il sera conduit dans les prisons pour sureté du payement de ladite amende, au cas qu'elle soit prononcée contre lui, et lorsqu'il y aura été condamné, il ne pourra être élargi qu'après y avoir satisfait.

19.

Si l'accusé condamné à l'amende est insolvable, son insolvabilité sera constatée par procès-verbal; auquel cas Sa Majesté ordonne qu'il sera par nouveau jugement, rendu sur le rapport dudit procès-verbal, ordonné que l'accusé tiendra prison pendant trois mois, si l'amende prononcée contre lui n'est que de cent cinquante livres, et pendant six mois, s'il a été condamné à celle de quatre cent livres.

20.

Les Juges ne pourront statuer sur la destination des habillemens, équipages, armes et chevaux des Soldats qui les auront troqués, engagés ou vendus; mais sera tenu le Prévôt de Maréchaussée ou son Lieutenant, d'en donner avis au Secrétaire d'Etat ayant le département de la guerre, qui prendra à cet égard les ordres de Sa Majesté.

21.

Lorsque les Soldats qui auront vendu, troqué, engagé ou donné en nantissement leurs habillemens, armes ou chevaux, auront été constitués prisonniers, le procès sera fait contre l'acheteur, troqueur desdits effets, ou celui qui les aura gardés, reçus en gage ou nantissement, en observant ce qui est prescrit par les articles suivans.

22.

Le Soldat sera interrogé sur le fait de l'achat, troc ou engagement des effets mentionnés en l'article précédent, et récollé sur son interrogatoire.

23.

Il sera retenu prisonnier jusqu'à la fin de l'instruction qui doit précéder le jugement définitif de celui qui est

accusé d'avoir acheté, troqué, gardé ou reçu en gage lesdits
effets ; et l'instruction finie, ledit soldat sera renvoyé
au Conseil de Guerre : En conséquence, les Juges qui
prononceront sur la compétence du Prévôt, en ce qui
concerne l'acheteur, seront tenus d'ordonner que l'instruction sera continuée avec le Soldat, sauf, après qu'elle
sera finie, à renvoyer ledit Soldat au Conseil de Guerre,
pour y être jugé sur le fait de désertion, s'il y a lieu.

24.

Déroge Sa Majesté à toutes les Ordonnances précédemment rendues, en ce qui est contraire aux dispositions
de la présente.

Mande et ordonne Sa Majesté aux Officiers généraux
ayant commandement sur ses Troupes, aux Gouverneurs
et Lieutenans généraux dans ses Provinces, aux Commandans
de ses Villes et Places, aux Intendans en ses dites Provinces,
aux Prévôts généraux de la Maréchaussée, Commissaire
des Guerres et à tous autres ses Officiers et Justiciers
qu'il appartiendra, de tenir la main à l'exacte exécution et
observation de la présente Ordonnance ; laquelle Sa Majesté
veut être lûe, publiée et affichée par-tout où besoin sera,
à l'effet que personne ne prétende en ignorer le contenu.
FAIT à Versailles le douze septembre mil sept cent soixante seize. Signé LOUIS. Et plus bas, Saint-Germain.

MARIUS-JEAN-BAPTISTE-NICOLAS D'AINE, chevalier Conseiller du Roi en ses conseils, Maître des Requêtes honoraire de son Hôtel, Intendant de Justice, Police et Finances
en la Généralité de Limoges.

Vu l'Ordonnance du Roi ci-dessus du 12 septembre 1776 :
Nous ordonnons qu'elle sera exécutée selon sa forme et
teneur, et pour cet effet, imprimée, lûe, publiée et affichée
par tout notre Département. Fait à Limoges le 6 octobre
1776. Signé d'Aine. Et plus bas : Par Monseigneur, De
Beaulieu.

Cette ordonnance produisit un effet salutaire, car, dans les levées ultérieures de soldats au moyen du tirage au sort, il n'est plus fait mention de déserteurs dans la communauté comprenant St-Cernin. Celle-ci n'est plus composée des mêmes paroisses qu'en 1750. A cette époque, elle était formée des paroisses de Larche, St-Cernin et Ferrières; tandisqu'en 1786 et les années suivantes, la communauté comprend celles de St-Cernin, Noailles et Lissac.

L'état des garçons ou hommes veufs depuis deux ans sans enfants de la paroisse de St-Cernin, qui ont été reconnus propres à tirer au sort pour la levée des soldats provinciaux à fournir par ladite paroisse en l'année 1786, comprend 28 individus, dont un fut déclaré exempt et sept n'avaient pas la taille requise. Ils mesuraient 4 pieds et 10 ou 11 pouces, soit un mètre 56 à 58 centimètres.

Tous les jeunes hommes de la communauté de Noailles, Lissac et St-Cernin furent assemblés au bourg de St-Cernin, le 3 avril 1786, où le syndic remit la liste au commissaire, Léonard de Latreille, sieur de Lavarde, subdélégué de la Vicomté de Turenne. 101 répondirent à l'appel et sur ce nombre, 12 furent déclarés exempts pour causes diverses, un était infirme et 18 manquaient de taille, ce qui porta au chiffre de 31 ceux qui furent renvoyés sur le champ dans leur paroisse respective. Il en resta donc 70 pour tirer au sort et ce fut le nommé Jean Périer, travailleur, né à Rotassac, paroisse de Lissac, qui fut désigné comme soldat provincial pour servir à la charge des paroisses de Noailles St-Cernin et Lissac pendant six années.

En 1787, le 30 mars, les garçons des trois mêmes paroisses furent assemblés au bourg de Noailles. L'appel des présents donna le chiffre de 99, dont 7 furent exempts, 5 étaient infirmes et 7 trop petits. Dans ces nombres, St-Cernin est porté pour 30 inscrits, dont 4 exempts, un atteint de fièvre putride est retenu dans son lit et fournit un certificat, deux, défaut de taille. — La liste définitive se trouva donc réduite à 80, dont 23 de St-Cernin, par suite du renvoi dans leurs paroisses de 19 réformés, dont 7 de St-Cernin. Le sort désigna, cette fois, le nommé Michel Foussard, né à la Carbonnerie, paroisse de Noailles.

En 1788, le 5 avril, nouvelle assemblée à Noailles des hommes susceptibles de faire des soldats provinciaux dans la même communauté. Ils étaient au nombre de 132, dont 15 exempts, 4 infirmes et 19 réformés pour défaut de taille, soit, au total, 38 renvoyés et 94 bons pour le sort. Parmi ces nombres, St-Cernin comptait 36 inscrits, dont deux exempts, 13 trop petits et un infirme, le n^é François Verlhac, de Laroche, qui avait un raccourcissement de la jambe par suite d'une fracture de cuisse, causée par une chûte de sur un noyer et certifiée par Dufour, maître en chirurgie à Chartriers. Il n'en restait donc que 20 pour le tirage au sort, qui désigna le n^é Jean Gauchet, maçon du Mas de Lissac. Décidément la chance favorisait les habitants de St-Cernin, qui, durant cette période, échappèrent toujours à la conscription (1).

(1) Tous ces renseignements sont extraits des Archives départementales de la Corrèze, C, 50.

CHAPITRE XVIII

L'ouverture des Etats généraux eut lieu à Versailles, le 5 mai 1789. Mais, dès le 14 janvier précédent, le roi Louis XVI avait décidé que les habitants de toutes les paroisses du royaume se réuniraient en assemblées particulières à chacune d'elles pour établir le programme de leurs revendications et rédiger le cahier de leurs plaintes et doléances.

Ceux de St-Cernin se conformèrent certainement à cette prescription royale et durent, comme ceux des autres paroisses voisines, se plaindre amèrement des surcharges d'impôts, demander l'abolition des privilèges de la noblesse et du clergé en cette matière, réclamer la diminution des frais de justice et la création de chemins praticables. Mais leur cahier n'est pas parvenu jusqu'à nous. On connaît cependant les noms des deux délégués choisis pour le porter à l'assemblée de la Sénéchaussée de Brive, qui se tint à Uzerche le 12 mars 1789 : ce furent François Laroche, de Maslegrèze et Jean Coudert, de Chazat.

Les cahiers des différentes paroisses représentées à cette assemblée furent alors fondus en un seul, qui constitua le cahier de la Sénéchaussée et fut, à son tour, présenté à la réunion générale des trois ordres, tenue à Tulle le 16 mars suivant.

Le 15 janvier 1790, l'assemblée nationale rendit un décret supprimant les anciennes provinces et organisant les départements, qui furent divisés en districts, ceux-ci en cantons et ces derniers en municipalités, que devait administrer un conseil général municipal nommé par les citoyens actifs. Le Bas-Limousin devint alors le département de la Corrèze et la commune actuelle de St-Cernin fut créée sous la dénomination de municipalité.

L'élection des officiers municipaux eut lieu la même année et les élus de St-Cernin furent : Juge de Laferrière, maire ; François Laroche, de Maslegrèze, procureur ; Antoine Leymarie, de Barbelat, greffier ; Jean Baptiste Couderc, de Chazat ; François Dupeyroux, de Lapalain ; Antoine Gaucher, de Laroche ; Jean Lacoste, de Fournet ; François Laroche-Bernissou, de Laroche ; François Leymarie, à la Draperie ; Antoine Marty, du Soulié ; Jean Nicouleau, de Fournet ; et Jacques Veysset, du Bourg (1).

Quelques temps après fut célébrée à St-Cernin la grande fête de la fédération des communes de France, dont la relation nous est fournie par le procès-verbal suivant :

« Aujourd'huy quatorzième du mois de juillet mil sept cent quatre vingt dix, les gardes nationales et les autres citoyens de la paroisse de St-Cernin de Larche convoqués par messieurs les officiers de la commune dud. St-Cernin s'étant réunis en l'église paroissiale dud. St-Cernin pour y faire chanter et célébrer une grand'messe : on dit qu'en execution des decrets de l'assemblée nationale et autres pièces relatives à la confédération nationale et de l'adresse des citoyens de Paris à tous les bons Français chers frères et braves amis, signé Lafayete. Voulant s'unir personnellement au pacte auguste et solennel qui doit se contrater aujourd'huy 14 juillet heure de midi précise pour le serment fédératif qui doit être fait de concert au même instant par tous les habitans de l'empire, iceux citoyens bons compatriotes se sont ici rendus aux fins d'assister à la d^{te} messe et pour preter le serment civique ; sur quoi nous maire et officiers municipaux de la commune avons reçu

(1) Arch. départ. de la Corrèze, L, 521.

e¦ recevons le serment civique desd. gardes et citoyens qui ont juré sur leur ame d'être amis par des liens indissolubles d'une fraternité sincère, de défendre jusques au dernier soupir la constitution de l'état, les decrets de l'assemblée nationale acceptés ou sanctionnés par le Roy, l'autorité légitime de nos Reys ; d'assurer la levée des impositions légalement établies et de protéger autant qu'il sera en leur pouvoir la circulation des subsistances pour notre aprovisoirement et celui de nos voisins faisant une fédération générale ; et après la messe ont prononcé à haute voix : vive la nation, vive la loy, vive le Roy, vive l'assemblée nationale de l'empire, En foi de quoi nous avons fait et dressé notre procès-verbal pour servir et valoir ainsi que de raison le susd. jour quatorze juillet mil sept cent quatre vingt dix, heure de midi susditte. Ont signé avec nous officiers municipaux la susdite garde nationale et citoyens actifs sont écrits et non les autres gardes et citoyens pour ne savoir. de Juge de Laferrière maire, Laroche procureur de la commune, Laroche of m, Martin of m, Dupeyrou of m, Veysset of m, Laroche Jouvet commandant de la garde nationale, Laffon major, Couder aide-major, Gaucher chirurgien major, Pomarel, Lafon porte étandar, Leygonie, Nicoulaud, Bigeat, Roume, Debath, Chantalat, Gauchet, Bigeat, Leymarie, greffier » (1).

La liste des citoyens actifs de la commune, c'est-à-dire de ceux qui payaient une contribution équivalente à trois journées de travail, justifiaient de la qualité de Français et avaient atteint l'âge de 25 ans, fut établie par la municipalité, le 15 août suivant. Elle comprend 145 noms classés par village, avec cette annotation à la fin, qui nous montre la distinction établie entre la paroisse et la commune : « il y a quatre villages dans la paroisse qui sont Boissière, Dautrement, Rignac et Peyrefumade qui dépendent de la paroisse de St-Sernin pour l'ispirituel et comme ils dépen-

(1) Archiv. départ. de la Corrèze, L, 521.

dent de Larche pour le temporel ils sont compris dans le rolle et dans la municipalité de Larche ».

La répartition par village donne les chiffres suivants : Le Bourg, 12 ; Chazat, 8 ; La Bouquerie, 8 ; Maslegrèze, 14 ; Le Soulié, 6 ; Barbelat, 9 ; Peyroulet, 10 ; Lapalain, 7 ; Lachassagne, 9 ; Laroche, 26 ; Acher, 14 ; Fournet, 22.

Cette même liste fut dressée de nouveau, le 23 janvier 1791, avec 146 noms, classés comme précédemment ; mais, le 15 janvier 1792, on fait une distinction entre ces citoyens actifs et l'on porte sur un état spécial ceux d'entre eux qui payent une imposition au-dessus de 10 livres. Ils sont au nombre de 30, dont 10 sont désignés comme ne sachant pas lire, ce qui nous donne exactement la proportion d'un tiers d'illettrés parmi les plus riches de la commune

Le 21 août 1793, eut lieu le recensement de la population, qui se trouva comprendre 609 habitants et le « nombre des votants, c'est-à-dire de tous les citoyens mâles de 21 ans et au-dessus » s'élevait à 178.

Mais déjà avaient eu lieu , selon la loi, des élections municipales pour le renouvellement par moitié de la premiére. municipalité, qui subit de ce fait quelques changements Elle fut, dès lors composée des membres suivants : Jean Baptiste Coudere, de Chazat, maire ; Joseph Laroche-Jouvet, de Laroche, adjoint ; François Couderc, de Maslegrèze ; Etienne Chantalat, de Fournet ; François Deviers, de Fournet ; Antoine Gauchet, chirurgien à Laroche ; Jean Baptiste Laroche-Bernissou, de Laroche ; François Leymarie, à la Draperie ; François Leymarie, à Maslegrèze ; Jean Nicoulaud, à Fournet ; Antoine Leymarie, vétérinaire à Barbelat, secrétaire.

Les anciens impôts avaient été abolis par l'assemblée constituante, qui, d'après les principes proclamés par l'article XIII de la Déclaration des droits de l'homme, chercha à établir un nouveau système d'impositions devant être réparties entre tous les citoyens, en raison de leurs facultés. Les contributions directes étaient nées et comprirent : 1° la contribution foncière, déterminée d'après le produit net de la terre et remplaçant l'ancienne taille; 2° la contribution mobilière ou personnelle, basée sur la répartition des biens mobiliers et la cote des loyers d'habitation, et qui équivalait à la capitation d'autrefois; 3° les patentes, fixées d'après la valeur locative des immeubles commerciaux ou industriels.

La municipalité de St-Cernin s'occupa donc des opérations préliminaires nécessitées par l'établissement de la contribution foncière; mais, trouvant ce travail « long et difficile pour la première année », le maire réunit les officiers municipaux et les notables de la commune, le 21 juin 1791, et l'on décida qu'il était « presque impossible de pouvoir se passer d'une personne connesseur dans cette partie et qui puisse travailler sans interruption. Que d'ailleurs étant dans la saison de la récolte il n'est guère possible de pouvoir retenir tous les officiers à un travail continuel pour ladite opération du rolle. Sur quoy il a été unanimement délibéré de prier le district de Brive de leur donner un commissaire au moins pour la matrice du rolle et de vouloir bien prévenir de huit jours d'avance le jour qu'il arrivera et au surplus s'il est possible de ne renvoyer qu'après la Magdellaine » (1).

Ce rôle fut enfin établi et les impôts, fixés pour la première fois, d'après le nouveau système s'élevèrent :
pour la contribution foncière à ...4,358 livres
pour la contribution mobilière à....1,055 livres18 sols

au total..... 5,413 livres 18 sols

(1) Arch. départ. de la Corrèze, L., 521.

CHAPITRE XIX

La Société populaire du canton de Larche et le comité de surveillance ou comité révolutionnaire de la commune de l'Union, ci-devant St-Sernin.

Les habitants de St-Cernin n'hésitèrent pas à se rallier aux idées nouvelles et suivirent résolument le mouvement révolutionnaire. Le registre de la Société populaire du canton de Larche et paroisses circonvoisines, fondée le 9 juin 1793, va nous fournir à ce sujet d'utiles renseignements et nous donner les noms de ceux qui prirent une part active aux évènements de cette époque.

Séance d'inauguration du 9 juin 1793 : parmi les citoyens « connus par leur patriotisme et leur attachement à la Révolution », on trouve à St-Cernin : Laroche, de Maslegrèze; Gauchet, chirurgien à Laroche; Laroche-Bernissou; Laroche, jeune, de ce même village; Laffon, du Peyroulet et Couderc, de Maslegrèze.

Séance du 13 octobre 1793, an II de la R. F. une et indivisible : La société décide « pour accélérer l'exécution du décret de la Convention qui ordonne l'arrestation des aristocrates et gens suspects d'opinions contre-révolutionnaires » qu'il serait pris parmi ses membres « trois citoyens d'un patriotisme pur et reconnu pour chacune des communes qui composent ladite société, lesquels formeraient un comité de salut public et se réuniraient, à la séance prochaine, pour faire un rapport général des observations et connaissances qu'ils pourraient avoir acquises contre des citoyens regardés comme suspects ». En conséquence, furent désignés pour St-Cernin les citoyens Laffon, du Peyroulet, Gauchet chirurgien et Laroche de Malegrèze. Ensuite elle a renouvelé son bureau et a élu pour un de ses secrétaires le citoyen Laroche-Jouvet, de Laroche.

Ledit comité de salut public se réunit donc le 1er novembre suivant (10 brumaire an II) pour délibérer sur le parti à prendre vis-à-vis des gens suspects du canton, alliés à des émigrés au degré porté par la loi et décida que des mandats d'arrêt seraient immédiatement décernés contre la citoyenne Maussac veuve Daignac et sa fille, ci-devant nobles, domiciliées à Pommiers : un frère et un oncle émigrè, et contre la citoyenne épouse Laferrière, ayant un frère émigré et habitant St-Cernin.

Séance du 28 octobre 1793, 6 brumaire an II : il est décidé qu'il serait dressé un tableau, par ordre alphabétique, des membres de la Société, lequel serait transcrit sur le registre et affiché dans la salle des séances, Ceux de St-Cernin qui y figurent sont : Jean Coudert, de Maslegrèze; Chantalat père, de Laroche; Deviers, de Fournet; Fidel, de Maslegrèze; Gauchet, chirurgien à Laroche; Jean Gauchet, à Laroche; Laroche, de Maslegrèze; Laroche-Jouvet, de Laroche; Laffon, du Peyroulet; Leymarie, artiste-vétérinaire à Barbelat; Jean Leymarie, fils, à la Draperie; Laroche-Bernissou, père, à Laroche; Laroche-Bernissou, fils, à Laroche; Marchant, à Laroche; Marty, au Soulié; Guillaume Sautet, à l'Union; Thomas à Fournet; Veysset à Sernin.

Séance du 18 novembre 1793, 27 brumaire an II : la société décide d'envoyer « dans le plus bref délai dans chacune des communes du présent canton » des commissaires qui « parcouront toutes les habitations des citoyens, sans égard ni ménagement, et fairont la plus scrupuleuse visite et vérification des comestibles de tout genre qui existent dans lesd. demeures, de tout ce quoi ils fairont leur rapport dimanche prochain à la société qui en rendra compte aud. comité des subsistances du district de Brive. Il a été pareillement arrêté que les mêmes commissaires fairont les réquisitions et diligences nécessaires pour faire descendre les cloches superflues et qu'il sera pris des précautions pour leur transport au district ». Laroche, de Maslegrèze, fut désigné pour Larche; Laffon, du Peyroulet, pour St-Pantaléon et Grangé, du Champ Dalou, pour St-Cernin.

Séance du 25 novembre 1793. 4 frimaire an II. La société accepte « l'ofrande faite par le citoyen Laroche, de Maslegrèze, d'une paire de boucles d'argent, d'une tabatière aussi d'argent et d'un louis d'or de douze francs » pour être apportés au directoire du district et être convertis en monnaie et en échange d'assignats. Couderc, de Maslegrèze, est nommé commissaire pour inviter le conseil général de la commune de St-Cernin à apporter au directoire du district l'argenterie de l'église, et Laroche-Bernissou, de Laroche, est désigné pour correspondre avec le citoyen Gouzon, membre de la commission de subsistance et approvisionnements de la République et lui donner les renseignements dont il aura besoin.

Séance du 2 décembre 1793. 11 frimaire an II. Plusieurs membres de la municipalité de St-Cernin ont déclaré à l'assemblée qu'ils avaient changé le nom de leur commune qui s'appellerait désormais commune de l'Union et ont demandé que ce changement de nom fut inscrit sur les registres, ce qui a été unanimement accordé.

Séance du 16 décembre 1793. 25 frimaire an II. « Plusieurs patriotes de la commune de l'Union se sont plains d'une injure ou insulte faite à leur préjudice par le citoyen Hyppolite Loubignac, de Larche, l'aîné et en ont demandé réparation ». Ledit Loubignac fut condamné à une grande majorité « à reconnaître son tor dans la séance publique de la société et témoigner la peine qu'il avait des propos déplacés qu'il s'était permis de tenir contre les patriotes de la commune de l'Union, et que, faute par luy de faire lad. réparation, l'entrée de la société lui sera interdite ». La société accorde ensuite à l'unanimité des suffrages, le visa demandé pour le certificat de civisme délivré au citoyen Laferrière par le conseil général de sa commune.

Nous venons de voir que le 2 décembre 1793, il fut donné acte du changement de nom de la commune de St-Cernin ; mais, on trouve déjà mentionnée, et pour la première fois, l'appellation de commune de l'Union dans un acte de l'état civil du 25 novembre et ce nom fut conservé jusqu'au 9 germinal an III (30 mars 1795). A cette date, celui de St-Cernin est repris d'une façon définitive. C'est donc durant un intervalle de 16 mois que subsista la commune de l'Union, ci-devant St-Cernin.

A partir du 16 décembre 1793, il n'est plus fait mention des citoyens de la commune de l'Union dans le registre de la société populaire du canton de Larche. Peut-être se retirèrent-ils à cause des injures, dont ils portèrent plainte dans la séance de ce jour et pour lesquelles ils avaient cependant obtenu entière satisfaction ? Les registres sont muets à ce sujet. Toujours est-il qu'à la date du 9 nivôse an II, c'est-à-dire le 29 décembre suivant, le conseil général de la commune convoqua les citoyens ayant droit de suffrage « pour procéder à la nomination de 12 membres qui doivent composer le comité révolutionnaire ou de surveillance de lad. commune en exécution de la loi du 21 mars dernier ».

Furent élus les citoyens Laroche-Jouvet ; Laroche, de Maslegrèze ; Laffon du Peyroulet ; Veysset, du Bourg ; Chantalat, de Fournet ; Dupeyrou, fils de Lapalain ; Jean Verlhac, de Chazat ; Leygonic, de Laroche, serrurier ; Claude Thomas, de Fournet ; François Chantalat, de Laroche ; Martin Lestrade, de Chaleil ; Pierre Verlhac, de Lachassagne.

Ce comité se réunit immédiatement après la proclamation du résultat du scrutin et désigna pour président le citoyen Laroche-Jouvet et pour secrétaire, Claude Thomas. Ses réunions furent fixées à tous les jours de décade et il est à remarquer qu'elles furent tenues très-régulièrement ;

car, pendant sa durée, du 9 nivôse an II (29 décembre 1793) au 20 thermidor an II (2 août 1794), il est fait mention de vingt-deux séances, dont les procès-verbaux sont transcrits sur son registre de délibération (1). La plupart d'entre elles sont consacrées à des changements de président et de secrétaire «conformément à l'article sept du décret du quatorze frimaire dernier » (4 décembre 1793); je crois devoir cependant en donner ici le résumé à cause de l'intérêt que ces sortes de documents doivent présenter à mes concitoyens, qui vont y retrouver les noms de leurs ancêtres et pourront se faire une idée du rôle qu'ils jouèrent durant cette période de notre histoire locale aujourd'hui ignorée.

Séance du 20 nivôse an II (9 janvier 1794).

Le comité de surveillance se réunit au bourg de l'Union, dans le lieu ordinaire de ses séances, à l'ancien presbytère. « Le président a mit sur le bureau un arrettet des représentans du peuple dans le département de la Corèze sous la date du cinq nivos présent mois signé Lancaux et Brival, consernant les détenus dans les differantes maisons d'arct; lecture faite il a aité arreté unanimement que le président donnerait à l'agens national du distric les renseignements et observations suivantes conformement aux articles un et deux de lareté des representans .: le citoyen Juge Lafferrière mis en arrestation par les ordres de lencien comité de Brive est âgé de 64 ans, sugete à la goute une partie de l'année et au graviers, vivant de ses revenus; sa fortune s'élève à la somme de quatre vingt quinze mille livres ou environ.

Il n'a point d'émigré dans sa propre famille, il s'est toujours montré pour la revolution, il a fait dans tous les temps des sacrifices pour elle, il a été maire pendant trois ans, il a donné des sages conseils, maintenu l'union et la paix, exécuté et fait executer les loix, loin d'être

(1) Archives départ. de la Corrèze.

dangereux dans la commune, il ne peut que faire le bien et être util. Nous estimons qu'il est une victime de la malveliance et qu'il peut être rendu à la liberté et à ses concitoyens; d'aillieur il n'est point noble. Le conseil géneral de la commune lui a deja delivré un certificat de sivisme visé par la société populaire du chef-lieu du canton, il a acquis des biens de la nation ».

Séance du 24 nivôse an II (13 janvier 1794).

Renouvellement du bureau. Le citoyen Jean Laffon, ainé, du village du Peyroulet, est nommé président et le citoyen François Laroche, de Maslegrèze, secrétaire.

Séance du 9 pluviose an II. (28 janvier 1794).

Renouvellement du bureau. Le citoyen François Laroche, de Maslegrèze, est nommé président et le citoyen François Dupeyrou, de Lapalain, secrétaire,.

Ce même jour, le conseil général de la commune et nombre de citoyens ayant droit de vote se réunirent dans le temple de la Raison pour procéder au renouvellement par moitié du comité de surveillance. Le scrutin eut lieu par appel nominal de chaque électeur et le recensement des suffrages désigna comme membres du comité « les citoyens Marty, Henry Rome, Antoine Leymarie, Lacoste, Laroche Bernissou fils et Bernard Aymard, qui ont remplacé les citoyens Laroche Jouvé, Leygonie de La Roche, Lafon du Peyroulet, Veysset du Bourg, Chantala de Fournet et Claude Thomas.»

Séance du 24 pluviose an II (12 février 1794).

Renouvellement du bureau. Le citoyen Antoine Marty, du Soulié, est nommé président et le citoyen Antoine Leymarie, de Barbelat, secrétaire.

Séance du 10 ventose an II, jour de décade. (28 février 1794).

Le conseil général de la commune et nombre de citoyens ayant droit de vote se sont réunis dans le temple de la raison pour le renouvellement complet du comité de surveillance, dans les mêmes formes que ci-dessus. Furent élus les citoyens Jacques Veysset, du Bourg; Laroche Jouvé; Laroche, de Maslegrèze; Laffon du Peyroulet; Dupeyrou, de Lapalain; Claude Thomas; Leygonie, de Laroche; Bernard Aymard, de Barbelat; Debat, du Peyroulet; Jean Larivet; Laroche Bernissou, père et François Vergne, de Lachassagne.

Ce comité se retira immédiatement dans la chambre où il tenait ses séances et désigna le citoyen Jacques Veysset, du Bourg, pour président et le citoyen Thomas, de Fournet, pour secrétaire.

Séance du 25 ventose, an II (25 mars 1794).

Renouvellement du bureau. Le citoyen Laroche Bernissou, de Laroche, est nommé président, et le citoyen Laroche Jouvet, de Laroche, secrétaire.

Séance extraordinaire du 2 germinal an II (22 mars 1794).

« Le président a mit sur le bureau un tableau à remplir consernant les détenus de cette commune dans la maison d'aret de Brive. Comme le nommé François Juge Marquay se trouve du nombre nous avons rempli ledit tableau ainsi qu'il suit : François Juge Marquay âgé de soixante-deux ou environ, natif et domicillié dans la commune de Lunion, jadis St-Sernint et sélibataire est détenu dans la maison d'arret du distric de Brive depuis le trois frimaire dernier (23 novembre 1793), dit époque à laquelle la loi du sept septembre sur les gens suspects a été mise en execution par les ordres du comité central de Brive. Nous ignorons les véritables motifs de son arestation, son unique profession a été avent et pendant la revolution celle de chasseur ou pecheur en parcourant les biens de son frère et autres; cadet de maison, son revenus fut et encor cellui d'une légitime de trois mille livres ou environ et une maison avec un petit jardin dans la comune de Larche qui peut lui donner anuellement un revenus de qurante livres ou environ; il a vécu indistinctement avec tout le monde et principallement avec les plus riches des environs et de

notre comune et les pretres et jadis bourgeois; il nous a
apparu prendre plaisir quand les nouvelles étaient bones en
faveur des tirans coalisé contre nous, nous ignorons s'il
a signé des pétitions ou arretté liberticide ».

Séance du 10 germinal an II (30 mars 1794).

Renouvellement du bureau. Le citoyen Claude Thomas,
de Fournet, a été nommé président et le citoyen Jean
Debat, du Peyroulet, secretaire.

Séance du 30 germinal an II (19 avril 1794).

Renouvellement du bureau. Le citoyen Laroche Jouvet,
de Laroche, est nommé président, et le citoyen Jean Veysset,
du Bourg, secrétaire.

Séance du 10 floréal an II, jour de décade (29 avril 1794).

Le conseil général de la commune et nombre de citoyens
ayant droit de vote, réunis dans le Temple de la Raison,
procédèrent dans les formes ordinaires au renouvellement
mensuel du comité de surveillance. L'élection donna les
changements suivants : Pierre Veysset, de Laroche remplaça Laroche Jouvet; Henry Roume, de Laroche remplaça
Laroche Bernissou; Étienne Chantalat, du même village,
remplaça Jean Leygonie, Antoine Marty, du Soulié remplaça Laffon, du Peyroulet; Juge Laferrière, du bourg
remplaça Veysset, du bourg et Jean Verlhac, de Chazat
remplaça Laroche, de Maslegrèze.

Ce comité se réunit aussitôt au lieu ordinaire de ses
séances et nomma le citoyen Claude Thomas, de Fournet,
président et le citoyen Roume, de Laroche, secrétaire.

Séance extraordinaire du 14 floréal an II (3 mai 1794).

Le conseil général de la commune et les membres du
comité de surveillance ou comité révolutionnaire se sont
réunis au lieu ordinaire de leurs séances et le citoyen maire
leur fit remarquer que « par erreur ou faute d'attention
le citoyen Laferrière a été nommé manbre dudit comitté
en remplassant le citoyen Veysset et que s'étant apperçu
que le dit Lafferiere n'était sorti que depuis peu de jours de

la maison d'arrêt il ne pouvait être **compri** audit comité quoique il aye eu la pluralité des suffrages et **qu'il** se soit toujour bien comporté avant sa réclusion et du depuis **sa** sortie de la dite maison d'arret, en conséquance oui l'agent national, avons procédé au remplacement dudit Lafferrière» Jean Brousse, de Fournet, fut élu.

Séance du 30 floréal an II, jour de décade (19 mai 1794).

Renouvellement du bureau. Le citoyen Antoine Marty, du Soulié, a été nommé président et le citoyen Claude Thomas, de Fournet, secrétaire.

Séance du 10 prairial an II, jour de décade (29 mai 1794).

Le conseil général de la commune et nombre de citoyens réunis dans le temple de la Raison, ont procédé au renou_ vellement du comité de surveillance, qui subit les changements suivants : Jean Laffon, du Peyroulet remplace Jean Debat ; François Laroche, de Maslegrèze remplace Jean Dupeyrou ; Martin Lestrade, de Chaleil remplace Bernard Aymard ; Jean Bigeat, d'Acher remplace Jean Larivet ; Pierre Verlhac, de Lachassagne remplace François Vergne ; Léonard Bigeat, de Chazat remplace Jean Verlhac.

Séance du 15 prairial an II (3 juin 1794).

Renouvellement du bureau. Le citoyen Henry Roume, de Laroche cest nommé président et le citoyen Pierre Veysset, de Laroche, secrétaire.

Séance du 30 prairial an II (18 juin 1794).

Renouvellement du bureau. Le citoyen Jean Laffon, du Peyroulet, est nommé président et le citoyen Jean Brousse, secrétaire.

Séance du 20 messidor an II, jour de décade (8 juillet 1794)

Le conseil général de la commune et nombre de citoyens, réunis dans le temple de l'Etre suprême, ont renouvelé le comité de surveillance. Le résultat du vote fut que Laroche Jouvet remplaça Pierre Veysset, de Laroche ; Laroche Bernissou père remplaça Henry Roume ; Jean Leygonie remplaça Marty, du Soulié ; Veysset, du Bourg remplaça

Lestrade, de Chaleil; Pierre Laval, de Lapalain remplaça
Léonard Bigeat, de Chazat.

Les nouveaux élus composèrent donc le comité de surveillance « conjointement avec Laffon; Laroche, de Maslegrèze; Thomas, de Fournet; Brousse, de Fournet; Jean
Bigeat, d'Acher; Pierre Verlhac, de Lachassagne; Chantalat
de Laroche, qui ont été continués membres dudit comité ».

Ils se réunirent ce même jour et nommèrent le citoyen
Laroche Bernissou père président et le citoyen Laroche
Jouvet secrétaire.

Séance du 30 messidor an II, (18 juillet 1794).

« Aujourd'huy s'étant réfugié au sein de notre commune
un nommé Jean Moulin, enrollé dans le second batallion
de la Corèze pour le service des armées républicaines,
restant pour lors dans la commune de Varest, et lequel
ayant emprunté un nom suposé tel qu'on l'a vérifié dans ses
papiers, a donné lieu à une arestation de notre part.
Ayant ensuite vérifié les sertificats de sa bone conduite
nous y avons trouvé le nom de François Poizol au lieu
de Jean Moulin, ce qui nous fait ogurer qu'il les a vollés
ou empruntés. D'après un mur exament de notre conseil
réunis et ayant prit connaissance des peines portées par
les loix consernant l'évasion d'un militaire nous nous
sommes décidés à le faire conduire au chef lieu du canton
devant le juge de paix pour en être estatué ce dont qu'il
appartiendra ».

Séance du 5 thermidor an II (23 juillet 1794).

Renouvellement du bureau. Le citoyen François Laroche,
de Maslegrèze a été nommé président et le citoyen Claude
Thomas, secrétaire.

Séance du 20 thermidor an II, jour de décade (7 août 1794)

Renouvellement du bureau. Le citoyen Jacques Veysset
du Bourg a été élu président et le citoyen Jean Laffon, du
Peyroulet, secrétaire.

Le reste du registre est en blanc et le comité de surveillance dut cesser de fonctionner à cette date. Le 9 thermidor (27 juillet 1794) avait vu, en effet, la chûte de Robespierre, qui fut envoyé le lendemain à la guillotine et le règne de la terreur venait de finir sous la poussée de la réaction thermidorienne. Le comité de surveillance fut remplacé par une société populaire qui se réunissait dans l'église, dite alors le temple de l'Etre suprême, mais qui n'a laissé aucun procès-verbal de ses séances. Cependant les habitants de St-Cernin restaient toujours fidèles aux doctrines révolutionnaires et l'agent national, Laroche, le constatait dans ses billets adressés, le 11 nivose an III (31 décembre 1794) et le 22 nivose an III (11 janvier 1795) aux citoyens administrateurs du district de Brive : « L'esprit public est toujours bon dans ma commune, toujours même amour pour la liberté, même attachement pour la Convention. Salut et fraternité » (1).

(1) Arch. départ. de la Corrèze L, 521.

CHAPITRE XX

La levée des hommes et la fourniture des subsistances pour l'armée. — L'emprunt forcé . — Réquisition des citoyens. — Le pillage de l'église et ses réparations en 1817.

L'exécution de Louis XVI, le 21 janvier 1793, avait frappé de stupeur l'Europe monarchique. L'ambassadeur de France en Angleterre, Chauvelin, reçut l'ordre de sortir sous huit jours des îles Britanniques; l'Autriche augmenta aussitôt ses armements; la Hollande fit aussi des préparatifs de guerre. Mais la Convention ne se laissa pas intimider et résolut de lutter, s'il le fallait, avec toute l'Europe. Brissot monta à la tribune pour flétrir la conduite de la Grande-Bretagne et se fit l'écho de tous les patriotes en s'écriant : « .....Il ne faut pas se dissimuler les dangers de la lutte que nous allons entreprendre; c'est l'Europe entière, ou plutôt ce sont tous les tyrans de l'Europe que vous avez à combattre. Tous nos moyens sont donc dans vous, dans vous seuls; il faut que votre sol, votre industrie, votre courage suppléent à tout ce que la nature et les circonstances vous refusent. Il faut que le commerçant oublie son commerce pour n'être plus qu'armateur; que le capitaliste consacre enfin ses fonds à soutenir nos assignats, à subvenir aux besoins du numéraire; que le propriétaire et le laboureur renoncent à toute spéculation et portent l'abondance dans nos marchés; il faut que tout citoyen soit prêt à marcher comme un soldat romain; il faut que tous les Français ne fassent qu'une grande armée, que toute la France soit un camp; il faut se préparer à un revers, s'accoutumer aux privations; l'instant approche où ce sera un crime pour tout citoyen d'avoir deux habits si un seul de nos frères soldats est nu..... Si, destinés à combattre la ligue des tyrans, vous n'aviez qu'un roi à votre tête, Français, votre perte serait certaine; mais la liberté vous commande; la liberté fait des miracles; vous vaincrez, vous pouvez tout, si vous voulez tout fortement. Que l'esprit de liberté électrise toutes les âmes, éteigne les passions particulières ou plutôt les fonde en une seule, la passion de la liberté. Que tous les esprits se rallient autour de l'arche sainte : la Convention. Qui tend à la faire mépriser ou à la dissoudre est l'ennemi du genre humain; car le salut du genre humain est ici ».

Un jeune orateur, Ducos, s'écrie à son tour d'une voix vibrante d'enthousiasme : « Faisons entendre à l'Europe la voix de la justice mêlée aux chants de la victoire; mais quand la raison a parlé, c'est à la force à la soutenir. Vengeons nos droits trop longtemps insultés ou méconnus. Quant aux despotes qui osent attaquer notre liberté, punissons-les par la délivrance de leurs peuples. Que nos frontières se couvrent de soldats, nos ports de matelots; que la patrie toute entière s'avance pour défendre la patrie; le jour du combat approche, le printemps va renaître et l'arbre de la liberté doit reverdir avec la nature » (1).

L'assemblée fut électrisée par ces discours et déclara d'enthousiasme la guerre à l'Angleterre et à la Hollande.

Le 24 février, fut votée la loi relative à la levée de trois cent mille hommes dans la République pour être enrégimentés, exercés et envoyés immédiatement aux frontières, afin de faire face aux armées de la coalition européenne. Le directoire du département de la Corrèze prit un arrêté, le 4 mars, qui fixait le contingent du district de Brive à 729 hommes, dont la répartition entre les communes fut faite le 7 mars, par le directoire de ce district, en prenant pour base l'état de la population de ces communes et « l'état des hommes qu'elles ont fourni dans la troupe de ligne et dans les trois bataillons ».

(1) *Journal des Débats et décrets*, nº 136 et *Moniteur*, nº 33.

Le tableau, dressé à cet effet, porte St-Cernin avec une population de 750 habitants, ayant 18 hommes à fournir. Mais, comme il y en a déjà 10 sous les drapeaux, il ne reste plus qu'un effectif de 8 hommes à marcher. « Un extrait de la présente répartition sera renvoyé à chaque municipalité qui est requise de procéder de suite à la levée de son contingent et à l'exécution de toutes les autres dispositions de la loi, que pareille copie sera envoyée à chacun des commissaires qui doivent être nommés pour les cantons », afin de surveiller l'exécution de la loi. Marchant-Bourrieu, juge de paix, fut désigné pour Larche, Chartriers, Ferrières et St-Cernin (1).

Mais le directoire du district de Brive avait fait une erreur sur le chiffre de la population de St-Cernin et, par conséquent, sur le nombre d'hommes à fournir. Une réclamation lui fut adressée aussitôt par la municipalité et, le 11 mars, il prenait à cet effet la délibération suivante :

« Les citoyens Coudert, maire et Gaucher, officier municipal de St-Cernin ont dit au nom de leurs concitoyens que la commune de St-Cernin est surchargée par la répartition qui a été faite des trois cent mille hommes en vertu de la loi du 24 février, que cette commune ne peut être taxée à huit hommes soit en ce qu'elle en a fourni au-delà du nombre fixé dans le tableau de répartition, soit en ce que sa population y est portée au-delà de ce qu'elle est réellement. Ils ont ajouté que la population effective est de 667 âmes d'après le recensement dont il est fait mention dans le registre de leur municipalité qu'ils ont présenté; que si dans les tableaux du district cette population a 750, cette différence doit provenir de ce que quatre villages ont été distraits de St-Sernin pour être portés à Larche.

» Le citoyen Pécon, maire de Larche, s'est aussi présenté, il est convenu qu'il y avait en effet un double emploi dans

(1) Arch. départ. de la Corrèze, L, 286, Registre, f°s 219 à 223.

les deux populations, que celle de Larche était de cinq cent quatre vingt deux et celle de St-Sernin de six cent soixante dix sept.

» Sur ces exposés le directoire du district de Brive, oui le Procureur sindic et le commissaire du département consulté, considérant la difficulté qu'il y avait à faire veriffier la population effective des deux paroisses et le retardement que cette opération pourrait apporter à la levée des hommes qu'elles doivent fournir, considérant qu'il parait certain d'après les vérifications faites que la commune de St-Sernin a fourni en effet un plus grand nombre d'hommes que celui déterminé dans le tableau de répartition, laquelle erreur ne provient que de la difficulté de sçavoir de quelle paroisse en général étaient sortis un certain nombre de volontaires.

» Arrête que la commune de St-Sernin fournira seulement cinq hommes au lieu de huit et que celle de Larche en fournira quatre ainsi qu'il était déjà décidé par le précédent arrêté. Fait à Brive au directoire du district le onze mars 1793 l'an second de la république française. Signé : Chauviniat, Clauzade, Lachèze, Deynes, adj[t], Melon, com[re] du départ[t] (1.)»

Le 19 mai suivant, le directoire du département de la Corrèze prenait un arrêté concernant le recensement de tous les garçons, de 18 à 40 ans, ayant la taille de cinq pieds trois pouces et les officiers municipaux de la commune de St-Cernin le mirent à exécution, le 30 du même mois et dressèrent un état qui comprend huit noms et fut clos et arrêté le 3 juin.

Mais le besoin d'hommes pour les armées devenait toujours plus impérieux. Aussi quelques jours après, le 29 mai, le directoire du département rédigeait un nouvel arrêté,

---

ordonnant d'établir la liste de tous les garçons de l'âge de 16 ans jusqu'à 50 ans, de la taille de cinq pieds et au-dessus.

La municipalité commença ce travail le 2 juin pour le terminer le 6, et sur l'état qu'elle établit, on trouve cette fois 40 inscriptions (1).

Le 18 août, elle s'occupait de la situation des récoltes dans la commune et dressait un état des subsistances qui n'était pas brillant et dans lequel elle constate qu'il n'y en aura « que pour quatre à cinq mois environ ». Cette année, en effet, fut très mauvaise pour l'agriculture; car les blés d'hiver avaient très mal réussi et « les semences prélevées, ils ne fourniraient pas deux mois de subsistance; la récolte qu'on a faite en blé de mars n'a presque rien donné; les blés d'Espagne et les blés noirs donneront fort peu à cause de la sécheresse. Il y a peu de châtaignes dans la commune, la récolte s'annonce très mal et il a péri beaucoup d'arbres. Les vignes promettent récolte honnête, mais la récolte en foin a été peu abondante et le grand chau fera qu'il n'y aura ni regain ni raves » (2).

Le gouvernement s'empressa d'ailleurs de venir en aide aux plus nécessiteux, aux pères et mères de famille qui avaient perdu leur soutien en envoyant leurs enfants au service de la patrie. Il fut alloué à la commune de St-Cernin la somme de 280 livres 6 sols 6 deniers, que le citoyen Chauvignac, administrateur du district de Brive, versa le 26 août 1793 entre les mains de Deviers, officier municipal et de Laroche Jouvel, notable, qui s'obligèrent « à fournir l'état des payements et de faire passer incessamment le double du rolle arrêté du 30 mai dernier ».

Le 1er jour de la 2me décade du 2me mois de l'an second de la République (1er novembre 1793) eut lieu une nouvelle répartition et le maire, Couderc, reçut un secours de 138

1) Arch. départ. de la Corrèze, L, 521.
(2) Arch. départ. de la Corrèze, L, 521.

livres, « de laquelle somme il promet d'effectuer le payement et d'en justifier » (1).

Cependant, pour soutenir la lutte contre l'Europe coali-
sée, il fallait de nombreux milliers d'hommes et des vivres
pour les nourrir. Aussi, le 25 août, la Convention porta le
décret suivant :

« Dès ce moment jusqu'à celui où les ennemis auront
été chassés du territoire, tous les Français sont en réquisition permanente pour le service des armées ; les jeunes gens
iront au combat, les hommes mariés forgeront des armes
et transporteront des subsistances ; les femmes feront des
tentes, des habits et serviront dans les hôpitaux ; les enfants
mettront les vieux linges en charpie ; les vieillards se feront
porter dans les places publiques pour exciter le courage
des guerriers et la haine des rois. Les maisons nationales
seront converties en casernes, les places publiques en
ateliers d'armes ; le sol des caves sera lessivé pour en extrai-
re le salpêtre. Les chevaux de selle seront requis pour le
service de la cavalerie ; les chevaux de trait conduiront
l'artillerie et les vivres. Tous les artistes et ouvriers seront
à la disposition du comité de salut public pour la fabrication des armes. Les propriétaires, fermiers et possesseurs
de grains seront requis de payer les deux tiers de leurs
contributions en nature pour assurer la subsistance des
armées. Des représentants du peuple seront envoyés dans
les départements pour accélérer, de concert avec les délégués
des assemblées primaires, le recensement des armes et la
levée des hommes. La levée sera générale. Les citoyens non
mariés ou veufs sans enfants, de dix-huit à vingt-cinq ans,
marcheront les premiers. Ils se rendront sans délai au chef-
lieu de leur district, où ils s'exerceront tous les jours au
maniement des armes, en attendant l'ordre du départ. Le
bataillon, organisé dans chaque district, sera réuni sous une

(1) Archiv. départ. de la Corrèze, I., 521.

bannière portant cette inscription : Le peuple français debout contre les tyrans ! »

Cette mâle énergie assura le salut de la France et la préserva de l'invasion, en même temps qu'elle réduisait à néant les intrigues des émigrés et rendait impossible la contre-révolution royaliste.

Un emprunt forcé d'un milliard avait déjà été décrété par la Convention, au mois de mai précédent; mais on ne s'en occupa ici qu'au mois de novembre. Le conseil général de la commune s'assembla à cet effet le 20 brumaire an II (10 novembre 1793) et après avoir lu et « pris en considération la lettre du district de Brive du quatorze du courant tendante à nommer, en exécution de l'article 9 du décret relatif à l'emprunt forcé, six commissaires verifficateurs qui seront chargés de veriffier les déclarations fournies et d'exécuter ce qui est porté par lad. loi », il désigna les citoyens Antoine Leymarie, de Barbelat, Jean Laffon du Peyroulet, Joseph Laroche Jouvet, de Laroche, François Couderc, de Maslegrèze, Jean Lacoste, de Fournet et Henri Roume, de Laroche (1).

Les récoltes de l'année 1793 avaient été fort médiocres et se trouvaient à peine suffisantes pour les besoins des habitants pendant la moitié de sa durée. Il faut croire que l'année suivante fut moins mauvaise; car l'administration du district de Brive, par un arrêté du 11 nivose an III (31 décembre 1794), concernant la fourniture des subsistances à l'armée, décréta que la municipalité de l'Union fournirait 7 quintaux d'avoine et 60 quintaux de foin, dont elle ferait la répartition sur les habitants. La livraison devait s'en opérer à Brive, au dépôt spécial, où ces fournitures seraient payées, ainsi que les frais de transport, à mesure des versements et les propriétaires devaient se munir d'un certificat de leur municipalité constatant qu'ils n'avaient pas récolté

(1) Arch. départ. de la Corrèze, L, 521.

de meilleure denrée. Celui qui aurait été convaincu du contraire avait sa livraison confisquée (1).

Les moyens de transport étaient aussi recensés pour le service des réquisitions, et ceux de la commune de l'Union comprenaient 36 charrettes, 46 bœufs, 11 chevaux de bât, 12 mulets de bât et 16 ânes ou ânesses. Il n'y avait aucun animal de trait (2). Notre pays était encore trop « malaisé pour le charroi », selon l'expression de Théodore de Bèze (3).

Quant aux citoyens, pourvus d'un métier utilisable pour la défense nationale, ils étaient aussi réquisitionnés à l'improviste et enlevés à leurs familles pour aller travailler sur les chantiers nationaux. Le billet suivant en fait foi : (4)

« Liberté, Egalité, au nom de la loy, le citoyen Jean Bigeat du village d'Achier commune de l'Union est requis de la part des soussignés de se rendre à Brive au directoire du district vendredi prochain qu'on contera sixième floréal (25 avril) pour comparaître avec les citoyens Bernard Taxain et Raymond Faure dudit village susdite commune devant le citoyen Lachèze agent national pour en constater tel avis qu'il appartiendra. Fait à l'Union le troisième floréal l'an second (22 avril 1794) de la République française une et indivisible ». Signé : Coudere, maire, Deviers officier municipal, Gauchet officier municipal et Leymarie, secrétaire greffier.

Cependant cette réquisition n'eut pas de suites fâcheuses pour l'intéressé; car on trouve au verso du billet cette mention : « Jean Bigeat prétend qu'il n'est ni charpentier ni menuisier. La municipalité de l'Union est prévenue qu'on ne demande en ce moment pour travailler dans les chantiers de Brest que des charpentiers.

(1) Arch. départ. de la Corrèze, L., 285. Registre des délibérations du conseil d'administration du district de Brive.
(2) Arch. départ. de la Corrèze, L., 521.
(3) Chroniques ecclésiastiques.
(4) Archives personnelles.

« En conséquence Jean Bigeat se retirera en sa municipalité qui après avoir vérifié s'il est charpentier ou non le dispensera ou le fera obéir à la réquisition. Fait à Brive le 6 floréal an II ». (25 avril 1794). Signé : Lachèze et Clauzade.

Dans sa séance du 27 brumaire an II (18 novembre 1793) la société populaire du canton de Larche avait décidé l'envoi dans chaque commune de commissaires spéciaux, chargés de faire descendre et transporter au district de Brive les cloches superflues, qui devaient être transformées en canons pour servir à la défense nationale.

Il en fut livré une du clocher de St-Cernin, ainsi que l'atteste le billet adressé aux citoyens administrateurs du district par l'agent national Laroche, le 11 nivose an III (31 décembre 1794) et dans lequel il leur annonce qu'on a « envoyé la plus grande closse ».

L'église n'avait pas été à l'abri des déprédations et du pillage. Aussi le même agent national pouvait-il écrire à son collègue de Brive, le citoyen Lachèze, le 11 vendémiaire an III (2 octobre 1794), la lettre suivante, qui nous édifie complètement sur la situation de St-Cernin à cette époque : « Je nay citoyen dans ma commune aucun ouvrage d'architecture et sépulture, peinture ny gravure, en un mot il ny existe un de ces objets dont tu me demande dans ta lettre.

« Te diray que nous avons une maison commune, ou habitait le ci-devant vicaire. La municipalité tien là ses séances, le ci-devant comité de surveillance le faisait également. La société populaire se tient dans le temple de letre supreme, et les instituteurs y font leur classe. Nous n'avons pas de grenier public. Il n'a point été adjugé de bâtiment national à la commune. Salut et fraternité » (1).

Les actes de vandalisme qui s'étaient produits dans l'église nous sont d'ailleurs révélés par le devis estimatif des

(1) Arch. départ. de la Corrèze, L, 521.

réparations à y faire et des objets mobiliers dont l'acquisition fut nécessaire et indispensable pour le service du culte public, devis établi en présence du trésorier de la fabrique, du maire et d'un grand nombre d'habitants convoqués au son de la cloche, le 14 juillet 1817, par Jean Baptiste Lamaze, ex-notaire à Larche, commissaire nommé à cet effet par arrêté du sous-préfet de Brive, en date du 2 juillet précédent.

Il fut alors constaté que presque toutes les dalles formant le pavé de l'église avaient été enlevées, qu'il manquait trois marches à l'escalier servant à y descendre, que la balustrade en rond à l'entrée du sanctuaire et le confessionnal étaient disparus et que « la chaire à prêcher a été enlevée de sa place ordinaire et mise à lambeaux, dont la grande majeure partie n'existe plus ». Quant aux vases sacrés et toutes espèces d'ornements nécessaires au culte, il n'y en avait trace. Les dégats à réparer s'élevaient à la sommme de 981 francs, que le conseil municipal accepta et vota dans sa réunion extraordinaire du 3 août 1817. Sa délibération fut approuvée le 12 août et l'adjudication des travaux fut donnée à St-Cernin, le 15 septembre suivant et approuvée par le préfet le 29 octobre (1).

Si cette période de notre histoire eut parfois sa note plutôt grotesque, qui nous est révélée par les prénoms de décadi ou quintidi, accolés aux noms de quelques enfants, nés à cette époque et que leurs parents trop zélés durent très probablement regretter plus tard, elle a surtout laissé dans l'esprit des habitants un souvenir d'épouvante qui ne s'est amoindri qu'après un grand nombre d'années et qui s'est même transmis jusqu'à nous sous l'appellation caractéristique d'année de la peur, *annado de la paü*. Chacun tremblait dans sa demeure, incertain sur le lendemain et peu rassuré par les événements dont l'écho

(1) **Archives communales de St-Cernin.**

arrivait jusqu'au fond de nos campagnes. De faux bruits
d'invasion par des bandes dévastatrices et incendiaires
étaient répandus dans les villages; aussi les paysans apeurés
quittaient-ils leurs champs et leurs travaux pour se retirer
anxieux dans leurs demeures. Ils ne s'y sentaient même
pas toujours en sûreté et l'on raconte encore qu'une famille
du village du Peyroulet, craignant d'être assassinée durant
la nuit, avait, le soir venu, abandonné sa maison en y
laissant la lumière et s'était retirée dans une excavation
du puy de Lapalain, où elle passa la nuit aux écoutes et
en montant de temps en temps sur le sommet du monticule
pour se rendre compte de ce qui se passait et voir si la
lumière brillait toujours dans sa demeure. Tout étranger
était soupçonné d'espionnage et on lui aurait certainement
fait un mauvais parti s'il n'était parvenu à prendre la
fuite. Enfin on cachait le blé et le pain dans des cabannes
ou dans des étables pour le soustraire aux réquisitions
des comités de subsistance. On allait faire moudre les grains
pendant la nuit et l'on tenait même, paraît-il, des marchés
nocturnes en certains endroits écartés et désignés d'avance,
en particulier dans le bois de Veyrières, où l'on allait
vendre les denrées que l'on possédait en excédent.

Il faut reconnaître cependant que la conduite révolutionnaire de nos ancêtres trouvait les plus larges circonstances atténuantes dans l'état politique et social qui les
opprimait. Les impôts pesaient lourdement sur le peuple
et d'une façon d'autant plus vexatoire que la noblesse et
le clergé en étaient exemptés par privilège, de telle sorte
que les plus riches se trouvaient les moins imposés. Et il
n'y avait pas que les impositions générales du royaume à
acquitter; les dîmes, que percevait le clergé depuis les
premiers temps de la monarchie et qui se payaient en
nature, venaient encore grever d'un dixième le revenu des
terres; sans compter les divers droits seigneuriaux, rentes,
lods, ventes et investiture, dont la quotité variait suivant

les coutumes, mais qui n'en constituaient pas moins une charge énorme pour les contribuables. Aussi, le paysan pliait-il sous le poids de tous ces impôts, de toutes ces redevances, qui le mettaient dans l'impossibilité de sortir de l'état de gêne et de misère dans lequel il gémissait.

> Tous les jours au milieu d'un champ,
> Par la chaleur, par la froidure,
> L'on voit le pauvre paysan
> Travailler tant que l'année dure,
> Pour amasser par son labeur
> De quoy payer le collecteur !

Telle est décrite la situation du paysan au bas d'une estampe intitulée « l'homme de village », éditée à Paris, chez N. Guerard, graveur, rue St-Jacques, à la Reyne du clergé, proche St-Yves.

Et, comme le dit Eugène Bonnemère (1), c'est ce qui fait comprendre que les quelques jours de terreur de 1793, que l'on ne déplorera jamais assez, furent bien peu de chose et de bien inévitables et incomplètes représailles, si on les compare à l'oppression implacable et tant de fois séculaire des rois, des nobles et du clergé.

Quant à la situation spéciale du Limousin, elle n'était pas meilleure que dans le reste du royaume et l'Anglais Arthur Young (2) la décrit fort exactement dans des termes qui justifient bien la révolte de nos ancêtres. Aussi, après avoir indiqué les lourds impôts qui pesaient sur les paysans, leur répartition arbitraire et l'appauvrissement général des basses classes de la société, ne peut-il s'empêcher de s'écrier : « Quel système ruineux et détestable, et qu'il est bien fait pour arrêter le cours des richesses du souverain et celles de ses peuples ! Quel est l'homme ayant le sens commun, qui peut regretter la chûte d'un gouvernement

(1) *Histoire des paysans*, T. II, p. 431, 2ᵉ édit.
(2) *Voyages en France*, T. III, p. 12.

qui se conduisait selon de pareils principes ? Et qui peut, avec justice, condamner la violence du peuple, en arrachant à la noblesse et au clergé ces privilèges et ces distinctions dont ils avaient si indignement fait usage pour l'oppression et la ruine des classes inférieures ! »

Il n'est donc pas étonnant que le nouveau régime, qui apparaissait avec la noble devise « Liberté, Egalité, Fraternité », ait rencontré de nombreux adeptes, pleins d'ardeur et d'enthousiasme. Ils se laissèrent parfois entrainer à de graves abus et commirent certainement des actes répréhensibles ; mais ils sont pourtant dignes de toute notre sympathie, en raison du but élevé qu'ils poursuivaient, des idées généreuses et philantropiques qui les animaient et aussi de l'état de compression intellectuelle et morale, imposé par l'ancien régime et que le souffle puissant de la Révolution venait d'emporter, en répandant les germes de justice, de liberté et de solidarité, qui devaient donner, par la suite et malgré tout, une si belle et si abondante floraison.

CHAPITRE XXI

Les gardes nationales de St-Cernin et leur composition en 1790, 1792,
1796, 1831, 1837, 1840, 1848 et 1870.

L'institution de la garde nationale date du début de la
Révolution et l'on a pu dire qu'elle s'était créée d'elle-
même après le 14 juillet 1789.

Parmi ceux qui en firent partie à St-Cernin, à l'époque
de sa formation, en 1790, on trouve Laroche Jouvet,
commandant, signalé comme chef du détachement envoyé
à Tulle par St-Cernin, le 4 juillet 1790, pour assister à la
fête de la confédération des gardes nationales du département de la Corrèze (1) ; Laffon, major ; Couderc, aide-major ;
Gauchet, chirurgien-major et Lafon porte étendard.

Mais, le 14 octobre 1791, une première loi sur l'organisation générale de la garde nationale sédentaire fut
promulguée et tous les citoyens actifs durent en faire
partie, sous peine de perdre leurs droits civiques, et leurs
fils, âgés de 18 ans accomplis, furent également tenus de
se faire inscrire sur ses contrôles. Chaque compagnie nommait ses officiers au scrutin individuel et à la pluralité
absolue des suffrages et ses sous-officiers à la pluralité
relative.

La compagnie de St-Cernin fut alors composée comme
suit : (2)

Capitaine : Jean Leymarie, fils, de la Draperie,

Lieutenant : Laroche, de Maslegrèze,

Sous-lieutenant : Laferrière, fils, du bourg,

(1) *Les fêtes nationales et cérémonies publiques à Tulle sous la
Révolution et la première République*, par V. Forot, *in Bulletin de la
Société scient. hist. et arch. de Brive*, T, XXVI, 1904, p. 209.

(2) Arch. départ. de la Corrèze, L, 521.

Sergent-major : Couderc, de Maslegrèze,
Sergents ordinaires : Thomas, de Fournet,
   —   —   Lafon, du Soulié,
   —   —   Jean Jaubertie, de Barbelat,
   —   —   Henry Roume, de Laroche,
Caporaux : Jean Laroche, cadet,
   —   Leygonie, serrurier à Laroche,
   —   Deviers, fils ainé, à Fournet,
   —   Bigeat, fils, d'Acher,
   —   Gabriel Laroche,
   —   Jean Verlhac, de Chazat,
   —   Pierre Veysset, cadet,
   —   Brousse, de Fournet,
Tambour : Bigeat, père, de St-Cernin.

Le contingent des hommes, dits fusiliers, s'élevait à 65 habitants des divers villages.

Le 11 germinal an IV (31 mars 1796), les citoyens de la commune de St-Cernin se réunirent au chef-lieu « à l'effet de former une garde nationale conformément à la loi du 28 prairial an III » (16 juin 1795) et les gradés élus furent (1):

Capitaine : Jean Leymarie, de Fournet (2),
Lieutenant : Joseph Laroche Jouvet, de Laroche,
Sous-lieutenant : François Couderc, de Maslegrèze,
Sergent-major : François Laroche, de Maslegrèze,
Sergents : Henry Roume, de Laroche,
   —   Jacques Veysset, du bourg,
   —   François Deviers, de Fournet,
   —   Jean Lacoste, de Fournet,
Caporaux : Claude Thomas, de Fournet,
   —   François Leymarie, de la Draperie,
   —   Jean Leygonie, de Laroche,

(1) Arch. départ. de la Corrèze, I., 521.
(2) Il s'agit du même Leymarie, précédemment nommé capitaine. Marié en 1791 avec Louise Laroche, de Fournet, il avait quitté la Draperie pour aller habiter chez sa femme.

Caporaux : François Pomarel, de Laroche,
—   Jean Verlhac, de Chazat,
—   Jean Débat, du Peyroulet,
—   Pierre Verlhac, de Lachassagne,
—   Jean Jaubertie, de Barbelat,
Tambour : François Bigeat, du Bourg.

Durant un certain nombre d'années, il n'est plus question
de gardes nationales; mais, lors des évènements de juillet
1830, elles se reconstituèrent pour ainsi dire spontanément
sur tous les points de la France et c'est « au patriotisme
et au courage des gardes nationales et de tous les citoyens
français » que furent confiées, par son article 66, la charte
et tous les droits qu'elle consacre. La loi organique du 22
mars 1831 assure de nouveau son existence et son fonctionnement.

Le conseil de recensement de St-Cernin dressa la liste
des gardes nationaux, le 11 mai 1831 ; leur nombre s'éle-
vait au chiffre de 124, qui procédèrent, le 26 juin suivant,
à l'élection des gradés suivants :
Capitaine : Gauchet François
Lieutenants : Pomarel François,
—   Marty Etienne,
Sous-lieutenants : Gourdal Jean,
—   —   Leygonie Bernard,
Sergent-major : Comte Bernard,
Sergent-fourrier : Goursat Antoine,
Sergents : Borde Jean,
—   Nicouleau Pierre,
—   Laffon Jean,
—   Mercier Raymond,
—   Delmas François,
—   Leymarie Jean,
Caporaux : Marchant,
—   Verlhac,
—   Valette,

Caporaux : Laroche,
    —   Rougier,
    —   Lacoste,
    —   Débat,
    —   Leygonie,
    —   Faure,
    —   Delmas,
    —   Laffon,
    —   Murat,

Tambour : Laguerre, forgeron au Soulié.

Quant au conseil de discipline, composé en vertu de l'article 96 de la loi du 22 mars 1831, il fut installé en séance publique, le 17 juillet suivant, après avoir prêté serment, et comprenait :

Le lieutenant Marty, président,

Le sous-lieutenant Gourdal, juge,

Le sergent Bordes,   —

Le caporal Lacoste,   —

Le garde national Valette,   —

Le lieutenant Pomarel, rapporteur,

Le sous-lieutenant Leygonie, secrétaire.

Le 11 mai 1834, eut lieu la réélection des officiers et sous-officiers de la garde nationale de St-Cernin, qui fut faite par les gardes nationaux électeurs de la commune, au scrutin secret et individuel, à la majorité absolue pour les officiers et à la majorité relative pour les sous-officiers et caporaux, conformément à l'arrêté du sous-préfet de Brive du 29 mars précédent ; mais le procès-verbal de cette élection n'a pas été conservé.

Au début de septembre 1837, devait s'opérer une nouvelle élection des officiers et sous-officiers de la garde nationale ; mais on ne put y procéder faute d'électeurs, comme le constate la lettre suivante du maire de St-Cernin, Chauviniat, au sous-préfet de Brive, en date du 10 septembre :

« Tous mes efforts n'ont pu vaincre l'indifférence des gardes nationaux de la c^ie de St-Cernin; la plupart ont négligé de se rendre au chef-lieu le jour de l'élection; il est vrai que la fête votive de la c^ie de Lafeuillade a du en appeler un grand nombre.

« Les quelques gardes nationaux qui se sont présentés ont été unanimes pour se refuser de faire une élection nouvelle et se sont bornés à exprimer le vœu que les anciens officiers soient conservés dans leurs grades.

« En conséquence je n'ai pu procéder à l'élection et je vous envoie le projet de procès-verbal avec l'indication du nom des anciens officiers ».

Cette façon d'agir ne fut pas acceptée par l'administration; car une nouvelle convocation des gardes nationaux eut lieu, le 8 novembre suivant, et tous les gradés y furent élus à la majorité relative :

Capitaine : Gauchet François,

Lieutenants : Etienne Marty,

—   François Pomarel,

Sous-lieutenants : Jean Gourdal,

—   Joseph Jaubertie,

Sergent-major : Bernard Leygonie,

Sergent-fourrier : Antoine Goursat,

Sergents : Pierre Nicoulaud,

—   Etienne Marchant,

—   Borde,

—   Leymarie,

—   Mercier Raymond,

—   Jean Débat,

Caporaux : Pierre Verlhac, de Fournel,

—   Pierre Calus,

—   Bernard Valette,

—   Etienne Laroche,

—   Jean Veyssière,

—   Bernard Beaudenon,

Caporaux : Etienne Lacoste,
—   Etienne Vergne,
—   Jean Bap^te Molas,
—   Antoine Delmas,
—   Jean Rougier,
—   Jean B^te Goursac,

En 1840, l'effectif de la compagnie comportait 101 hommes, dont 42 inscrits sur les tableaux de recensement des gardes nationaux mobilisables et il y eut, le 18 octobre, une nouvelle élection d'officiers :

Pomarel François, déjà lieutenant, fut nommé capitaine ; Etienne Marty resta lieutenant ; Gourdal, déjà sous-lieutenant devint lieutenant et Leymarie Jean et Laffon Victor furent élus sous-lieutenants.

Le 22 juin 1848, parut l'instruction sur la formation des tableaux communaux des citoyens mobilisables, signée par Recurt, Ministre de l'Intérieur, qui avait pour but d'organiser la garde nationale mobile, c'est-à-dire les corps détachés pour la défense des places fortes, des côtes et des frontières de la République, que la garde nationale devait fournir en cas de guerre, suivant l'article 138 de la loi du 22 mars 1831. Sur les 136 inscrits, de 21 à 55 ans, qui étaient appelés à faire partie de la garde nationale de St-Cernin, d'après la liste arrêtée le 23 mars précédent, 42 citoyens se trouvaient dans les conditions requises pour être mobilisables. Mais déjà avait eu lieu, le 26 mars, l'élection des gradés de la compagnie, qui avait donné les résultats suivants :

Capitaine : Laffon Victor, médecin
Lieutenants : Jean Baptiste Leymarie, instituteur,
—   Laumond Jean, de St-Cernin,
Sous-lieutenants : Beaudenon Jean, de Lapalain,
—   Débat Jean Baptiste,
Sergent-major : Labatut Léonard, à Pommier
Sergent-fourrier : Jacquet, au Peyroulet,

Sergents : Goursat Antoine, à Fournet,
— Laffon Jean-Baptiste,
— Marchant Antoine,
— Chauvignat Antoine,
Caporaux : Livernerie Martin, à Fournet,
— Leymarie Jean Baptiste,
— Veyssière Jean,
— Molas François, au Causse,
— Mercier Raymond, au Soulié,
— Lapeyre Léonard, au bourg,
— Delmas Pierre, à Acher,
— Debat Bernard, au Peyroulet,

La loi du 13 juin 1851 et le décret du 11 janvier 1852 organisèrent les gardes nationales sur de nouvelles bases et fixèrent ses attributions. La compagnie de St-Cernin n'en subit aucune modification et elle parait bien n'avoir guère plus fonctionné depuis sa dernière constitution. Il n'en est fait mention dans aucun document jusqu'au mois de février 1868. A cette époque, en exécution des dispositions transitoires de la loi du 1er du même mois, fut établi le tableau de recensement des hommes célibataires ou veufs sans enfants des classes 1866, 1865 et 1864, qui ont été libérés par le conseil de révision et qui sont appelés à faire partie de la garde nationale mobile. Six habitants de St-Cernin se trouvaient dans ce cas.

Il faut arriver jusqu'en 1870 pour voir la réorganisation de la compagnie de St-Cernin, dont la liste, dressée le 21 septembre par le maire, assisté des membres du conseil de recensement, comprend 110 noms pour la garde nationale sédentaire et 16 pour sa réserve. L'élection aux grades eut lieu, le 25 septembre suivant, sous la présidence du maire, et donna les résultats ci-après :

Capitaine : Laffon Julien, à Fournet,   ancien militaire.
Lieutenant : Jaubertie Jean, à Laroche,   —   —
Sous-lieutenant : Debat Bernard, au Peyroulet —   —

Sous-lieutenant : Bessot François, à Lachassagne — —
Sergent-major : Delbonel Bernard, au bourg — —
Sergent-fourrier :Gourdal François au bourg
Sergents : Comte Jean, à la Bouquerie, ancien militaire
— Beaudenon Jean à Laroche, — —
— Vitrac Jean, à la Bouquerie, — —
— Meynardie François à Chaleil, — —
— Laval Jean Bernard, à Barbelat, — —
— Leygonie Pierre, à Lagrèze, — —
Caporaux : Peyroux Antoine, à Laroche,
— Laval Jean, à Laroche,
— Delclaux Michel, à la Bouquerie,
— Laval Bernard, au bourg,
— Barde Jean, au Bourg,
— Delpy Pierre, à Lachassagne,
— Rougier Jean, à Lachassagne,
— Gillet Philippe, à Matagot,
— Duverger Louis, à Lapalain,
— Mons Louis, au bourg,
— Lafon Jean, à Fournet,
— Beaudenon Pierre à Lapalain,

anciens militaires ou de la 2e portion de leur classe.

Tambour : Edmond Labat, du bourg.

Immédiatement après le dépouillement du scrutin, le maire présenta à la compagnie assemblée et lui fit reconnaître le capitaine, qui procéda ensuite à la même formalité à l'égard de tous les autres gradés.

Ici se termine l'histoire de la garde nationale de St-Cernin, dont je n'ai pas besoin de faire ressortir le rôle effacé durant toute son existence.

CHAPITRE XXII

Le personnel de la santé publique à St-Cernin. — Médecins. — Apothicaires. — Sage-femme. — Vétérinaire.

I. Médecins.

Depuis près de deux siècles, la commune de St-Cernin a toujours été pourvue d'un médecin. On y trouve les suivants :

François Marquay, sieur de Juge, fils de Jean de Juge de Laferrière, conseiller du roi au présidial de Brive et de Louise Gauthier, est né à Terrasson (Dordogne) le 28 avril 1715. Il fit ses études médicales à l'académie de Cahors, où il fut admis au grade de docteur en médecine, le 24 juin 1737.

Grâce à l'obligeance de mon ancien camarade et excellent ami, François Dumas, le doyen si sympathique et si apprécié de la Faculté des lettres de Toulouse, j'ai pu recueillir sur la scolarité de ce médecin des renseignements intéressants, puisés dans les archives mêmes de l'Université de Cahors, qui sont conservées avec celles de Toulouse depuis 1744, date de sa suppression.

Voici, en effet, quelques extraits du registre 119 desdites archives, concernant les bacheliers, licenciés et docteurs en médecine (1702-1744) de l'Université de Cahors.

Du quatorzième mars 1737, assemblés dans l'Université de Cahors, messieurs les professeurs de la médecine soussignés, François Marquay de Juge, natif de Terrasson au diocèse de Sarlat, ayant présenté sa supplique, a été examiné et admis à la thèse pour le grade de bachelier en médecine. Il lui a été baillé la question : *an motus muscularis provenial a majori influxu spirituum animalium ?*

(si le mouvement musculaire provient d'une inflexion plus grande des esprits animaux). Signé : Mailhès président et Laplasse.

Du quinzième mars 1737, assemblés comme dessus, François Marquay de Juge, natif de Terrasson, diocèse de Sarlat, ayant publiquement présenté ses thèses, a été admis au grade de bachelier en médecine. (mêmes signatures).

Du quinze juin 1737, assemblés dans l'Université de Cahors, messieurs les professeurs de la médecine soussignés, François Marquay de Juge, natif de Terrasson, diocèse de Sarlat, ayant présenté sa supplique, a été examiné et admis à la thèse pour le grade de la licence en médecine conformement au règlement. Il lui a été baillé la question : *an cholerœ morbo laudanum ?* (le laudanum peut-il être employé contre les maladies causées par la bile) ?

Du 17 juin 1737, assemblés comme dessus, François Marquay de Juge, natif de Terrasson, diocèse de Sarlat, ayant publiquement soutenu sa thèse, a été admis au grade de la licence en médecine, suivant le règlement. Président, M. Mailhès.

Du 19 juin 1737, assemblés dans l'Université de Cahors, Messieurs les professeurs de la médecine soussignés, François Marquay de Juge, natif de Terrasson, diocèse de Sarlat, ayant présenté sa supplique, a été examiné et admis à la thèse pour le grade de docteur en médecine, conformément aux règlements; il lui a été baillé la question : *an concoctioni lœsæ emeticum ?* (l'émétique peut-il s'employer dans les mauvaises digestions) ?

Du 24 juin 1737, assemblés comme dessus, François Marquay de Juge, natif de Terrasson, diocèse de Sarlat, ayant publiquement soutenu ses thèses a été admis au grade de docteur en médecine conformément aux règlements. Président, M. Mailhès.

Ledit François Marquay est mort au bourg de St-Cernin. le 25 décembre 1744, à l'âge de 28 ans et fut inhumé le lendemain dans l'église. Il exerça donc la médecine pendant sept années.

François Rupin, sieur de Laborie, né à Goyne, paroisse de Lafeuillade, en Périgord, le 10 avril 1738 (1), Maître-chirurgien, porté comme témoin, « habitant du village de Fournet, présente paroisse », dans une quittance notariée, faite au village de Peyrefumade, le 8 février 1775, par Lamaze, notaire royal à Larche. Il habitait auparavant au lieu de Goyne, paroisse de Lafeuillade, ainsi qu'il est mentionné dans un acte de vente d'un pré lui appartenant dans les dépendances de Rotassac, le 28 novembre 1771 (2).

Ce changement de résidence s'explique facilement, lorsqu'on sait que son père, Pierre Rupin, sieur de Lauteyrie, habitant à Goyne, et veuf de Jacquette de la Grèze, s'était marié en secondes noces, le 7 février 1747, avec Marguerite Laroche, de Fournet, veuve elle-même de Joseph Vitrat. Ce Pierre Rupin de Lauteyrie vint donc habiter chez sa femme à Fournet, où il mourut le 6 janvier 1774, à l'âge de 70 ans, et fut inhumé dans l'église de St-Cernin, dans un tombeau appartenant à la fabrique (3).

Son fils, le maître-chirurgien, vint habiter Fournet à cette époque; mais nous ne connaissons pas exactement le temps qu'il y demeura.

Antoine Gauchet, maître en chirurgie, désigné aussi avec le titre d'officier de santé, né le 2 novembre 1743 au bourg de St-Cernin, était fils de François Gauchet, bourgeois et de Marguerite Coudere. Il habita d'abord la maison paternelle à St-Cernin, où il est signalé dans un contrat de vente du 7 janvier 1775 (4); mais il ne tarda pas à se fixer à Laroche et se maria, le 17 février 1778, avec Cathe-

---

(1) Archives de Lafeuillade.
(2) Archives personnelles.
(3) Archives communales de St-Cernin.
(4) Archives personnelles.

rine Marmiesse, du lieu de Malleforge, paroisse de Lasvaux en Quercy (1), qui mourut à Laroche, le 25 novembre 1807 (2).

Son père a été inhumé dans l'église, le 9 mai 1751, dans les tombeaux de ses prédécesseurs, situés dans la chapelle de Notre-Dame du Rosaire et une de ses sœurs, Marguerite, ne tarda pas à l'y suivre, le 13 décembre de la même année (2).

Un de ses ancêtres, François Gauchet, sieur de Ste-Croix, lieutenant de dragons, qualifié « pansionnaire de Sa Majesté » dans un contrat de vente, où il est témoin, passé à St-Cernin, le 23 février 1721, par le notaire Laroche (3), avait été aussi inhumé dans cette chapelle Notre-Dame, le 17 octobre 1728, à l'âge de 83 ans, en présence de Jean de Juge, sieur de Laferrière, conseiller au Présidial de Brive et de Jean Laroche, procureur d'office de la juridiction de Cousages (4).

En 1793, Antoine Gauchet est « membre du conseil général de la commune de St-Cernin, élu le 10 janvier pour dresser les actes destinés à constater les naissances, mariages et décès des citoyens » (5).

Membre de la société populaire du canton de Larche, dite aussi société des amis de la République du canton de Larche et paroisses voisines, il fait en même temps partie du comité de salut public de St-Cernin; mais son nom ne figure pas parmi les membres du comité de surveillance ou comité révolutionnaire de la commune de l'Union.

Il exerça encore longtemps sa profession à Laroche et l'on trouve son nom au n° 93, folio 149 de la matrice cadastrale établie en 1824. Une mutation de ses propriétés eut

---

(1) Aujourd'hui commune de Cazillac, canton de Martel (Lot).
(2) Archives communales de St-Cernin.
(3) Archives personnelles.
(4) Archives communales de St-Cernin.
(5) Archives communales de St-Cernin.

lieu l'année suivante; mais je n'ai pu retrouver le lieu et la date exacte de son décès.

Pierre Pomarel, né le 9 décembre 1767 au château de Peyrefumade, était le fils de Jacques Pomarel, notaire audit lieu de Peyrefumade et de Catherine Laroche. Il fut tenu sur les fonts baptismaux par son grand-père, Pierre Laroche, maître apothicaireà Laroche et par demoiselle Jeanne Puyjalon de Pomarel, du bourg de Pazayac (1).

Fixé d'abord à Beynat, en qualité d'officier de santé, il ne vient s'établir dans la commune de St-Cernin, à Lagrèze que vers l'année 1827, attiré dans ce poste par un héritage de famille et par la disparition d'Antoine Gaucher, maître chirurgien à Laroche.

Elu conseiller municipal ,il était adjoint en 1837; mais il quitta ces fonctions, l'année suivante, et mourut le 11 mai 1845, âgé de 78 ans, à la suite d'une congestion cérébrale, qui le terrassa sur le chemin de St-Cernin, auprès du moulin de la Grèze, pendant qu'il se rendait à une réunion du conseil municipal.

Jean-Victor Laffon, né au Soulié, le 25 janvier 1819, était fils de Jean Laffon, propriétaire audit village et d'Anne Aspasie Parot-Lassagne. Il fit ses études de médecine à l'école de Toulouse, où il fut reçu officier de santé, le 29 septembre 1842.

Installé d'abord au moulin de Ladoux, qui était une propriété de sa famille, il ne tarda guère à se fixer définitivement au Soulié, et se maria, le 19 novembre 1850, avec Rose Philippine Dumas, de Dautrement, qui mourut le 23 juillet 1853, lui laissant une fille, Anne Marie, dite Louise, née le 20 août 1851 et décédée à Brive, au couvent de Ste Marie, le 25 janvier 1876, religieuse de l'ordre des sœurs de la charité de Nevers, sous le nom de sœur Dominique.

Il épousa en secondes noces, le 26 octobre 1859, Denise-

_____
(1) Archives communales de St-Cernin.

Emilie Blanc, de Gourbal, commune d'Ayen, qui mourut chez sa fille à Tulle, le 23 décembre 1897. De ce dernier mariage sont nés : le 26 octobre 1860, Jean-Elie-Raoul, que nous allons bientôt retrouver ; le 21 novembre 1862, Marie Madeleine, mariée le 8 février 1887 à Pierre Joseph Ravet, pharmacien à Terrasson ; et, le 5 novembre 1869, Marie-Louise Emma, mariée le 11 août 1894 à Christophe Guillaume Michel Soulié, professeur de dessin au Lycée de Tulle.

Elu conseiller municipal dans une élection partielle, le 9 août 1846, pour remplacer M. Chauviniat, démissionnaire, Jean Victor Laffon le resta jusqu'à sa mort et exerça les fonctions de maire durant 36 ans, depuis le 17 septembre 1848 jusqu'au 18 mai 1884. Entre temps, il avait été conseiller d'arrondissement pour le canton de Larche, du 2 août 1868 au scrutin de ballotage du 19 juin 1871. On le trouve aussi sous-lieutenant de la garde nationale en 1840 et capitaine en 1848. Il mourut au Soulié, le 13 décembre 1889, à l'âge de 71 ans, au milieu de sa famille éplorée, entouré de l'estime de ses concitoyens et de la reconnaissance de ses nombreux clients, après une vie bien remplie, toute de travail et de dévouement.

Jean Elie Raoul Laffon, fils du précédent, né au Soulié, le 26 octobre 1860, commença aussi ses études médicales à l'école de Toulouse, où il prit sa première inscription de doctorat, le 10 novembre 1880. Nommé interne des hôpitaux de cette ville à la suite du concours de 1883, il alla passer ses examens et sa thèse devant la faculté de Bordeaux, qui le reçut Docteur en médecine, le 12 juin 1885.

Il exerça d'abord sa profession à Terrasson pour ne pas gêner la clientèle paternelle ; et se maria à Périgueux, le 27 septembre 1889, avec Marie-Joséphine-Eléonore-Adèle Guillemarc. Mais,

> L'homme par un penchant secret,
> Chérit le lieu de sa naissance
> Et ne le quitte qu'à regret (1).

Aussi il ne tarda guère à réintégrer la maison familiale, en septembre 1891, et il y continue depuis cette époque le traditions professionnelles de son père.

Elu conseiller municipal le 8 mai 1892, il est maire depuis le 15 mai 1904, officier d'académie depuis le 14 janvier 1894 et vice-président du comice agricole du canton de Larche.

Aide-major de 2e classe de réserve par décret du 29 août 1885 ; aide-major de 1ere classe de l'armée terristoriale, par décret du 18 juin 1892 ; médecin-major de 2eme classe de l'armée territoriale, le 29 janvier 1899.

Auteur du présent livre sur sa commune natale, il a encore écrit les publications suivantes :

1882. Rhumatisme articulaire aigu et rhumatisme blennorrhagique. Note sur la médication salicylée. (*in Gazette médico-chirurgicale de Toulouse*, 20 sept,).

1885. De la scléro-iridectomie dans le glaucome. (Thèse de doctorat, Bordeaux).

1885. Du mal perforant dans le diabète. (mémoire couronné par la Société d'anatomie et de physiologie de Bordeaux, médaille d'argent ; in *Bulletin de la Société*). Ce travail, avec diverses autres présentations anatomiques, lui valut aussi le titre de membre correspondant de cette société scientifique.

1890. Causeries sur l'hygiène, publiées dans le journal « *L'Education nationale* » de Paris.

1891, Sur la dernière épidémie de grippe (1889-1890), dans les *Comptes-rendus de la Société de médecine et de chirurgie de Toulouse*, qui décerna à l'auteur une médaille de bronze et lui donna le titre de membre correspondant.

(1) Gresset. Ode sur l'amour de la patrie.

1891. Manuel d'hygiène, suivi des premiers soins en cas d'accidents, à l'usage des écoles (Paris, Picard et Kaan, éditeurs), qui a obtenu une deuxième édition.

1891. Hygiène et salubrité de l'école ou traité d'hygiène scolaire, couronné par la Société d'hygiène de l'enfance de Paris (1er prix, médaille d'argent), édité par la Société d'éditions scientifiques, Paris.

1891. Hygiène de la peau, (même éditeur).

1904. Hygiène rurale (Baillière et fils, éditeurs) Paris.

1906. Guérison du hoquet par la traction continue de la langue (*in Echo de la médecine et de la chirurgie*, Paris).

1906. Obésité chez l'enfant (dans le même journal).

1906. Conférence sur la tuberculose. Son ancienneté; sa nature. Les moyens de l'éviter. (*in Revue scientifique du Limousin*), honorée des souscriptions de la municipalité de Limoges (1,000 exemplaires) et de l'œuvre antituberculeuse limousine (500 exemplaires), éditée chez Ducourtieux et Gout à Limoges et chez Baillière et fils à Paris.

II. — Apothicaires.

Pendant tout le XVIIIe siècle, St-Cernin eut aussi des apothicaires pour exécuter les ordonnances de ses médecins et fournir aux habitants « les drogues et médicaments », accompagnées des « peines et vacations », dont ils pouvaient avoir besoin et qui sont régulièrement notées et taxées sur les quittances d'honoraires de l'époque.

Pierre Leymarie, maître apothicaire du village de Laroche était le fils d'Antoine Leymarie, greffier à la juridiction de Cousages et le petit-fils de François Leymarie, notaire à Laroche.

Inscrit sur le rôle des tailles de 1711 pour sept livres six deniers, le premier du village de Laroche, il figure sur le rôle des impositions de 1740, à l'article 59, avec la taxe de 23 livres 10 sols pour la taille et de 15 livres 7 sols pour la capitation. Dans le chiffre de la taille, le produit de sa profession est imposé d'une livre 4 sols (1).

Marié, le 25 février 1702, avec sa cousine Jeanne Leymarie, fille de feu Etienne Leymarie, procureur d'office à la juridiction de Cousages, il mourut le 4 août 1743 à l'âge de 63 ans et fut inhumé dans l'église de St-Cernin (2).

Sa veuve qui est aussi désignée sous le prénom de Catherine, succomba à son tour, le 23 novembre 1751 et fut ensevelie dans les tombeaux de ses prédécesseurs situés dans la chapelle Nôtre-Dame (3).

François Veyssière, maître apothicaire de Fournet se maria, le 30 janvier 1731, avec Suzanne Leymarie, de Laroche et rentra ainsi dans la famille de son confrère, Pierre Leymarie, qui fut, du reste, le parrain de son fils, Pierre, né le 28 novembre 1732. Il mourut le 13 février 1744, à l'âge de 36 ans environ et fut enseveli dans l'église (4).

Sa veuve se retira alors dans sa famille à Laroche, où elle s'éteignit à l'âge de 82 ou 83 ans et fut enterrée dans le cimetière, le 4 décembre 1787, en présence de Muzac, vicaire desservant St-Cernin, Pomarel, curé de Lafeuillade et Lamaze, prieur de Larche (5).

Antoine Rebière, maître apothicaire à Fournet, né le 16 août 1725, au bourg de Lissac, paroisse de St-Pierre (6), fils d'Estienne Rebière, notaire et de Marie Gouzon, se maria, le 2 mai 1747, avec Catherine Veyssière, fille du précédent, habitant avec sa mère, à Laroche. Un de ses témoins fut Pierre Laroche, maître apothicaire au même village (7).

(1) Archives personnelles.
(2) Archives communales de St-Cernin.
(3) Archives communales de St-Cernin.
(4) Archives communales de St-Cernin.
(5) Archives communales de St-Cernin.
(6) Archives communales de Lissac.
(7) Archives communales de St-Cernin.

Il est qualifié sieur de Gouzon, du nom de sa mère, dans un contrat de mariage du 12 avril 1755, passé à Acher par le notaire Dufour et dans un acte de vente, où il est témoin requis, du 25 octobre 1759 (1).

Inscrit sur le rôle des impositions de la paroisse de 1771, sous le n° 145 et pour la somme de 23 livres 6 sols, dont 10 livres 10 sols pour la capitation, une livre 10 sols pour son industrie, et le restant, 11 livres 6 sols, en qualité d'exploitant ses héritages, on le note encore, comme témoin dans un contrat de vente du 20 août 1775 et dans le procès-verbal de recollement du tableau des habitants de la paroisse susceptibles d'être collecteurs, en date du 16 juin 1776. Il y est désigné comme syndic de la paroisse, n'ayant pu convoquer ladite assemblée et plus bas on lit : « qu'il n'y a aucun changement depuis le dernier recollement, excepté que ledit Antoine Rebière, du village de Fournet, taxé art. 146, est hors d'état de faire la levée des deniers royaux et par cette raison il ne doit point être nommé collecteur pour l'année prochaine comme il devait l'être suivant l'ordre du tableau » (2). A partir de cette époque on en perd les traces pour le retrouver mentionné décédé dans l'acte de mariage de sa fille Toinette, habitant Fournet, avec Mathieu Taurisson, praticien, habitant Favars, paroisse de Nespoul, le 31 janvier 1786 (3). Il avait aussi un fils, Bernard, dont la seule mention retrouvée est celle de son baptême, qui eut lieu à Larche, le 22 juillet 1763 (4).

Dans sa famille se trouvait un maître-chirurgien, *François Rebière*, établi à Lissac et mentionné dans un acte du 8 septembre 1701, passé en ce bourg par le notaire Lafeuille (5)

(1) Archives personnelles.
(2) Archives personnelles.
(3) Archives communales de St-Cernin.
(4) Archives communales de Larche.
(5) Archives personnelles.

ɪl y avait aussi un autre apothicaire, son frère, *Pierre Rebière*, du bourg de Lissac, mentionné comme parrain de Pierre de Pouch de la Vivie, fils de Jean Marchant de Pouch de la Vivie, écuyer du Roy et de dame Marie de Gouzon (1). Plus âgé que celui de Fournet, il était né à Lissac, le 21 avril 1721 (2). A noter aussi qu'Antoine Rebière est encore désigné comme Mᵉ chirurgien dans une reconnaissance foncière au seigneur de Cousages, passée par le notaire Dufour au village d'Acher le 23 décembre 1750 (3) ; mais il y a dans cette appellation une erreur manifeste concernant sa véritable profession.

Jean Laroche, maître apothicaire du village de Fournet, cité comme témoin dans un testament du 4 mai 1744 (4), est décédé le 20 juillet 1745, âgé de 43 ans environ et fut inhumé le lendemain dans l'église paroissiale de St-Cernin (5

Pierre Laroche, maître apothicaire à Laroche, que nous venons de voir témoin au mariage de son confrère, Antoine Rebière, le 2 mai 1747, épousa à son tour Marie-Anne Lajoanie. On le trouve qualifié sieur de Lacombe et Mᶜ chirurgien dans un acte de transaction du 14 décembre 1764, passé à Larche par Maury, notaire aux Duchés de Noailles et d'Ayen (6) et dans un contrat de mariage reçu à Laroche, le 11 février 1772, par le notaire Dufour, de Chasteaux (7). Mais il y a là une confusion certaine dans l'énoncé de sa profession, comme le prouve son inscription sur le rôle de la taille de 1753, à l'article 83, pour un impôt de 43 livres 11 sols, dont trois livres sont désignées pour la taxe du produit de sa profession d'apothicaire. Il ne

<hr>

(1) Archives communales de Larche.
(2) Archives communales de Lissac.
(3) Archives personnelles.
(4) Archives personnelles.
(5) Archives communales de St-Cernin.
(6) Archives personnelles.
(7) Archives personnelles.

paya en réalité que 39 livres 5 sols, car il eut un dégrèvement de 4 livres 6 sols pour dégats causés par la grêle (1). C'est aussi le titre d'apothicaire que lui donne le juge de Cousages, Marchant, dans des sentences le concernant, aux dates du 24 juillet et du 28 août 1775 (2).

Dans une quittance du 20 mai 1781, passée par son gendre Jacques Pomarel, notaire à Peyrefumade, il est porté habitant de ce village. Il faut croire qu'il y résidait déjà depuis plusieurs années; car un de ses fils, Jean Laroche, qualifié « étudiant en chirurgie » dans un testament où il sert de témoin et passé à Coux, le 21 mai 1779 (3), par Lamaze, notaire royal à Larche, est aussi mentionné comme habitant alors à Peyrefumade, où il est mort, âgé de 77 ans, le 24 germinal an IV (13 avril 1796) (4).

Tout ceci nous explique pourquoi M. René Fage (5) a compté Pierre Laroche parmi les médecins.

N'ayant eu en mains très probablement que le seul document qu'il cite, trouvé dans les archives de la ville de Brive, il ne pouvait faire autrement que de commettre cette inexactitude. Mais il est certain que Pierre Laroche était seulement maître apothicaire et c'est en cette qualité qu'il avait l'employé suivant :

Pierre Guary, garçon apothicaire, parent du précédent, est mentionné comme témoin dans un mariage du village de Laroche, le 8 novembre 1747 (6). Il est aussi inscrit à la date du 3 mars 1750, sur l'état des garçons de la paroisse de St-Cernin qui doivent contribuer à la formation de la milice; mais ayant une cause d'exemption, il ne fut donc

(1) Archives personnelles.
(2) Archives départementales de la Corrèze, B, 1809.
(3) Archives personnelles.
(4) Archives municipales de Larche,
(5) *Dictionnaire des médecins limousins jusqu'à la fin du XVIII° siècle.*
(6) Archives communales de St-Cernin.

pas désigné pour tirer au sort et paya à ce titre une taxe de deux livres (1).

Mais il ne continua pas la profession d'apothicaire. Fils d'Antoine Guary, lieutenant de la juridiction de Lissac et de Catherine Regaudie, habitants Esclausures, Pierre Guary se maria à l'âge de 25 ans, le 13 mai 1755, avec Jeanne Dheur, du village de Périer, paroisse de Lissac, où il alla habiter et où il est mort, le 24 novembre 1791. (2)

Nous venons de voir que des notaires s'étaient mépris sur la véritable profession de deux de leurs clients et avaient confondu un maître-apothicaire avec un maître chirurgien. La chose est facilement explicable lorsqu'on connaît les diverses besognes auxquelles se livraient les apothicaires de cette époque. Le livre journal de l'un d'eux (3), tenu très régulièrement et très minutieusement va nous renseigner sur ce sujet et nous montrera les apothicaires faisant une concurrence sérieuse aux chirurgiens.

Mais voyons d'abord les « drogues et médicaments » qu'ils fournissaient à leurs clients.

On ne s'étonnera pas de trouver en première ligne et répétés régulièrement à l'article de chaque malade une des diverses espèces de lavements, qu'ils préparaient sous le nom consacré alors de « clystères ». Il y en avait d'anodins, de détersifs, de laxatifs, d'astringents, de laxatifs et apéritifs, de laxatifs et rafraîchissants, et ils étaient tous bien souvent « réitérés ». L'apothicaire ne se contentait pas de le délivrer à son client ; il l'apportait lui-même à domicile, où il en faisait quelquefois la préparation et il l'administrait avec toutes les règles de l'art. Aussi pour se trouver auprès du malade dès la première heure, il n'hésitait pas à s'y rendre la veille et à passer la nuit auprès de lui.

(1) Archives personnelles.
(2) Archives communales de Lissac.
(3) Archives personnelles.

On trouve souvent sur son livre la mention « son clystère et le voyage » ou bien « sa médecine et y ay couché ». Du reste, les voyages ne lui faisaient pas de peine et il n'hésitait pas à aller « donner des bains soir et matin et préparer une écuelle de petit lait chaque fois pour luy faire prendre dans le bain ».

Son officine était une petite chambre de sa maison garnie de différents mortiers en bronze, aux parois fleurdelisées, ou en pierre pour ceux de plus grande dimension. Il s'en servait pour triturer les poudres et les produits chimiques, pour fabriquer les ingrédients divers, pâtes, cérats, opiats, pommades, emplâtres de diapalma, de béthonica ou de vésicatoire, sans oublier l'onguent basilicum.

Sur quelques étagères étaient rangés des pots en terre contenant tous ces onguents, ou des flacons de dimension variée, renfermant le tartre émétique, la cannelle, le sucre candi, le quinquina, la poudre de vipère, la raclure de corne de cerf, les racines apéritives, le séné, la réglisse, l'anis, qui voisinaient avec quelques sirops, surtout le sirop rosat et celui de capillaire, avec des « juleps rafraichissants et somnifères », avec des potions cordiales, diaphorétiques ou astringentes, avec la confection d'hyacinte et les paquets de plantes diverses servant à la fabrication des tisanes. L'huile de nerfs était aussi en bonne place et avait un usage fréquent, ainsi que les cataplasmes émollients ou astringents.

Les apothicaires appliquaient quelquefois des ventouses ou posaient des cautères « suivant l'ordonnance du médecin », mais, la plupart du temps ils opéraient de leur propre initiative; ils allaient faire des pansements et des saignées journellement et l'un d'eux indique pour un de ses clients « l'avoir traité d'une hernie et lui avoir fait des bandages à son fondement »; pour un autre, il a plus de difficulté, car il dit avoir « fait un bandage pour hernie et l'avoir bandé 6 ou 7 fois »; mais, dans un troisième cas, il se livra à une véritable débauche chirurgicale et il inscrit qu'il a « fait une incision au bras gauche – ouvert une tumeur à la hanche droite – percé une autre tumeur à la cuisse gauche – lui ay fait deux incisions aux seins et l'ay pansé ». Toutes ces opérations ont été pratiquées sur la même malade, une petite fille, du 30 mai au 5 juin, c'est-à-dire dans l'espace de six jours.

Rien de surprenant, après de pareils exploits, qu'on prenne quelquefois un apothicaire pour un chirurgien et qu'on lui donne cette qualification.

III. — Sage-femme.

Nous n'avons à citer que *Marie-Cécile Pomarel*, plus connue sous le nom de *Madame Marchant*, née à Peyrefumade le 6 octobre 1809, fille de François Pomarel-Lasserre et de Marguerite Marchant. Elle commença ses études professionnelles à la maternité de Tulle, où elle fut diplomée le 11 juillet 1836 et les continua à la Maternité de Paris, qui lui délivra son diplôme de sage-femme le 20 juin 1838.

Elle exerça d'abord à Larche jusqu'en 1841, époque de son mariage avec Jean Baptiste Symphorien Marchant, puis à Pazayac jusqu'en 1849. C'est alors qu'elle vient se fixer à Lagrèze, dans l'ancienne demeure de son parent, Pierre Pomarel, médecin, où elle resta jusqu'en 1865. Elle s'installe à ce moment à Bernou, cne de St-Pantaléon, où son mari étant décédé, le 29 décembre 1872, elle abandonna sa profession et se retira à Tulle (1). C'est dans cette ville qu'elle mourut, le 31 décembre 1881, à l'âge de 72 ans, auprès de son fils, M. Auguste Marchant, alors chef de division à la Préfecture, devenu depuis sa mise à la retraite

(1) Communication de M. A. Marchant, de Bernou.

maire de St-Pantaléon, juge suppléant de la justice de paix de Larche et conseiller général du canton depuis les dernières élections du 28 juillet 1907.

IV. — Vétérinaire.

Un seul « artiste vétérinaire » est à signaler : *Antoine Leymarie*, fils de Bernard Leymarie et de Françoise Verlhac, du village de Barbelat, où il est né le 31 octobre 1762. Il est entré à l'école vétérinaire d'Alfort, le 6 septembre 1780, « entretenu par M. l'Intendant de Limoges, M. d'Aine. a fini tous ses cours – sorti en 1785 ». Telle est la mention que l'on retrouve à son sujet sur un des registres de cette école (1). Il figure aussi comme témoin, habitant à Barbelat, dans un mariage du 24 novembre 1789 (2).

Chose extraordinaire, Brive n'avait pas de vétérinaire à cette époque et de nombreuses épidémies régnaient sur le bétail des environs. Aussi, dans sa dernière séance, le 5 septembre 1791, le bureau de Brive de la Société d'agriculture du Limousin, se préoccupa-t-il de cette fâcheuse situation et décida « qu'à tout prix il fallait trouver un chirurgien vétérinaire capable qui consentit à se fixer à Brive ». Des démarches furent donc faites dans ce sens et celui qu'on résolut d'attirer dans cette ville « était un sieur Leymarie qui, après avoir passé cinq années à l'école d'Alfort, était venu se fixer a Saint-Sernin-de-Larche, son pays natal. Mais celui-ci exigeait pour se déplacer que le district ou le département lui fit une pension annuelle » (3).

D'autres préoccupations agitaient alors les esprits et retenaient l'attention des pouvoirs publics. Il ne fut pas donné suite aux pourparlers engagés et le vétérinaire

(1) Archives de l'école d'Alfort. Communication de M. le professeur Railliet.

(2) Archives communales de St-Cernin.

(3) Archives de Brive. Registre de la Société d'agriculture du Limousin, p. 171. (II II 3).

Leymarie continua d'exercer son art dans sa commune natale.

L'*Almanach vétérinaire* de 1782-1790 commet donc une erreur dans la liste des élèves sortis des écoles vétérinaires françaises, en y mentionnant ledit Leymarie comme établi « à Brive-la-Gaillarde, département de la Corrèze » (1).

En 1793, il fait partie de la société des amis de la République du canton de Larche et paroisses voisines et du comité de surveillance ou comité révolutionnaire de la commune de l'Union, cy-devant St-Cernin, dont il fut un moment secrétaire.

Marié avec Thérèse Dupeyrou, il est mort à Barbelat, le 13 juillet 1826.

(1) Paris. 1792. p. 62.

CHAPITRE XXIII

Avant la Révolution, l'instruction primaire était peu répandue dans nos campagnes et n'avait encore aucune organisation. Elle était surtout donnée par les prêtres à quelques privilégiés, mais avec des résultats si minimes que Turgot, le célèbre Intendant de la Généralité de Limoges justement frappé de l'ignorance de ses administrés, adressa aux curés, le 25 juin 1762, une circulaire à ce sujet, dans laquelle nous lisons : « J'ai vu avec douleur que dans quelques paroisses le curé a signé seul parceque personne ne savait signer ; cet excès d'ignorance dans le peuple me paraît un grand mal et j'exhorte MM. les curés à s'occuper des moyens de répandre un peu plus d'instruction dans les campagnes et à me proposer ceux qu'ils jugeront les plus efficaces ».

Quelquefois aussi, des instituteurs s'établissaient dans les villages et enseignaient aux enfants les notions bien élémentaires qu'ils possédaient eux-mêmes. C'est ainsi que St-Cernin comptait à la même époque deux de ces maîtres d'école, que l'on trouve mentionnés comme témoins dans divers actes publics et il faut croire que les habitants ne dédaignaient pas leur enseignement, car le nombre de ceux qui savaient écrire et qui apposaient leurs signatures dans les contrats est encore relativement important pour ces temps d'ignorance.

Le plus ancien, *Jean Fidel*, était instituteur particulier au village de Maslegrèze. Mentionné sur la liste des membres de la société populaire du canton de Larche, en 1793, il ne figure pas parmi les membres actifs de la commune, qu'il avait sans doute quittée; car on le retrouve habitant Chazat en 1796. Dès cette époque, on en perd entièrement les traces.

Le second, *Claude Thomas*, fils de Jean Baptiste Thomas, bourgeois et de dame Gabrielle Vacher, est né à Mayres (Puy-de-Dôme). Désigné comme maître d'école, habitant au Colombier de Lissac, dans une quittance faite, le 22 décembre 1784, par Puybaret, notaire à Chasteaux, (1) il s'établit bientôt au bourg de St-Cernin, où il exerça sa profession jusqu'au 24 mai 1791, date de son mariage avec Gabrielle Elisabeth Beauregard, veuve d'Etienne Laroche, du village de Fournet (2), où il fixe dès ce moment sa résidence.

Porté sur la liste des membres de la société populaire du canton de Larche, il fit aussi partie du comité de surveillance de la commune de l'Union, ci-devant St-Cernin, dont il fut successivement le secrétaire et le président. Son nom se rencontre aussi parmi les témoins de quelques actes de mariage. Il mourut à Fournet, le 13 décembre 1822, à l'âge de 68 ans environ.

En 1830, on trouve *Jean Bélonie*, qui se qualifie instituteur provisoire à St-Cernin dans une lettre (3) qu'il adresse, le 30 mars, à « M. de Merlhiac, chevalier de St Louis et membre du comité » et dans laquelle il fournit les renseignements suivants sur son état civil et son école : « marié le 2 mai 1815 avec Marie Balès, Vᵛᵉ Lestrade, dont il a trois enfants; en hiver, il a eu 10 élèves; actuellement, 4, encore n'y en a-t-il pas un de la cᵐᵉ de St-Cernin – point de traitement, d'indemnité ni de logement. - Rétribution mensuelle de 2 francs ». Sa situation n'était pas brillante; aussi demande-t-il, dans cette même lettre, « un secours

(1) Archives personnelles.
(2) Archives communales de St-Cernin.
(3) Arch. départ. de la Corrèze, sous série T.

pour destruction de sa maison, située au Seuil, cⁿᵉ de Mansac, occasionnée par un ouragan du 9 janvier 1828 ».

Son séjour à St-Cernin ne fut pas de longue durée, et il va, dès lors, s'écouler quelques années sans qu'il soit fait aucune mention d'école ni d'instituteur dans la commune. Il faut arriver jusqu'en 1836 pour trouver une délibération du conseil municipal et des douze plus fort imposés, prise le 10 août, à l'effet de demander pour les filles une sœur « qui connut la chirurgie » et de réclamer pour les garçons « la liste des élèves admis aux fonctions des écoles communales, afin d'en choisir un ». Cette décision du conseil n'était d'ailleurs que l'application tardive de la loi du 28 janvier 1833, suivie de l'ordonnance du 16 juillet de la même année, organisant l'instruction primaire dans les communes.

Le 4 septembre suivant, une nouvelle délibération fut prise pour le vote des trois centimes devant constituer le traitement de l'institutrice, en même temps qu'on émet encore le vœu qu'elle « ait le savoir et l'autorisation nécessaire pour exercer les opérations usuelles de la chirurgie ». C'est à croire décidément qu'on tenait encore plus à avoir une infirmière qu'une institutrice.

Il est vrai que l'abbé Moulin, desservant de la paroisse, qui, d'après la loi, faisait partie du comité local de surveillance de l'école, devait faire valoir son influence sur la municipalité de l'époque et exercer une certaine pression sur ses décisions par l'offre gratuite qu'il faisait du logement de l'institutrice et du local de la classe. Peut-être aussi y avait-il une manœuvre contre le médecin, Pierre Pomarel, de la Grèze, qui fut élu conseiller municipal et adjoint, l'année suivante et eut, nous le savons, certains démêlés avec l'abbé Moulin ? Toujours est-il que la délibération du conseil fut approuvée et prise en considération et que la sœur Xavier, de l'ordre de la Providence, (Marie Pédenon ,de Maslegrèze) fut nommée institutrice à St-Cernin, et entra en fonctions le 1ᵉʳ octobre 1837, au traitement annuel de 200 francs, alloués par la commune et le département.

Partie en 1840, pour aller enseigner à St-Denis-près-Martel (Lot), St-Cernin resta sans institutrice pendant quelques années, jusqu'au 25 avril 1845, date de l'autorisation accordée à *Jeanne Debat*, de Maslegrèze, pourvue d'un certificat d'aptitude à la surveillance des salles d'asile, en date du 6 septembre 1844, d'ouvrir au bourg de St-Cernin une de ces garderies, qui représente la seule école de filles à signaler.

Quant à l'école des garçons, la commune resta longtemps sans avoir d'instituteur. Aussi ,le 19 mai 1839, le conseil municipal décida la création d'une salle d'école et demanda la nomination de *Jean Baptiste Leymarie*, de Barbelat, le fils du vétérinaire, qui venait de recevoir son brevet de capacité. La demeure du sieur Périer, du bourg, fut alors achetée au prix de 1,250 francs et devint la maison d'école de la commune jusqu'en 1893.

Jean Baptiste Leymarie fut installé comme instituteur, le 14 juillet 1839. Il fut donc le premier titulaire de ce poste, qu'il conserva pendant 35 ans, jusqu'au moment de sa mort, survenue le 24 avril 1874, dans la 57mo année de son âge.

Ses divers successeurs ont été :

Delmond Jean, du 13 juin 1874 au 26 octobre 1877 ;

Saule Joseph, du 26 octobre 1877 au 16 avril 1880.

Brunie Basile Eusèbe, du 16 avril 1880 au 12 octobre 1891.

Mangier Jean Baptiste, du 12 octobre 1891 au 6 avril 1899.

Farges Antoine, du 6 avril 1899 au 28 septembre 1905.

Farges Henri Jean Léger, fils du précédent, depuis le 28 septembre 1905, date de la mise à la retraite de son père

L'école de filles resta désorganisée pendant de nombreuses années ; aussi, le conseil municipal prit-il une délibération, le 28 avril 1861, pour demander que la commune fût

« pourvue d'une institutrice, afin que les jeunes filles puissent à l'avenir recevoir une éducation et une instruction dont malheureusement elles ont été privées jusqu'à ce jour ». En même temps, il réclamait la nomination de Mme *Labat*, née *Thérèse Gillet*, épouse d'un gendarme de la brigade de Larche, qui acceptait de remplir les fonctions d'institutrice communale moyennant un traitement fixe de 110 francs et une rétribution scolaire mensuelle de 1 fr. 25 par élève. La demande de la municipalité fut agréée par l'administration et Mme Labat fut nommée le 26 octobre 1861.

Pendant vingt années, elle occupa son poste avec un zèle et un dévouement qui ne se démentirent pas et que l'administration récompensa en lui décernant une mention honorable, par arrêté du 26 octobre 1878. Elle quitta la commune, le 8 octobre 1881, pour aller à Sanas, près Juillac, où elle fut admise à la retraite, le 1er janvier 1887. Retirée à Laguenne, près Tulle, son pays natal, elle y vit encore entourée de l'estime générale, ayant conservé toute la vivacité de son intelligence, bien qu'entrée dans sa 83e année.

Les institutrices qui lui ont succédé sont :

Marie Marguerite Girodolle, du 8 octobre 1881 au 3 novembre 1884.

Marie Aline Clément, du 3 novembre 1884 au 21 septembre 1885.

Jeanne Aline Domaneuf, du 21 septembre 1885 au 18 octobre 1886.

Françoise Vieillefosse, du 18 octobre 1886 au 17 octobre 1890.

Valentine Condé, du 17 octobre 1890 au 12 octobre 1891.

Antoinette Olympe Hélène Mazurier, épouse *Mangier*, du 12 octobre 1891 au 6 avril 1899.

Marie Fieyre, épouse *Farges*, depuis le 6 avril 1899.

En 1879, une école libre congréganiste fut établie à

St-Cernin par la communauté des sœurs de Vaylats (Lot),
dans l'antique demeure de la famille de Juge de Laferrière,
devenue la propriété de Monseigneur Denéchau, évêque
de Tulle. Par suite de la loi sur les congrégations, cette
école fut fermée le 24 mai 1903.

Les fonctions de directrice furent successivement rem-
plies par les religieuses suivantes :

1879. Sœur St-Cyprien (Joséphine-Louise Montheil)

1880. Sœur Marie de l'Ange gardien (Mathilde Lacarrière)

1885. Sœur Marie Léon (Léontine Serrurier), décédée
à St-Cernin le 12 août 1896, à l'âge de 44 ans.

1896. Sœur Olympe (Victoire Solinhac)

1898. Sœur Marie (Perrette Barriély)

Il n'y a donc plus aujourd'hui que deux écoles communales
laïques, l'une pour les garçons et l'autre pour les filles,
et chacune d'elles est fréquentée par une moyenne de 35
à 40 élèves, de la commune ou des villages les plus rappro-
chés des communes environnantes.

Malgré l'opposition absolument injustifiée de certains
mécontents, que le suffrage universel a d'ailleurs remerciés,
une cantine scolaire fonctionne régulièrement, chaque
hiver, sous la direction bienveillante de l'institutrice, et
fournit aux enfants des deux écoles une soupe chaude et
réconfortante.

Un cours d'adultes est organisé aux écoles, pour les
garçons depuis 1897, avec un chiffre moyen de 20 auditeurs,
et pour les filles depuis 1901, avec une moyenne de 9 au-
ditrices.

Une bibliothèque scolaire communale, fondée en 1895,
renferme aujourd'hui 130 volumes, grâce à une souscription
publique, à des concessions ministérielles, à des donations
particulières et aux fonds votés par le conseil municipal.
Placée sous la surveillance directe de l'instituteur, elle est

mise à la disposition des habitants de la commune, qui peuvent emporter les livres chez eux et se procurer par leur lecture à temps perdu un délassement agréable et instructif.

CHAPITRE XXIV

Mouvement de la population. — Natalité et mortalité. Exode rurale et ses causes. — Nuptialité. — Densité de population.

Avant de rentrer dans des détails au sujet du mouvement de la population dans la commune de St-Cernin depuis le début du XIXe siècle jusqu'à nos jours, je crois devoir placer ici, sous forme de tableaux, les résultats des divers recensements et la statistique des mariages, des naissances et des décès, qui rendront cette étude beaucoup plus claire et permettront d'embrasser d'un seul coup d'œil les diverses questions qui s'y rattachent.

Résultats des recensements

Années des recensements	Chiffres de la population	Années des recensements	Chiffres de la population	Années des recensements	Chiffres de la population
1793	609	1851	643	1886	525
1800	585 (1)	1856	622	1891	510
1820	588	1861	589	1896	514
1831	602	1866	566	1901	446
1836	622	1872	551	1906	446
1841	590	1876	550		
1846	630	1881	541		

(1) Dans les chiffres de 1800 et 1820, ne sont pas comptés les domestiques des deux sexes, qui n'étaient pas regardés comme population communale, d'où le fléchissement constaté.

Statistique des mariages

Années	Mariages	Années	Mariages	Années	Mariages
An XI	4	1838	3	1873	4
An XII	2	1839	2	1874	4
An XIII	8	1840	7	1875	3
An XIV et 1806	6	1841	4	1876	3
1807	5	1842	4	1877	2
1808	2	1843	3	1878	7
1809	4	1844	6	1879	5
1810	6	1845	5	1880	5
1811	6	1846	0	1881	5
1812	2	1847	3	1882	5
1813	5	1848	5	1883	1
1814	10	1849	1	1884	2
1815	8	1850	10	1885	6
1816	3	1851	2	1886	4
1817	4	1852	5	1887	6
1818	3	1853	6	1888	1
1819	4	1854	2	1889	4
1820	4	1855	4	1890	6
1821	6	1856	5	1891	6
1822	2	1857	5	1892	5
1823	6	1858	6	1893	4
1824	7	1859	6	1894	6
1825	3	1860	8	1895	3
1826	5	1861	2	1896	2
1827	5	1862	8	1897	5
1828	4	1863	2	1898	3
1829	3	1864	4	1899	5
1830	3	1865	3	1900	3
1831	7	1866	6	1901	2
1832	3	1867	5	1902	4
1833	4	1868	4	1903	3
1834	5	1869	5	1904	5
1835	9	1870	3	1905	3
1836	8	1871	1	1906	5
1837	6	1872	3	1907	6
				1908	5

Naissances et décès

Années	Naissances	Décès	Années	Naissances	Décès	Années	Naissances	Décès
An XI	22	18	1838	21	10	1873	16	10
An XII	19	23	1839	22	11	1874	8	12
An XIII	18	21	1840	12	14	1875	14	8
An XIV et 1806	27	13	1841	16	11	1876	15	13
1807	23	9	1842	22	8	1877	13	11
1808	22	9	1843	12	15	1878	12	11
1809	15	8	1844	13	11	1879	14	9
1810	26	16	1845	16	15	1880	15	14
1811	17	11	1846	9	18	1881	15	8
1812	11	11	1847	9	11	1882	10	8
1813	14	12	1848	18	20	1883	11	12
1814	14	16	1849	19	13	1884	8	10
1815	21	13	1850	12	8	1885	13	5
1816	9	8	1851	20	15	1886	9	8
1817	16	9	1852	13	13	1887	12	15
1818	9	9	1853	18	17	1888	9	14
1819	14	11	1854	15	11	1889	8	12
1820	14	9	1855	19	10	1890	11	13
1821	9	10	1856	10	13	1891	10	10
1822	14	9	1857	15	15	1892	11	16
1823	9	10	1858	11	16	1893	8	10
1824	10	15	1859	13	17	1894	14	12
1825	22	7	1860	18	19	1895	6	8
1826	16	11	1861	11	15	1896	8	9
1827	12	10	1862	23	11	1897	9	9
1828	18	14	1863	17	16	1898	9	24
1829	10	7	1864	18	17	1899	11	6
1830	15	16	1865	18	15	1900	10	14
1831	18	12	1866	19	11	1901	7	11
1832	11	13	1867	11	10	1902	10	7
1833	23	11	1868	16	16	1903	13	17
1834	15	20	1869	12	11	1904	4	10
1835	11	12	1870	14	16	1905	12	11
1836	14	12	1871	9	18	1906	9	9
1837	14	13	1872	15	14	1907	8	8
						1908	6	8

On peut voir que, durant la première moitié du XIXe siècle, la population s'est maintenue à un chiffre assez élevé, au-dessus de 600 âmes ; car, dans les années où l'on constate un abaissement, cela provient de ce que les domestiques des deux sexes ne sont pas compris parmi la population communale. Mais, à partir de 1851, le nombre des habitants diminue d'une façon progressive et continue, de telle sorte que, dans cette seconde période de 50 ans, il s'est produit une perte de plus de 150 individus.

Le même phénomène s'est produit en France, non pas en prenant les chiffres absolus de sa population, mais en les comparant à ceux des autres pays européens. Jusqu'en 1850, la France avait été d'abord la première, puis la seconde des nations, au point de vue de la population. Aujourd'hui, elle est tombée au sixième rang des grandes puissances et l'Italie la suit même de si près qu'on peut croire qu'elle l'aura bientôt dépassée.

Depuis 1851, le nombre des communes françaises ayant moins de 500 habitants augmente à chaque recensement, surtout durant le cours des dernières décades. De 1876 à 1896, il a passé de 16,442 à 18,044, soit un accroissement de 1.592, ou de 9,4 pour cent, et ce sont les plus petites communes qui donnent surtout lieu à ces tristes constatations (1).

Celle de St-Cernin suit donc le mouvement général de dépopulation, de même que le département de la Corrèze, qui se trouve au nombre de ceux dont le chiffre des habitants a diminué pendant la période quinquennale de 1896 à 1901 (2).

Une des principales causes de ce défaut d'accroissement de la population française réside dans la diminution généra-

---

(1) Mouriot. *Les Agglomérations urbaines dans l'Europe contemporaine*, p. 119. Paris, Belin, 1898.

(2) *Journal officiel*, p. 99, 8 janvier 1902.

le de la natalité. C'est aussi une des raisons auxquelles on peut attribuer la diminution de la population communale de St-Cernin. Il y avait autrefois des familles nombreuses comptant quatre, six et plus d'enfants; depuis longtemps, elles se font bien rares et l'on rencontre trop souvent des ménages avec un unique rejeton, pour le bien-être duquel les parents limitent le nombre de leurs enfants et suppriment les cadets, en fidèles disciples de Malthus, qu'ils ignorent certainement, ainsi que son trop fameux principe de population, mais dont ils pratiquent cependant instinctivement les funestes théories (1).

Si l'on prend, en effet, la période cinquantenaire de 1804 à 1854, on trouve dans la commune 804 naissances, soit une moyenne de 16 naissances par an; tandis que, durant les cinquante années suivantes, 1854 à 1904, il n'y en a plus que 553, soit une moyenne annuelle de 11, d'où une diminution de cinq naissances par an.

Malheureusement une faible mortalité ne vient pas compenser cet état de chose. La moyenne des décès est restée à peu près la même durant tout le dernier siècle. De 1804 à 1904, il y a eu 1,255 décès, soit 12,55 par an. La moyenne est légèrement inférieure, pendant la seconde période cinquantenaire, à celle de la première. On relève, en effet, 631 décès de 1804 à 1854, soit 12,62 par an, tandis qu'il s'en est produit 624 de 1854 à 1904, soit une moyenne annuelle de 12,48. Il n'y a donc qu'une différence de 7 décès entre ces deux périodes de temps, au profit de la première, alors que le chiffre de la population a baissé d'une façon considérable. Dans ces conditions, il est permis de dire que, par rapport à la population, les décès ont plutôt augmenté que diminué.

(1) Voir sur ce sujet de la dépopulation des campagnes, mon *Traité d'hygiène rurale*, chap. VIII, p. 115 et suiv. Paris, Baillière et fils, éditeurs.

Mais cet accroissement de mortalité s'explique facilement par l'épidémie de variole de 1870-71 et par les diverses apparitions de la grippe, qui a été particulièrement meurtrière pour les vieillards, surtout durant le cours de l'année 1898, où le nombre des décès s'est élevé à 24, soit bien près de 5 0/0, ce qui est le chiffre le plus fort de tout le XIXe siècle.

En somme, de 1804 à 1904, il y a eu   1357 naissances
et ....   1255 décès

d'où un excédent de naissances de....   102.

Mais, si l'on considère ces résultats par période cinquantenaire, on arrive à constater que les décès sont supérieurs aux naissances durant la seconde période, tandis que l'inverse se produit pendant la première. Il y a eu, en effet,
de 1804 à 1854   —   804 naissances
—   —   —   631 décès

soit un excédent de..173 naissances

de 1854 à 1904   — 624 décès
—   —   —   553 naissances

soit un excédent de.. 71 décès

Dans ces conditions, il est inévitable que la commune de St-Cernin voit diminuer le chiffre de sa population. Sans compter que cette diminution est encore accrue par ce phénomène général que l'on désigne sous le nom d'exode rurale et qui produit partout les mêmes répercussions.

Chaque année, nous voyons quelques jeunes paysans des deux sexes quitter le toit familial, attirés vers les villes où ils croient mener une vie plus facile avec des gains plus élevés. L'apparence semble leur donner raison. Les loyers sont en effet plus élevés; mais aussi, quelle énorme différence dans le travail fourni au milieu d'un air plus ou moins malsain et dans les occasions de dépenses qui se rencontrent à chaque pas et réduisent d'autant les bénéfices escomptés. Aussi, pour quelques-uns qui réussissent, en y laissant la plupart du temps leur santé, combien d'autres qui ne font que végéter et que l'amour propre seul empêche de reconnaître leur erreur et de revenir dans leurs villages. Ils veulent continuer la lutte pour la vie; ils ont peut-être encore le vain espoir d'arriver à la fortune et au bien-être; mais, comme le disait Cheysson à la Société nationale d'agriculture de France, le 3 juillet 1901, les villes sont des *mangeuses d'hommes*; elles les aspirent sur tout le territoire, les projettent dans la fournaise et les y consument.

Le surmenage ne tarde donc pas à faire sentir ses effets sur nos jeunes paysans, la tuberculose trouve en eux une proie facile et, s'ils ne succombent pas à la peine, ils reviennent anéantis et décharnés pour prendre l'air natal, sur lequel ils comptent pour rétablir leur santé délabrée. La plupart du temps, le mal a déjà exercé des ravages irrémédiables et, après avoir trainé dans leur famille une existence languissante, ils meurent encore jeunes, non sans avoir souvent épuisé les ressources de la maison et quelquefois aussi, détail navrant que l'on a trop souvent l'occasion de constater, sans avoir contaminé quelque frère ou sœur, qui deviendront-eux-mêmes dans un temps plus ou moins éloigné les victimes de cette maladie redoutable. Certains cas de tuberculose constatés dans nos campagnes ne reconnaissent pas d'autre cause et certains foyers de cette maladie se sont ainsi formés par l'importation directe des villes et la contagion, plutôt que sous une influence héréditaire qu'on recherche souvent en vain.

On ne se souvient pas assez de ce passage de Jean-Jacques Rousseau (1) : « Les hommes ne sont point faits pour être entassés en fourmillières, mais épars sur la terre qu'ils doivent cultiver. Plus ils se rassemblent, plus ils se corrompent. Les infirmités du corps, ainsi que les vices de l'âme,

______

(1) *L'Émile*, liv. I, p. 36.

sont l'infaillible effet de ce concours trop nombreux. L'homme est de tous les animaux celui qui peut le moins vivre en troupeaux. Des hommes entassés comme des moutons périraient tous en peu de temps. L'haleine de l'homme est mortelle à ses semblables : cela n'est pas moins vrai au propre qu'au figuré. Les villes sont le gouffre de l'espèce humaine ».

L'amour des emplois publics, que j'ai déjà signalé d'une façon générale comme une cause de dépopulation des campagnes (1), trouve aussi son application à la commune de St-Cernin. Cette tendance à devenir fonctionnaire est en effet très accentuée chez le paysan, d'autant plus qu'il a en perspective à la fin de sa carrière, une retraite qui lui assurera de quoi vivre sur ses vieux jours dans une oisiveté relative. La gendarmerie semble en ce moment tenir le record d'attraction de nos jeunes gens et l'on n'en compte pas moins de quatre, actuellement en activité de service. D'autres sont agents de police, douaniers, facteurs, employés des contributions indirectes ou des compagnies de chemin de fer; de telle sorte qu'ils justifient amplement les constatations que faisait le colonel de Vains, dans son rapport à la session d'avril 1897, de la Société des agriculteurs de France : « le gendarme, l'agent de police, le douanier, etc. sont tous d'anciens paysans qui, au sortir du service, n'ont pas voulu retourner au dur labeur des champs, et l'on peut remarquer que l'énorme majorité de ces agents proviennent de la campagne, tandis que très rares sont les natifs des villes qui sollicitent ces emplois, en sorte que tous les services sont alimentés en grande partie par les fils de paysans, tandis que l'élément des villes n'y contribue que pour une très petite minorité. Or cet état de choses est déplorable, même au point de vue militaire, car rien ne remplacera la robuste famille

____

(1) Dr R. Laffon. *Hygiène rurale*, p. 118. Paris, Baillière, édit.

rurale pour la défense de la patrie. » Pline ne disait-il pas aussi à son époque : *ex agricullura strenuissimi mililes*, les soldats les plus courageux viennent des champs.

Il faut cependant remarquer que cette désertion des campagnes n'est pas un phénomène récent, qu'elle se produit depuis longtemps et que ses funestes résultats ont été constatés par tous les économistes, dès le XVIIIᵉ siècle. Le mal a peut-être augmenté de nos jours ; mais nous ne nous exprimerions pas à son sujet autrement que ne le faisait le Bureau de Brive de la Société d'agriculture du Limousin, dans sa séance du 12 juin 1786 : « Aujourd'hui que l'émigration des gens de campagne hors de la province a rendu les journaliers très rares et fait monter les salaires de ceux qui restent à un prix excessif et ruineux, tant pour les métayers que pour les propriétaires qui font valoir par eux-mêmes » (1). Aussi donne-t-il une appréciation favorable au sujet d'instruments agricoles divers qui lui sont signalés et recommande-t-il une machine à battre les grains, récemment inventée et surtout une faux à traverse pour les céréales ?

Les agriculteurs de nos jours ont dû, eux aussi, se préoccuper du manque d'ouvriers et recourir aux machines agricoles pour y suppléer. Aussi en voit-on augmenter, chaque année, le nombre dans nos campagnes et l'usage des batteuses, des faucheuses et des moissonneuses se répand de plus en plus, en conformité des vues si justes exprimées il y a plus d'un siècle.

Certains démographes, entre autres Cauderlier, (2) et Quételet (3), ont voulu établir des lois de population pour en expliquer les divers mouvements et faisaient de la diminution de la nuptialité une des causes de la dépopu-

---

(1) Registre de la Société d'Agriculture, p. 168-169.

(2) *Les lois de la population en France*, in-8, 1902.

(3) *La physique sociale*, in-8, 1848 et *Statistique internationale*, in-4°, 1865.

lation en France. On ne peut guère adopter ces théories, en ce qui regarde la commune de St-Cernin; car la moyenne des mariages est restée à peu près la même durant tout le dernier siècle, s'élevant à 4, 49 par an. Pendant la première moitié, elle est bien un peu plus forte et monte jusqu'à 4,76, tandis que, dans la seconde période, elle n'est qu'à 4,22; mais, si l'on tient compte de la différence de la population, on voit que ce léger abaissement est quantité négligeable et l'on peut dire que l'on se marie ici autant qu'autrefois.

Ce n'est donc pas à l'abaissement de la nuptialité, mais bien à celle de la natalité et surtout à l'émigration qu'il faut attribuer le décroissement de la population de St-Cernin et, par conséquent, la diminution de sa densité.

Aussi, tandis qu'on trouvait autrefois un habitant par hectare et demi d'étendue, on constate aujourd'hui que cette unité correspond à deux hectares de superficie.

Nous sommes bien loin de l'heureux temps où

> Les Pasteurs dans leur héritage
> Coulant leurs jours jusqu'au tombeau,
> Ne connaissaient que le rivage
> Qui les avait vus au berceau.

(Gresset, Le siècle pastoral.)

CHAPITRE XXV

Voies de communication. — Bureau de Bienfaisance. — Assistance.
Maires et Adjoints. — Conseil municipal actuel.

I. — Voies de communication.

Le territoire de la commune de St-Cernin est parcouru
par un assez grand nombre de chemins, indiqués sous les
dénominations suivantes :

1º Chemin de grande communication

Nº 19, de la gare de Larche à Meyssac, 28 kil., avec un
parcours communal de 2^k 675^m, allant du nord au sud,
dans la partie orientale de la commune, en suivant la vallée
de la Couze. La première étude de cette route, faite comme
chemin vicinal de Larche à St-Cernin, est datée du 18
thermidor an XIII (6 août 1805) (1).

2º Chemin d'intérêt commun.

Nº 59, de Brive à Montignac, 16^k, 500^m, sur un trajet
communal de $4^k,167^m$, se dirigeant de l'est à l'ouest et
croisant le précédent au lieu de la Draperie.

3º Chemins vicinaux ordinaires.

Nº 1. de St-Cernin à Nadaillac : 1,890 mètres.
Nº 2. de la gare de Larche à la gare de Lableynie : 1,405 m.
Nº 3. de Lachassagne au nº 59 : 2,240 mètres.
Nº 4. de St-Cernin à Fournet : 667 mètres.
Nº 5. du Soulié au nº 1 de Larche : 1,637 mètres.

(1) Archives personnelles.

N° 6. d'Acher au n° 19 : 888 mètres
N° 7. du n° 59 à Rignac : 1641 mètres.
N° 8. de St-Cernin à Chazat (classé, mais non construit).

4° Chemins ruraux.

Il existe aussi des chemins ruraux, plus ou moins importants et peu entretenus, indiqués dans le tableau général de tous les chemins dressé par le conseil municipal, le 13 novembre 1859, en exécution d'un arrêté préfectoral du 24 décembre 1838. Les plus importants sont :

1° de St-Cernin à La Bouquerie :
2° de St-Cernin à Barbelat, par Pommiers ;
3° de St-Cernin à Fournet, par le Pavé ;
4° de Fournet à Peyrefumade ;
5° de Fournet au Périer de Lissac, par le Puy de Fournet:
6° de Fournet au n° 19, par les crèbes ;
7° de Fournet au moulin de Fournet ;
8° de Fournet à Acher ;
9° du moulin du Pont à Acher ;
10° de Laroche à St-Cernin par le cimetière, sur la rive gauche de la Couze ;
11° de Laroche à Chavagnac, par Barbelat ;
12° de Laroche à Lacussol, par Lapalain ;
13° de Laroche à La Ménagerie ;
14° de Dautrement à Chartriers, par la forêt de Pommiers;
15° de La Bouquerie à Chavagnac, par le bois de Veyrières;
16° de Landrevie à La Bouquerie ;
17° de Maslegrèze à la croix de ce nom ;
18° de Barbelat à La Borie de Chartriers, par LePeyroulet;
19° de Barbelat à Beaugout, par le puy de Lapalain ;
20° de Lapalain à La Ménagerie ;
21° du Soulié à Lachassagne.

II. — Bureau de Bienfaisance.

Un arrêt du Parlement de Bordeaux du 17 janvier 1770, sur l'avis du Procureur général Dudon, avait prescrit l'établissement de bureaux de bienfaisance au chef-lieu de chaque paroisse de la Généralité du Limousin, et, le 10 février suivant, Turgot alors Intendant de la province, faisait parvenir aux curés et aux corps municipaux une assez longue circulaire pour expliquer l'organisation de ces bureaux, leur but et leurs moyens d'action.

Mais ce n'est qu'un siècle plus tard que cette création fut opérée à St-Cernin. Le conseil prit une délibération à ce sujet, le 11 juillet 1875, en votant une imposition extraordinaire de 400 francs pour cet objet. L'ingénieur, Adolphe de Lépinay, avait déjà fourni pareille somme et l'état y ajouta une subvention égale pour parfaire le chiffre de 1,200 francs exigés comme capital initial, indispensable pour le fonctionnement d'un bureau de bienfaisance. Dès lors, celui de St-Cernin se trouvait dans les conditions voulues et sa création fut consacrée par le décret préfectoral du 20 septembre 1875.

Depuis cette époque, ses ressources ordinaires ont augmenté progressivement, soit par l'effet de la donation de l'abbé Moulin, qui produit 123 francs de rente, soit par suite des économies budgétaires sur les ressources extra-ordinaires (tiers alloué sur le montant des concessions au cimetière). Ses recettes ordinaires s'élèvent aujourd'hui à la somme de 205 francs et suffisent largement à ses besoins.

III. — Assistance.

La commune de St-Cernin n'avait cependant pas attendu la création d'un bureau de bienfaisance pour venir en aide aux nécessiteux.

Lorsque le Préfet de la Corrèze prit son arrêté du 2 janvier 1853, interdisant la mendicité dans le département à dater du 1er février suivant, le conseil municipal se réunit et décida la formation d'un bureau de charité au moyen d'une souscription volontaire des habitants, qui s'éleva à la somme de 168 francs. Ce résultat fut jugé assez favorablement par l'administration ; aussi, le 7 mars suivant, dans une lettre concernant le recouvrement et la distribution des souscriptions, la formation de la liste des indigents et les conditions requises pour y être inscrit, le Préfet, qui était alors le Baron Michel, s'exprime dans les termes suivants :

« Je ne terminerai pas, Monsieur le Maire, sans vous féliciter du succès que vous avez obtenu en recueillant autant de souscriptions. Vous avez dans cette circonstance fait une bonne œuvre et ménagé les fonds de la commune. Je vous prie d'en recevoir mes remerciements » (1)

D'ailleurs, cet esprit de bienfaisance, de solidarité envers les malheureux, n'est pas un phénomène accidentel et passager chez les habitants de la commune de St-Cernin, qui n'ont jamais hésité à délier les cordons de leur bourse pour secourir des infortunes.

Durant la funeste guerre de 1870-71, une souscription fut encore ouverte pour venir en aide aux blessés et produisit la somme de 140 francs, sans compter 126 livres de linge, qui furent versées le 6 mars 1871 pour les ambulances de Brive. Le Sous-Préfet, Fresne, en avait déjà témoigné toute sa satisfaction par cette lettre, en date du 10 janvier précédent : « M. le Maire, je vous remercie de la souscription dont vous avez pris l'initiative à St-Cernin en faveur de nos ambulances et je vous prie d'adresser mes remerciements à ceux de vos concitoyens qui ont pris part à cette œuvre patriotique (2) ».

(1) Archives communales de St-Cernin.
(2) Archives communales de St-Cernin.

En 1875, les inondations du midi de la France fournirent une nouvelle occasion de venir en aide à des malheureux et une souscription volontaire produisit rapidement la somme de 90 francs.

Les lois d'assistance votées par le parlement ont toujours été accueillies favorablement à St-Cernin. Celle du 15 juillet 1893 sur l'assistance médicale gratuite, sans doute mal comprise par les administrateurs de l'époque, donna bien lieu, dès le début de son application, à certains abus dans la formation de la liste des personnes admises à en bénéficier. Ne se rendant pas compte des inconvénients budgétaires qui pouvaient en résulter, ou plutôt y voyant une occasion favorable pour se créer à bon compte une certaine popularité, le nombre des inscriptions fut grossi démesurément et s'éleva à 107, la première année, en 1895 et à 105, l'année suivante. Ce qui devait résulter d'une pareille imprévoyance ne tarda pas à se produire. Une épidémie de grippe survint; les malades se multiplièrent et les frais pharmaceutiques furent tels qu'on ne put y faire face et qu'il fallut plusieurs années pour en opérer le règlement. Le nombre des assistés fut alors réduit à un chiffre raisonnable, plus rapproché de la réalité des besoins; il fut diminué de moitié et depuis lors, 1898, il n'a cessé d'osciller autour de la cinquantaine.

La loi d'assistance aux vieillards, aux infirmes et aux incurables, du 14 juillet 1905, a été appliquée dès le 1er janvier 1907 avec toute la prudence nécessaire en pareille matière, et, sans nouvelles impositions, nous assurons à cinq assistés, trois hommes et deux femmes, une pension mensuelle de 12 francs, qui est le chiffre le plus élevé dans les communes rurales du département.

IV. — Maires de St-Cernin.

1790-1793. Jean de Juge de Laferrière.
1793-1795. Jean Coudert, de Chazat.

1795. Jean Laroche, de Laroche, agent national.

1800-1801. Jean Juge Laferrière.

1802-1804. François-Marcellin Laferrière.

1804-1808. Jean Baptiste Laroche, de Laroche.

1808-1817. François Marcellin Juge Laferrière.

1817-1821. Pierre Goursat, de Fournet.

1821-1824. François Marcellin Juge de Laferrière.

1824-1837. Léonard-Gabriel-Jacques Edouard de Juge de Laferrière.

1837-1846. Pierre Ursmer Chauviniat, avocat à Brive.

1846-1848. Joseph Jaubertie, de Laroche.

1848-1879. Jean Victor Laffon, du Soulié.

1880-1881. François Gourdal, de St-Cernin.

1881-1884. Jean Victor Laffon, du Soulié.

1884-1888. René Marchant, de la Bouquerie.

1888-1904. François Gourdal, de St-Cernin.

1904. Jean-Elie-Raoul Laffon, du Soulié.

V. — Adjoints de St-Cernin.

1790.   Joseph Laroche Jouvet, de Laroche.

1800.   Jean Coudert, de Chazat.

1808-1825. Jean Laffon, du Soulié.

1825-1834. Pierre Goursat, de Fournet.

1834-1837. Bernard Leygonie, de Malagot.

1837-1838. Pierre Pomarel, de la Grèze.

1838-1846. Joseph Jaubertie, de Laroche.

1846-1848. Pierre Laroche, de Laroche.

1848-1865. Jean Gourdal, de Laroche.

1865-1870. François Gourdal, de St-Cernin.

1870-1871. Jean Selve, de St-Cernin.

1871-1879. François Gourdal, de St-Cernin.

1880-1881. N. (il n'y eut pas d'adjoint).

1881-1884. François Gourdal, de St-Cernin.

1884-1888. François Bessot, de Lachassagne.

1888-1904. Jean Laroche, de Laroche.

1904. (15 mai-30 novembre). François Bessot, de Lacha -
sagne.

1904.   René Marchant, de la Bouquerie.

VI. — Conseil municipal actuel.

1. Docteur Laffon, Jean-Elie-Raoul, Maire.
2. Jayle Joseph, propriétaire à Fournet.
3. Veyssière Justin, propriétaire à Laroche.
4. Rougier Etienne, meunier au Pont.
5. Marchant René, propriétaire à la Bouquerie, adjoint.
6. Bessot François, propriétaire à Lachassagne.
7. Faure Louis, menuisier à Acher.
8. Catus Mathieu, propriétaire au Peyroulet.
9. Jarzac Ernest, maçon à Fournet.
10. Beaudenon Pierre, propriétaire à Lapala...

CHAPITRE XXVI

Description des Villages et Hameaux.

Le Bourg de St-Cernin. — Altitude, 120^m. Situé presque tout entier, deux maisons exceptées, sur la rive gauche de la Couze, desservi par le chemin de grande communication n° 19 de la gare de Larche à Meyssac, et traversé par le chemin vicinal n° 1 de St-Cernin à Nadaillac, le bourg de St-Cernin est distant de 2^k,200 du chef-lieu de canton, de 13^k de l'arrondissement et 42^k du département.

Deux petites sources, sur le bord de la Couze et souvent envahies par elle à la moindre crue, fournissaient l'eau de boisson des habitants du bourg d'une façon assez défectueuse. Mais, depuis 1904, une fontaine, alimentée par la source de la Doux, au moyen d'une prise sur la conduite de la ville de Brive, qui traverse le bourg, a été établie au centre de l'agglomération, sur le côté-ouest de l'église, près de la porte d'entrée des écoles, et fournit désormais une eau pure et abondante.

En 1502, le bourg de St-Cernin comptait seulement 28 habitants « pauvres gens de labeur ». En 1793, il y en a 70. On n'en mentionne plus que 43 dans le recensement de 1820. Il y en a 28, en 1846. C'est encore le chiffre de 43 que donne le recensement de 1851. On trouve ensuite : 49, en 1861 ; 56 en 1866 ; 60 en 1872 ; 54 en 1876 ; 70 en 1881 ; 45 en 1886 ; 57 en 1891 ; 64 en 1896 ; 51 en 1901 et 60 en 1906, formant 17 ménages occupant 16 maisons.

Acher. — Altitude 140^m. Situé à 300 mètres environ sur a rive droite de la Couze, au pied des escarpements calcaires qui forment le plateau de Fournet, ce village est aussi désigné dans les anciens contrats sous les noms d'Achier ou d'Assier. Ses tènements appartenaient presque ent'èrement au seigneur de Cousages et ses habitants les faisaient valoir au titre de métayers perpétuels.

A deux kilomètres du bourg, ce village est desservi par le chemin vicinal n° 6, d'Acher au chemin de grande communication n° 19, près le moulin de Fournet et par le chemin vicinal n° 7, du n° 59 à Rignac, qui le traverse dans toute sa longueur.

Ce village est alimenté par la source de Rotassac, distante de 5 à 600 mètres au sud-est, qui a été captée en 1900 et onduite au milieu de l'agglomération, dans le petit terrain communal, où s'élève aussi un four banal.

Il y avait 35 habitants en 1793. Ce chiffre a peu varié depuis cette époque et les recensements ultérieurs donnent : 33 en 1820 ; 43 en 1846 ; 34 en 1851 ; 31 en 1861 ; 34 en 1866 ; 35 en 1872 ; 39 en 1876 ; 34 en 1881 ; 37 en 1886 ; 27 en 1891 ; 26 en 1896 ; 27 en 1901 ; 30 en 1906, avec 6 ménages occupant 6 maisons.

Barbelal. — Altitude, 280^m. Village du Causse, sur le chemin d'intérêt commun n° 59, de Brive à Montignac, à trois kilomètres à l'ouest du bourg, il est sur les confins de la commune, à 200 mètres des limites du département de la Dordogne et à 2 kil. du bourg de Chavagnac. Il est alimenté d'eau potable surtout par des citernes ; car la source, la plus rapprochée du village, celle du Breuilh, située au milieu des bois, est encore éloignée de près de 400 mètres.

Sa population, de 25 habitants en 1793, a augmenté sensiblement. On la trouve de 36 en 1846 ; 39 en 1851 ; 32 en 1861 ; 27 en 1866 ; 28 en1872 ; 29 en 1876 ; 35 en 1881 ; 35 en 1886 ; 33 en 1891 ; 28 en 1896 ; 31 en 1901 ; 34 en 1906, avec 8 ménages et 8 maisons.

La Bouquerie. — Altitude 160^m. Placé à 500 mètres à l'ouest du bourg, au pied de la falaise calcaire qui sert de limite entre la région des Causses et la vallée de la Couze, ce village est situé sur le chemin vicinal n° 5, qui relie le Soulié au chemin vicinal n° 1 de Larche à Dautrement et Boissières.

Jadis appelé *la Mouchardie*, dit un contrat de reconnaissance des tenanciers de ce village au seigneur de Pommiers, reçu par Laroche, notaire à Maslegrèze, le 8 juin 1702 (1), il ne comprenait alors que les maisons situées entre la fontaine et la croix de Chazat. Les autres habitations formaient le village de *Talasche*, mentionné dans un testament du 6 janvier 1690, reçu par de Leymarie, notaire à Laroche et dans un contrat de vente du 8 décembre 1783, passé par Lamaze, notaire royal à Larche (2).

Depuis la Révolution, ces deux agglomérations voisines ne sont plus désignées que sous la seule appellation de la Bouquerie, imprimée quelquefois par erreur « la Boucarie » et la fontaine qui les sépare et leur est commune, se trouve fermée dans le rocher par une construction portant la date de 1790. L'eau qui s'en écoule au moyen d'un tuyau en fer n'est pas très abondante, mais ne tarit jamais.

La Bouquerie, qui avait 35 habitants en 1793, en comptait 60 en 1846 et 53 en 1851. Depuis lors, elle n'a fait que décroître. On y en trouve 41 en 1861 ; 37 en 1866 ; 46 en 1872 ; 31 en 1876 ; 29 en 1881 ; 25 en 1886 ; 20 en 1891 ; 32 en 1896 ; 28 en 1901 et 25 en 1906, avec 9 maisons et 8 ménages.

Le Causse. — Altitude 240ᵐ. Hameau isolé au-dessus du château de Pommiers, sur une esplanade d'où l'on découvre un panorama magnifique vers la région limousine. Ancienne propriété des seigneurs de Pommiers, son territoire a toujours été exploité par des métayers ou des fermiers. Il n'y a jamais eu qu'une seule habitation, occupée par une famille plus ou moins nombreuse.

(1) Archives personnelles.
(2) Archives personnelles.

Chaleil. — Altitude 230^m. Maison isolée sur la pente d'une de ces cuvettes si nombreuses dans la région des Causses, à une centaine de mètres, au sud, du chemin d'intérêt commun n° 59 et à 200 mètres de son embranchement avec le chemin vicinal n° 1, au lieu dit « la cabane de Coly ».

La Draperie. — Maison isolée sur la rive gauche de la Couze, près du pont de ce nom, sur le chemin d'intérêt commun n° 59.

Ce lieu portait autrefois le nom de « la Maillerie », ainsi qu'il est désigné dans un contrat d'obligation du 20 février 1661, reçu par Leymarie, notaire à Laroche, dans une transaction du 7 avril 1685, passée par le même et dans une déclaration du 17 novembre 1714 reçue par Laroche, notaire à Maslegrèze (1). C'est qu'il y avait alors une fabrique de drap du pays qui avait donné lieu à cette appellation.

Fournet. — Altitude 200^m. A quelques centaines de mètres à l'est du bourg, immédiatement au-dessous des rochers ruiniformes limitant le plateau qui porte son nom, on accède à ce village par le chemin vicinal n° 4, qui, partant de St-Cernin, se développe en montant sur un parcours de 667 mètres, allant rejoindre, aux granges de Fournet, le chemin vicinal n° 7, qui vient du village d'Acher, et doit se continuer vers celui de Rignac, c^{ne} de Larche.

La plupart des tènements de Fournet étaient autrefois « de la mouvance du seigneur de Chabrignac », qui est dé igné dans un contrat d'arrentement du 17 décembre 1750, sous les noms de « Messire Pierre de Lubersac, chevalier, seigneur de Chabrignac, Fournet, Lesignac et autres places, marié avec dame Jeanne de Jumilhac St-Jean, dame de Chabrignac, habitant en leurs châteaux de Chabri-

(1) Archives personnelles.

gnac, paroisse dud. lieu, Bas-Limousin » (1). En 1804, Jean Baptiste Joseph de Lubersac, ancien évêque de Chartres, demeurant en son manoir de Chabrignac, était encore propriétaire de certains terrains, qu'il vendait à des habitants de Fournet, par contrat du 11 messidor an XII (30 juin 1804), reçu par Me Jean Baptiste Lamaze, notaire public à Larche.

La maison la plus ancienne et qui paraît bien avoir été la plus importante, située au centre de ce village, porte la date de 1666, gravée en relief au-dessus du portail d'entrée de sa cour et surmontée du monogramme J H S.

A leur extrémité nord, d'où l'on jouit d'une vue splendide sur la vallée de la Vézère, s'étendant vers le Limousin et le Périgord, les rochers de Fournet sont surmontés d'un piédestal de plusieurs mètres de hauteur, grossièrement édifié, supportant une statue en bronze de la vierge, dite Notre-Dame des Champs, érigée au moyen d'une souscription dans les paroisses de Larche et de St-Cernin à la suite d'une mission et inaugurée le 30 août 1891, en même temps qu'un calvaire attenant et une *via crucis*, dont la première croix est au bourg de St-Cernin et les autres sont échelonnées le long du chemin vicinal qui conduit au village et du chemin rural se dirigeant vers Peyrefumade.

Fournet comprenait 86 habitants en 1793. Il y en avait 101 en 1846 ; 100 en 1851 ; 92 en 1861 ; 80 en 1866 ; 77 en 1872 ; 85 en 1876 ; 82 en 1881 ; 84 en 1886 ; 79 en 1891 ; 78 en 1896 ; 69 en 1901 ; 53 en 1906, avec 20 maisons et 15 ménages. Ce village a donc perdu près de la moitié de ses habitants dans l'espace de cinquante ans.

Lachassagne. — Altitude 276m. Village du Causse, sur les confins méridionaux de la commune, près du territoire de celle de Chartriers, desservi par le chemin vicinal n° 3, qui le relie au chemin vicinal n° 1, au lieu dit « les mines »

(1) Archives personnelles.

et au chemin d'intérêt commun n° 59, après avoir traversé les villages de Lapalain et du Peyroulet. Il est alimenté d'eau par une source, située à une centaine de mètres à l'ouest, à l'insuffisance de laquelle des citernes particulières viennent suppléer pendant l'été.

Possédant 44 habitants en 1793, il y en avait 41 en 1820 ; 46 en 1846 ; 48 en 1851 ; 45 en 1861 ; 42 en 1866 ; 37 en 1872 ; 39 en 1876 ; 31 en 1881 et en 1886 ; 25 en 1891 ; 24 en 1896 ; 20 en 1901 et 25 en 1906, avec 8 maisons et 7 ménages. Sa population a donc diminué aussi de moitié depuis 50 ans.

Lapalain. — Altitude, 260ᵐ. Village du Causse, à 500 mètres du dolmen qui porte son nom, sur le chemin vicinal n° 3.

C'est dans une maison de ce village qu'une pauvre fille d'une commune peu éloignée du Périgord mit au monde, le 25 décembre 1838, un garçon qui fut inscrit sur les registres de l'état civil sous le nom de *Pierre Brut.* Devenu homme, on le retrouve cavalier à l'escadron des spahis du Sénégal, où il reçoit la médaille militaire le 11 mars 1868. Blessé d'un coup de feu et d'un coup de lance à la cuisse au combat de Mékhé, le 8 juillet 1869, il reçoit en récompense de sa bravoure la croix de chevalier de la légion d'honneur par décret du 22 septembre suivant. Il est mort le 25 juin 1899 (1).

Le recensement de 1793 donne 30 habitants au village de Lapalain. On lui en trouve 40 en 1820 et en 1846 ; 35 en 1851 ; 30 en 1861 ; 35 en 1866 ; 31 en 1872 ; 16 en 1876 ; 33 en 1881 ; 24 en 1886 et en 1891 ; 21 en 1896 ; 19 en 1901 et 22 en 1906, avec 5 maisons et 4 ménages.

Laroche. — Altitude 140ᵐ. Ce village, le plus important de la commune, est situé dans le vallon si pittoresque où coule le ruisseau de la Doux et traversé dans toute sa

(1) Communication du Grand Chancelier de la Légion d'honneur.

longueur par le chemin d'intérêt commun n° 59, sur lequel vient s'embrancher au lieu dit « le Pontet », le chemin vicinal n° 2, qui escalade, au moyen de nombreux lacets à pente assez raide, le côté oriental du cirque de la Doux. Classé en 1894 sous l'appellation peu exacte et emphatique « de la gare de Larche à la gare de Lableynie », il met en communication le village de Laroche avec celui de Beaugout, dans la commune de Chasteaux et sert principalement à l'exploitation des terrains et des bois de Champcort.

Il a déjà été fait mention de ce village à plusieurs reprises dans le cours de ce travail ; aussi ne ferai-je que signaler ici l'opinion de M. J.-B. Champeval, un de nos érudits limousins les mieux informés, rapportée par M. J. Plantadis (1), et suivant laquelle serait né à Ladoux, dépendance du village de Laroche, *Pierre Villale*, dit Malebanche, peintre renommé, résidant à Avignon dans la seconde moitié du XVe siècle.

D'après Henri Bouchot (2), ce « Pierre Villate serait le grand maître, le prodigieux artiste à qui nous devons le tableau célèbre de la Pieta », de Villeneuve-lès-Avignon, et M. l'abbé Henri Requin (3), dans son travail sur l'école avignonnaise de peinture, exprime la même opinion et lui attribue aussi la Résurrection du Christ, qui se trouvait dans l'église de Boulbon (Bouches du Rhône) et qui fut acquise par le musée du Louvre, il y a quelques années.

Le village de Laroche possédait 121 habitants en 1793 ; 127 en 1820 ; 174 en 1846 ; 185 en 1851 ; 146 en 1861 ; 129 en 1866 ; 114 en 1872 ; 120 en 1876 ; 110 en 1881 ; 120 en 1886 ; 119 en 1891 ; 110 en 1896 ; 98 en 1901 et 111 en 1906, avec 39 maisons et 34 ménages.

La Maison-Basse. — Altitude 140^m. Habitation isolée sur le chemin vicinal n° 1, au bas de la rampe du Soulié.

(1) *Lemouzi*, n° 106, novembre 1904.

(2) *Gazette des Beaux-Arts*, 1901.

(3) *Revue de l'Art ancien et moderne*, 1904.

à 600 mètres du bourg. Construite en 1783, elle a d'abord porté le nom de Maison-Neuve.

Maslegrèze. — Altitude 170^m. Traversé par le chemin vicinal n° 5, ce village dépendait autrefois de la fondalité du seigneur de Pommiers. Ses habitants se fournissaient d'eau à une petite source située à 200 mètres au-dessous du village, sur le bord du chemin rural et à celle du Soulié, qui n'est qu'à 300 mètres ; mais aujourd'hui, chaque maison est pourvue d'une citerne suffisante pour sa consommation.

Il y avait 36 habitants en 1793 ; 29 en 1846 ; 23 en 1851 ; 20 en 1861 ; 18 en 1866 ; 17 en 1872 ; 20 en 1876 ; 23 en 1881 ; 20 en 1886 ; 15 en 1891 ; 12 en 1896 ; et 1901 ; 10 en 1906, avec 6 maisons et 3 ménages.

Malagol. — Maison isolée à 300 mètres à l'ouest du bourg, près du village de la Bouquerie, était autrefois une auberge sur le chemin descendant du Causse.

Le Soulié. — Altitude 150^m. Situé à un kilomètre du bourg, au point d'intersection du chemin vicinal n° 1 et du chemin d'intérêt commun n° 59, ce village est aussi au point de départ du chemin vicinal n° 5. Deux sources abondantes, prenant naissance au pied des rochers calcaires qui le dominent, alimentent ses habitants et vont ensuite féconder les prairies plantureuses qui s'étendent jusqu'à la Couze, occupant tout le fond d'un fertile vallon.

L'une de ces sources constitue la fontaine du village et se déverse d'abord dans un réservoir lavoir, sur le bord du chemin public ; l'autre, plus abondante, est une source privée, découverte par mon père, qui, en 1865-66, n'hésita pas à faire creuser par des mineurs engagés à cet effet une galerie dans l'épaisseur du rocher, d'un mètre de hauteur, d'une largeur variant de un à plusieurs mètres et pénétrant à 10 mètres de profondeur, sans compter une tranchée à ciel ouvert de 12 mètres de long et d'un à deux mètres de profondeur, précédant l'entrée sous le rocher.

L'eau fournie par ces deux sources est très calcaire et laisse déposer sur les objets environnants une couche appréciable de carbonate de chaux, surtout à une centaine de mètres de leur émergence, aux alentours d'une jolie cascade qu'elles forment, après s'être réunies, à tel point qu'une véritable pétrification se produit et arrive à en obstruer entièrement le lit, que je suis obligé de faire creuser au pic, tous les deux ou trois ans. Ce phénomène explique suffisamment la formation des énormes couches de travertin que l'on trouve au Soulié et dont le sous-sol est entièrement constitué à peu de profondeur.

Certains ténements du village du Soulié dépendaient du fief de Pommiers (arrentement perpétuel du 20 août 1775, vente du 1er août 1778, vente à pacte de rachat du 14 mai 1787, tous contrats reçus par Lamaze, notaire royal à Larche);(1) mais la plus grande partie relevait du seigneur de Cousages (arrentement du 9 septembre 1781, ventes du 19 novembre 1786 et du 30 mars 1788, contrats reçus aussi par le même notaire ci-dessus) (2).

Le Soulié avait 31 habitants en 1793; 33 en 1820; 32 en 1846; 37 en 1851; 30 en 1861; 36 en 1866; 35 en 1872 et en 1876; 42 en 1881; 38 en 1886; 34 en 1891; 27 en 1896; 17 en 1901 et 20 en 1906, avec 7 maisons et 5 ménages.

Je n'insisterai pas davantage sur ce petit coin de terre, véritablement favorisé, où je suis né, où s'est écoulée ma première enfance et où je suis revenu, par une attirance naturelle bien facile à comprendre, vivre l'existence parfois un peu rude de médecin de campagne, que mon père y avait menée lui-même durant 47 ans. Qu'il me soit permis cependant de rapporter ici la notice nécrologique consacrée à mon beau-père par la « *Revue illustrée du Tout Sud-Ouest* », de Bordeaux, n° 9, août-septembre 1906 :

(1) Archives personnelles.
(2) Archives personnelles.

Guillemare François Achille, inspecteur d'académie honoraire, ancien Vice-Recteur de la Réunion, officier de l'Instruction publique, chevalier de la Légion d'honneur, est décédé au Soulié, commune de St-Cernin-de-Larche, Corrèze le 5 juillet.

Né à Paris le 9 mai 1827, M. Guillemare fit partie de l'Université pendant quarante-cinq ans; il enseigna les sciences physiques et naturelles aux lycées du Mans, de Mont-de-Marsan, de Reims et au lycée Charlemagne à Paris, devint Vice-Recteur de la Réunion et Inspecteur d'Académie de la Dordogne.

Le 14 janvier 1871, les Prussiens entraient au Mans et apprenaient que trente-cinq torpilles étaient déposées dans les caves de la Préfecture, sous l'appartement occupé par le prince Frédéric-Charles. Effrayés et irrités, ils menacèrent la ville de rigueurs extrêmes si ces torpilles, qu'on disait contenir de la dynamite étaient chargées.

M. Guillemare, alors professeur au lycée du Mans, voulut bien se charger d'ouvrir tous ces engins malgré l'effrayant danger de l'opération et se rendit ensuite au camp prussien où il obtint la mise en liberté des conseillers municipaux arrêtés et la remise de la rançon le trois millions; grâce à lui la ville fut épargnée.

M. Guillemare consacra les trente-cinq dernières années de sa vie à l'étude de la chlorophylle ou matière verte des plantes. Une des plus grandes applications de cette découverte fut la coloration des légumes verts, dont le reverdissage comme conserves alimentaires fut désormais inoffensif.

Trois discours furent prononcés sur sa tombe par M. Toureng, inspecteur d'Académie de la Dordogne, M· Labroue, proviseur du lycée de Périgueux et M. l'abbé Galais, aumônier de ce même établissement. Les orateurs rendirent hommage non seulement au savant, mais encore à l'homme de bien et de devoir que fut toute sa vie M. Guillemare.

En reconnaissance des services rendus à la ville du Mans, son conseil municipal, par délibération en date du 31 octobre 1907, approuvée par décret du 8 décembre suivant, a décidé que la rue du Ruisseau porterait désormais le nom de rue Guillemare.

TABLE DES MATIÈRES

Chapitre VII.

Chapitre VIII.

Chapitre IX.

Chapitre X.

Chapitre XI.

Chapitre XII.

Chapitre XIII.

Chapitre XIV.

Chapitre XV.

Chapitre XVI.

Chapitre XVII.

Chapitre XVIII.

Chapitre XIX.

Chapitre XX.

Chapitre XXI.

Chapitre XXII.

Chapitre XXIII.

Limoges. — Imp. Ducourtieux et Gout, 7, rue des Arènes.

Autres publications du docteur R. Laffon

Rhumatisme articulaire aigu et rhumatisme blennorrhagique.
Note sur la médication salicylée (*in Gazette médico-chirurgicale
de Toulouse,* 1882).

De la scléro-iridectomie dans le glaucome. Thèse de doctorat,
Bordeaux, 1885.

Du mal perforant dans le diabète (couronné par la Société
d'anatomie et de physiologie de Bordeaux). *In Bulletin de la
Société,* 1885, in-12, broché, chez l'auteur...... . ... » 50

Causeries sur l'hygiène (*in Education nationale,* Paris, 1890).

Manuel d'hygiène, suivi des premiers soins en cas d'accidents,
à l'usage des écoles. — Paris, Picard et Kaan, 1891, in-12 illus-
tré, cartonné, 2ᵉ édition............ .... » 75

Sur la dernière épidémie de grippe, 1889-1890, comptes rendus
de la Société de médecine de Toulouse (*in Revue médicale de
Toulouse,* in-12, broché, chez l'auteur .... » 50

Hygiène et salubrité de l'Ecole ou traité d'hygiène scolaire
(couronné par la Société d'hygiène de l'enfance de Paris). Paris,
Société d'éditions scientifiques, 1891, in-18, raisin, cartonné. 3 »

Hygiène de la peau. Paris, Société d'éditions scientifiques, 1891,
in-18 raisin, cartonné.... ... ... 3 »

Hygiène rurale. Paris, Baillière et fils, 1904, in-16, broc. 2 »

Guérison du hoquet par la traction continue de la langue (*in
Echo de la médecine et de la chirurgie,* Paris, 1906).

Obésité chez l'enfant (*in Echo de la médecine et de la chirurgie,*
Paris, 1906).

Conférence sur la Tuberculose : son ancienneté, sa nature, les
moyens de l'éviter (*in Revue scientifique du Limousin,* 1906. Honorée des souscriptions de la municipalité de Limoges (1,000 exemplaires et de l'Œuvre antituberculeuse limousine (500 exemplaires. — Paris, Baillière et fils. — Limoges, Ducourtieux et Gout,
brochure in-8...... ... . · » 50

Limoges. — Imp. Ducourtieux et Gout, 7, rue des Arènes.